신데렐라
천년의 여행

• 신화에서 역사로 •

신데렐라
천년의 여행

주경철 지음

산처럼

신데렐라의 잃어버린 신발을 찾아서

〈신데렐라〉는 아마도 세계에서 가장 유명하고 또 가장 널리 퍼진 이야기 중의 하나일 것이다. 현재까지 수집된 신데렐라 이야기는 천 편에 가깝다. 한국, 일본, 중국, 러시아, 인도, 중동, 이집트, 유럽 등 유라시아 대륙 전체에 걸쳐 신데렐라 이야기가 없는 곳이 없을 정도이다. 언제인지 알 수도 없는 먼 과거에 형성된 이 이야기는 마치 거대한 지하수처럼 시대를 관통해 오늘 우리에게까지 흘러왔다. 〈신데렐라〉는 인간 내면의 보편적 정서에서 빚어진 이야기인 듯하면서도 각 사회의 독특한 환경에 따라 모두 특이한 색깔을 띤다. 이 책은 이와 같이 흥미로운 주제인 신데렐라 이야기를 실마리로 해서 지난 시대 사람들의 심성과 문화, 혹은 사회의 여러 측면들을 살펴보고자 했다.

이 책을 쓰면서 나는 우리에게 익숙한 형식이나 구성은 어쩌면 의도적으로 무시하고 한 주제에서 다른 주제로 별다른 구분 없이 넘나

들었다. 장이나 절 등을 지나치게 딱딱하게 구획해 놓으면 그렇게 정해 놓은 형식 자체가 우리의 생각을 미리 규정하는 경향이 있기 때문이다. 알게 모르게 우리를 옭아매는 규제로부터 시원스럽게 벗어나서 자유롭게 사고의 흐름을 좇아가 보고 싶었다.

역사학자로서 이런 주제로 이런 내용의 글을 쓰는 것은 흔히 하는 표현으로 외도에 속한다. 제 자신의 분야에서 제대로 할 일을 하지 못하는 주제에 다른 분야들을 기웃거리는 것은 분명 위험한 일일 수 있고 자칫 욕먹을 일일지 모른다. 하지만 때로 자기에게 익숙한 곳을 한번 벗어나서 좀더 넓은 세상을 기웃거려 볼 필요도 있지 않을까. 그리고 그렇게 다른 곳도 구경해 보아야 자기가 사는 세상을 조금 더 잘 알게 되는 것인지도 모른다.

처음 민담에 관심을 두게 된 것은 학부 수업에서 로버트 단턴의 《고양이 대학살》을 소개하면서부터였다. 잘 알려져 있지만, 이 책의 제1장은 앙시앵 레짐 시기 프랑스 농민들의 집단심성을 이해하는 한 방법으로 농민들의 민담을 분석한다. 똑같은 이야기라고 하더라도 나라마다, 또 시대마다 그 풍취가 다르며 그 안에 담고 있는 메시지가 다르다는 것을 밝힌 다음, 민담의 분석을 통해 16~18세기 프랑스 농민들의 정신세계의 특징을 재치 있게 소개하는 내용이다. 내 전공이 경제사라 주로 장사꾼들의 사업 이야기만 다루던 차에, 교양과목 수업에서 학생들과 함께 이 책을 읽다보니 그 내용이 대단히 신선하고 재미있었다. 연구방법도 그러려니와 무엇보다도 분석용으로 소개하는 여러 민담들 자체가 흥미롭기 그지없었다.

같은 주제를 몇 학기 동안 강의하면서 그 내용이 조금씩 더해졌고, 또 여러 방면으로 가지를 쳐나갔다. 예컨대 어떤 학기에는 민담과 만화영화를 함께 다루어서, 민담이 과거에 행하던 여러 긍정적인 기능들을 최근의 만화영화가 얼마나 무자비하게 왜곡시켰는가를 이야기하기도 했다. 또 어떤 학기에는 민담에 대해 정신분석학적으로 접근한 책들, 예컨대 에릭 프롬이나 베텔하임의 책들을 주로 소개했는데, 그 내용의 적실성에 대해서는 약간 미심쩍은 부분도 있지만, 인간의 내면세계를 이런 식으로 접근해 들어간다는 것이 내 마음을 사로잡았다.

그런 가운데 여러 민담 중에서도 특히 〈신데렐라〉 계열의 이야기들이 전세계적으로 가장 널리 퍼져 있는 이야기 중의 하나이며, 이에 대한 연구가 상당히 많다는 것을 알게 됐다. 이미 19세기 후반에 콕스 (M.R. Cox) 여사가 345종의 신데렐라 이야기를 수집하여 체계적인 연구를 한 바 있는데, 마침 학교 도서관에 이 책이 있어서 찾아 읽을 수 있었다. 그 이후 자연스럽게 신데렐라 이야기들에 조금 더 포커스가 맞추어졌다. 이 문제에 대해 약간이라도 깊이 이해해 보고 싶은 마음에 신데렐라에 대한 가장 고전적인 연구서로서 유명한 앨런 던디스 (Allen Dundes)와 닐 필립(Neil Philip)의 책을 구해 읽었다. 전세계의 신데렐라 이야기들을 직접 읽어보고 또 이 문제에 대한 전문가들의 다양한 접근을 보면서 더욱 이 일에 매료됐다.

그렇지만 결정적인 계기는 최근 우리나라에 미시사 연구자로 자주 소개되는 긴즈부르그의 연구들을 접하면서였다. 《마녀와 베난단티의 밤의 전투》나 《치즈와 구더기》와 같은 그의 개성 있는 연구들에 대해서 큰 흥미를 느끼던 터였는데, 민간신앙에 대한 그의 연구가 실은 그동안 내가 관심 깊게 읽고 있던 신데렐라의 분석과 바로 맞닿아 있다는 것을 알게 됐다. 내가 모르고 있었지만, 사실은 민담과 신화, 역사의 연구가 우연찮게 한 군데에서 만나고 있었던 것이다. 먼 곳으로 여행을 갔다고 생각하고 있었는데, 돌고 돌아서 결국은 내가 사는 동네로 돌아오게 된 것이다.

이런 과정을 거치면서 신데렐라 이야기에 대해 새롭게 이해했다고 생각한 내용 중에 일부는 최근 우리나라에 번역된 나카자와 신이치의 《신화, 인류 최고(最古)의 철학》이라는 책에서 확인하게 됐다. 그 역시 앞에서 언급한 긴즈부르그나 앨런 던디스의 연구서들에 많이 의존하고 있지만, 그는 역사학적 분석이나 사회학적 분석보다는 주로 신화학적 분석을 취하고 있다. 사실 이렇게 내가 하고픈 이야기들을 다른 사람의 책에서 발견하는 것은 한편으로 '김빠지는' 일일 수 있지만, 다른 한편 내 생각이 위험할 정도로 크게 틀리지는 않았음을 확인한다는 점에서 안심이 되는 일이기도 하다. 이 책의 중간에서 몇몇 부분이 그의 책과 내용상 우연찮게 겹치게 됐다는 점에 대해서는 미리 양해를 구하는 바이다.

때로는 나의 추론이 너무 과감한 것은 아닌지 조심스러운 부분도 적지 않다. 외국 작품들에 대한 분석을 보다가 그것을 우리나라 작품에 적용해 보면 어떨까 하고 생각하는 것은 외국학을 하는 사람들이 공통으로 경험하는 일일 것이다. 그렇지만 우리의 고전 작품들을 내가 너무 무리하게 분석한 것은 아니었을까, 또 미궁 신화와 암각화 관련 내용은 근거가 박약한 가운데 지나치게 상상력을 발휘한 것은 아니었을까 자문하게 된다. 이 글을 준비하는 과정에서 여러 사람들이 원고를 읽고 솔직한 의견을 피력해 주고 또 틀린 부분들을 많이 지적해 주었다. 서울대학교 국문과의 정병설 교수, 조준희, 김정연, 박형진 등 여러 학생들, 게다가 이주미, 주은선 같은 식구들에 이르기까지 이 엉뚱한 글을 읽고 많은 오류들을 고쳐준 고마운 사람들이 없었다면 이 책이 얼마나 어지럽게 되었을까…….

이런 식으로 헤매는 과정을 이야기하는 것은 한편으로 나의 무지에 대한 변명이지만 다른 한편 그것이 독자들에게 약간의 길잡이 역할을 할 수도 있으리라고 생각하기 때문이다. 분명한 점은 그런 헤매는 과정 자체가 너무나도 즐거운 일이었다는 점이다. 그것은 마치 따뜻한 봄날 오후에 생명의 기운이 퍼져가는 아름다운 숲속 길을 걷는 것처럼 헤매면 헤맬수록 유쾌한 경험이었다.

이 책을 통해 어떤 주장을 강하게 하려는 것은 아니다. 이 내용을 조금 더 도식화하면 지금의 이 글보다는 더 체계적인 어떤 주장을 만들 수 있을 것 같기도 하지만, 그럴 필요도 없다는 것이 내 생각이다. 단지 아주 오랜 세월 동안 유라시아 대륙의 문명 전반에 거대한 지하수처럼 면면히 이어져온 신화, 민담, 혹은 고대 종교의 흔적 같은 것이 있다는 아주 큰 틀만을 전제로 한 다음, 그것을 중심으로 역사, 사회, 문화적으로 우리 삶의 여러 다양한 측면들을 이리저리 살펴보는 것으로 만족하고자 한다. 그리하여 우리의 삶이 그만큼 심층적이고 폭넓은 것임을 새삼 깨닫는다면, 또 지금 우리가 그 속에서 살아가는 삶의 틀이 절대적인 것이 아니며, 우리는 얼마든지 다르게 생각하고 다르게 느낄 수 있는 존재임을 자각하게 된다면 그것으로 족한 일이다.

다만 책 내용이 너무 오락가락하는 경향이 있어서 자칫 독자들의 마음을 흩어놓을까 염려되므로 아주 간략한 지도라도 여기에 제시하는 것이 도움이 될 듯하다. 이 책의 제1부에서는 신데렐라 이야기에 대한 분석 내용을 정리했고, 제2부에서는 여러 연구서에서 수집한 세계 각지의 다양한 신데렐라 이야기들 가운데 흥미로운 것들을 골라서 번역하여 수록했다. 독자들께서는 제1부에서 내가 전개한 논지에 굳이 얽매일 필요 없이 제2부의 신데렐라 이야기들을 읽어가면서 각자 나름대로 흥미로운 분석을 해보시기 바란다.

제1부는 다시 세 부분으로 나누어져 있다. 제1장에서는 페로 판본과 그림 형제 판본처럼 우리가 잘 알고 있는 판본을 주로 분석하여 동

화와 민담이 어떤 기능을 하는지 알아보고자 했다. 옛이야기에는 늘 성과 폭력이 내재해 있는데 이는 한편으로 이런 인생의 문제에 대한 조화로운 해결책을 찾아 인간 내면의 성숙을 기하라는 메시지를 전한다는 점, 다른 한편 이런 이야기들이 만들어지고 전수되고 향유되는 해당 사회의 특성이 이야기에 반영되며 따라서 거꾸로 이야기를 통해 그 사회를 읽어내는 것도 가능하리라는 점을 개진했다. 그러나 근대 유럽과 특히 미국 문화에서 기존의 이런 의미가 왜곡되어 신데렐라 이야기가 다만 신분상승의 스토리로 축소되어 갔다는 점 역시 지적했다. 제2장에서는 우리가 잘 아는 판본 외에 전세계적으로 놀라울 정도로 많은 신데렐라 이야기들이 있는데, 이것들은 아주 먼 옛날부터 존재했고 또 지역간에 영향을 미치며 전파되어 갔다는 점을 기술했다. 이를 분석한 결과 신데렐라 이야기는 유라시아 대륙 공통의 문화 기반이었다는 점을 중요한 가설로 소개했다. 제3장에서는 신데렐라 이야기의 원천을 살펴보고자 했으나 문자로 기록된 자료의 부족 때문에 그 대안으로 신데렐라 요소를 품고 있는 신화들을 분석했다. 그 결과 신데렐라형 이야기는 원래 인간세계와 저승세계 사이를 오가는 중간 매개와 관련된 종교적 내용이었으리라고 보았다. 다른 한편 이런 내용을 포함해 가진 고대적 종교가 근대 초까지도 민중문화의 중요한 요소로서 실재했음을 유럽사의 사례에서 확인해 보았다. 이처럼 신데렐라 이야기는 유연하게 모습과 내용을 바꾸어가며 오랜 세월을 거쳐 전해져 오면서 우리의 삶과 사회에 대한 의미 있는 해석을 담아내는 기능을 해왔다.

이 모든 내용들이 메마르고 생경한 주장이 아니라 즐거운 이야기로 구성되어 있다는 것이 중요하다. 우리의 사고와 느낌을 담아서 표현하는 이야기들이 풍성할수록 우리의 삶도 그만큼 풍성하게 된다. 그 각각의 이야기들이 다 아름답다. 그리고 거기에 접근하는 여러 길들 역시 다 아름답다. 우리의 꿈과 생각을 단단히 옥죄고 있는 질곡에서 잠시 벗어나서 때로는 어린아이의 마음속 세계로, 혹은 옛날 꿈같은 신화의 세계로, 때로는 이국의 산간마을을 무대로 싸움이 벌어지는 역사의 현장으로 가보는 것이 어찌 흥미롭지 않겠는가.

신데렐라와 함께 하는 그 여행이 부디 행복하시기를!

2005년 5월

주경철

신데렐라 천년의 여행 차례
신화에서 역사로

제1부

신데렐라의 시간여행

제1장

옛이야기의 진실

신데렐라 · 상드리용 · 아셴푸텔……

〈신데렐라〉는 전세계적으로 가장 널리 퍼져 있는 이야기 중의 하나이다. 그 중 특히 우리에게 잘 알려진 것은 샤를 페로 판본(板本, version)과 그림 형제 판본이다(그러나 사실 이 두 판본의 원본을 직접 읽어본 사람은 매우 드물 것이다).

옛날에 한 여자아이가 있었는데, 불행히도 어머니가 일찍 돌아가셔서 아버지가 새어머니를 들였다. 이 새어머니는 마음씨가 아주 나빠서 이 아이를 몹시 괴롭힌다. 게다가 새어머니와 함께 온 의붓언니들 역시 마음씨가 나쁘기로 새어머니에 뒤지지 않아서 항상 그녀를 괴롭히고 심부름만 시킨다. 그래서 이 아이는 부엌데기로 전락하고 이름도 '재 투성이 아이'라는 뜻의 신데렐라(프랑스어로는 '상드리용')가 된다. 그러던 어느 날, 궁정에서 무도회가 열려서 새어머니와 언니들은 모두 예쁘게 옷을 차려입고 무도회로 가지만, 신데렐라는 집에 남아서 일을 하도록 시킨다. 슬픔에 잠겨 있는 신데렐라 앞에 대모(代母) 요정이 나타나서 마법의 힘을 사용하여 호박으로 마차를 만들고 생쥐로 마부를 만들어서 그녀를 무도회장으로 보낸다. 왕자는 혜성같이 나타난 이 귀부인을 보고 첫눈에 사랑에 빠진다. 그러나 마법은 밤 12시까지만 유효하다. 시간에 쫓긴 신데렐라는 허겁지겁 도망쳐 나온다. 다시 다음날 같은 일이 벌어지지만, 이때에는 신데렐라가 급히 서두르다가 신발 한 짝을 떨궈놓고 온다. 왕자는 이 신발의 주인공을 찾게 하여 결국 신데렐라를 만나 결혼한다.

우리에게 가장 익숙한 이 이야기는 프랑스의 샤를 페로가 민담을 채록한 후 자신의 스타일로 가필·수정하여 출판한 것이다.[1]*

또 한 가지 우리에게 잘 알려진 판본은 그림 형제가 정리한 것인데, 전체 구조는 앞의 이야기와 유사하지만, 중간의 디테일들이 상당히 다르고 전반적인 분위기도 훨씬 무겁다.[2] 새어머니는 신데렐라가 무도회에 가지 못하도록 재 속에 콩을 넣고 그것을 골라내는 일을 시키는데, 산새들이 날아와서 이 일을 해결해 준다. 무도회 옷을 구하는 대목을 보면 페로 판본에서처럼 대모 요정이 마법의 힘으로 멋진 옷을 마련해 주는 것이 아니라 신데렐라가 어머니 무덤에서 자라난 나무에게 옷을 달라고 요구하여 얻는다. 사랑에 빠진 왕자가 그녀를 찾는 부분도 큰 차이가 난다. 신데렐라는 기를 쓰고 도망가서 한 번은

* 이 번호는 제2부에 수록된 이야기 순서를 가리킨다.

비둘기장에, 또 한 번은 배나무에 숨는다. 그때마다 아버지가 왕자에게 도끼를 건네주며 새장과 나무를 찍고 딸을 찾게 하지만 실패한다. 신발 한 짝을 가지고 신데렐라를 찾아서 결혼하는 대목도 상당히 다르다. 자신이 신발의 주인공인 것처럼 속여서 왕자와 결혼하려는 두 언니는 작은 신발에 발을 억지로 넣기 위해 엄지발가락과 발뒤꿈치를 칼로 잘라내지만 탄로나고 만다. 특히 이야기의 결말 부분에서 두 언니에게 내려지는 처벌은 가혹하기 짝이 없다. 마지막 구절은 이렇게 끝난다.

두 사람의 결혼식 날, 두 언니는 '재투성이 소녀(아셴푸텔, Aschen-puttel)'에게 아첨을 해서 행운을 나누어 가져보려고 마음먹었다. 신랑과 신부가 교회를 향해 갈 때, 큰언니는 오른쪽에, 둘째 언니는 왼쪽에 서서 걸었다. 그때 비둘기들이 날아와서 두 사람의 눈을 하나씩 쪼았다. 신랑과 신부가 교회에서 나갈 때, 큰언니는 왼쪽에, 둘째 언니는 오른쪽에 서서 걸었다. 그때 비둘기들이 날아와서 다시 두 사람의 남은 눈을 마저 쪼았다. 그래서 두 언니는 그들의 못된 마음씨와 속임수에 대한 벌로 평생 동안 장님으로 살아야 했다.

페로 판본에서 신데렐라가 두 언니의 잘못을 용서한 다음 귀족 청년들에게 시집을 보내주는 것과 너무나 다르다.

우리에게는 대개 이 두 가지가 잘 알려져 있지만 사실 세계 각지에는 현재 천 편에 가까운 신데렐라 이야기가 수집되어 있다. 우리나라의 〈콩쥐 팥쥐〉 역시 신데렐라 유형의 이야기이며, 일본, 중국, 베트남, 인도, 중동, 이집트, 러시아 등 세계의 많은 나라에도 신데렐라 이야기가 알려져 있다. 게다가 현대에 들어와서는 서구 문화의 확산과 함께 앞에서 언급한 유럽 원산의 이야기들이 퍼져나갔고, 특히 만화영화로도 제작되어 이제 세계적으로 신데렐라 이야기를 모르는 어린이는 거의 없을 것이다.

신데렐라 이야기는 어린이들의 정신세계를 전적으로 지배할 정도로 흥미를 끈다. 이 이야기는 아마도 많은 어린이들이 최초로 경험하는 멜로물일 것이다. 아이들은 주인공과 자신을 동일시하여 신데렐라가 겪는 고통을 함께 나누고 신데렐라가 최종적인 승리를 거둘 때 함께 기쁨을 누린다.

그런데, 잠깐 생각을 해보면 여러 의문이 꼬리에 꼬리를 물고 이어진다.

왜 세상에는 그토록 많은 신데렐라 이야기들이 있을까? 그런데 왜 최근에는 유럽 이야기가 지배적인 위치를 차지하게 됐을까? 같은 유럽 내의 이야기인데도 페로의 이야기와 그림 형제의 이야기는 왜 그렇게 다를까? 그리고 많은 이야기들은 왜 그토록 잔인할까?

도대체 이 이야기는 우리에게 어떤 의미를 띠고 있는 것일까?

옛날이야기

우리는 앞으로 여러 문제들을 제기하고 거기에 답하는 과정을 밟아나갈 것이다.

우선 신데렐라 이야기를 자세히 분석하기 전에 더 일반적으로 이런 '옛날이야기들'이 과연 어느 정도로 널리 퍼져 있으며 어느 정도 오래된 이야기인지 살펴볼 필요가 있다.

한 가지 예를 들어보도록 하자.

프랑스의 구전전통 이야기 중에 〈여우〉 이야기가 있다.[1)]

옛날에 두 형제가 살았다. 형인 조세프는 아버지에게서 농장을 물려받았으나 동생 바티스트는 은화 한줌만 받았을 뿐이다. 그는 다섯 자식을 두었는데 먹을 것이 없어서 온 가족이 굶을 판이었다. 축제 전날, 바티스트는 형에게 가서 과자를 만들게 돈을 빌려달라고 한다. 형 조세프는 돈을 빌려주지는 않고 그에게 누더기를 벗고 빗속에 벌거벗고 서 있어서 몸에 물기를 묻힌 다음 곡식 창고에서 구르라고 한다. 그렇게 해서 몸에 달라붙는 곡식을 가져가라는 것이다. 그러나 그렇게 모은 곡물로는 과자 반 개를 만들 정도도 못됐고, 그나마 그 곡물을 말리려고 창틀에 올려놓았더니 바람이 불어와서 모두 날아가 버렸다. 할 수 없이 다시 형에게 찾아갔더니, 형은 이제 해줄 수 있는 것은 없으니 산 너머 여우를 찾아가서 가난을 면할 방법을 배워보라고 충고한다.

바티스트는 그 말대로 착한 요정인 여우를 만나러 길을 떠난다. 가는 도중에 무화과나무 밑에서 하룻밤을 보냈는데 다음날 아침 이 무화과나무는 바티스트가 여우 요정을 만나러 간다는 말을 듣고, 왜 다른 나무에는 열매가 많이 열리는데 자기에게는 열매가 안 열리는지 물어봐 달라고 부탁한다. 다음번에는 독수리의 날개 밑에서 하룻밤을 보냈는데 이 독수리는 왜 자기는 날지 못하는지 여우 요정에게 물어봐 달라고 부탁한다. 마지막으로 개울을 건널 때 이 개울은 왜 자기에게는 물고기가 오지 않는지 여우 요정에게 물어봐 달라고 부탁한다. 마침내 여우를 만난 바티스트는 부탁받은 세 가지 질문에 대한 답과 함께 자신이 부자가 되는 법을 가르쳐 달라고 한다. 여우 요정은 그것들을 차례로 알게 될 것이라면서 앞으로 할 일을 가르쳐준다. 우선 개울을 건널 때 그 개울이 사람을 한 명 삼켜야만 물고기들이 모여든다는 점을 가르쳐주되, 바티스트는 작은 언덕에 올라가서 이야기를 해야 안전하게 건널 수 있다(그렇지 않으면 개울은 당장 바티스트부터 집어삼킬 것이다). 독수리는 날갯죽지에 끼어 있는 돌멩이를 빼주면 날 수 있다. 그리고 무화과나무의 밑둥을 파보면 호두가 가득 들어 있는 단지가 두 개 있는데, 그것 때문에 뿌리가 땅으로 들어가지 못하는 것이므로 그것을 치워주면 열매가 맺게 된다. 마지막으로 바티스트가 부자가 되는 법에 대해서는 황금 낫을 한 자루 주면서 이것이 행운을 주리라고 말해 준다.

바티스트는 여우 요정이 말한 대로 했다. 개울은 그의 이야기를 듣더니 물고기를 많이 품기 위해서 그를 삼키려고 했지만 그는 작은 언덕에 올라가 있었으므로 그것을 피했다. 독수리를 만나서는 날갯죽지에 있는 돌을 황금 낫으로 빼주었는데, 그러자 그 돌멩이는 다이아몬드로 바뀌었다. 다음에 무화과나무의 밑둥 근처를 황금 낫으로 파자 과연 두 개의 단지가 나왔는데 그 안에는 호두가 아니라 금화가 들어 있었다. 부자가 된 바티스트는 큰 집을 지었고, 숲과 밭, 목초지를 구입했다. 이제 이 집 아이들은 매일 과자를 먹을 수 있게 됐다.

욕심 많은 형 조세프는 이 이야기를 듣고 자기도 똑같이 부자가 되려고 했다. 그래서 여우 요정을 찾아 길을 나섰다. 그렇지만 무화과나무에는 이미 열매가 잔뜩 열려 있었고, 독수리는 하늘 높이 날아가 버렸다. 조세프가 개울을 건너려고 하자 여태 사람이 지나가기를 기다리던 그 개울은 조세프를 삼켜버렸다. 그래서 이때부터 그 개울에는 물고기가 득시글거렸다.

이 이야기를 들은 한국 사람은 누구나 머리에 퍼뜩 떠오르는 게 있을 것이다. 다름 아닌 〈흥부와 놀부〉이다. 분명 줄거리는 다르지만 영락없이 〈흥부와 놀부〉를 연상시키는 요소들이 많다는 것을 알 수 있다.

도대체 어떻게 된 일일까?

혹시 저 먼 과거에 우리 조상과 프랑스인 조상이 서로 만났던 것일까? 한때 우리 민족이 시베리아를 넘어 유럽 평원까지 도달했고 그때 〈흥부와 놀부〉 이야기가 프랑스 지역에 전해진 것일까? 그럴 가능성은 거의 없어 보인다. 하여튼 그렇게 멀리 떨어진 두 지역에 아주 비슷한 이야기가 존재하는 데에는 분명 어떤 합당한 이유가 있어야 하지 않겠는가? 이론적으로 생각하면 두 가지가 가능할 것이다.

첫째, 아주 먼 과거에 어느 한 지역에서 어떤 이야기가 만들어졌다가 차차 주변 지역으로 퍼져갔으리라고 생각해 볼 수 있다.

둘째, 인간의 삶은 어디에서나 비슷한 법이다. 비슷한 갈등이 일어나고 비슷한 느낌을 갖게 되며 따라서 비슷한 유형의 이야기가 만들어진다. 형제간에 잘사는 측과 못사는 측이 생긴다든지 부모의 유산 분배 과정에서 다툼이 일어나는 수가 많다. 그리고 못사는 동생이 잘사는 형을 찾아갔다가 서러운 대접을 받고 오는 경우도 흔히 있을 수 있는 일이다. 이런 사정에서 사람들의 상상력이라는 것도 역시 비슷한 방향으로 작동하는 법인지라 결국 매우 비슷한 이야기들이 전세계에 생겨나리라는 것이다.

그 중에서 어느 것이 타당한지 단정할 수는 없을 것 같다. 아래에서 신데렐라 이야기를 자세히 분석할 때 거론하겠지만, 분명히 중요한 테마가 넓은 지역에 걸쳐 전파되는 현상을 확인할 수 있다. 그러나 다른 한편으로는 어떤 이야기들이 이웃 사회에 전파될 때에는 그 이야기를 받아들이는 사회 역시 익숙한 요소들을 가지고 있고, 어쩌면 비숫한 이야기들이 준비되어 있다가 융합하는 것은 아닐까 하는 생각도 든다.

〈여우〉 이야기처럼 비슷한 이야기들이 세계 각지에 퍼져 있다는 점을 확인한 연구자들은 그런 이야기들을 수집하고 체계적으로 분류하는 작업을 수행했다. 이런 연구가 본격적으로 시작된 때는 19세기 후반이었다. 1893년에 출판된 콕스의 연구는 민담 연구의 결정적인 전환점의 하나였다.[2]

《345편의 신데렐라》라는 책 제목 자체가 말해 주듯이 그녀는 전세계의 신데렐라 이야기 345편을 수집하여 분류함으로써, 세계 여러 문화권 속에 신데렐라 이야기가 존재한다는 것을 명백하게 밝혔다. 다만 이 책에 실린 이야기들은 정말로 전세계에서 고루 모아진 것은 아니었고 유럽과 유럽 가까운 지역 위주로 수집됐다. 그녀가 얻을 수 있는 비유럽권의 이야기는 주로 식민지 관리들이 채록한 것들이어서 균형 있게 또 체계적으로 모아지지 않았던 것이다. 하여튼 이 무렵에 세계에 널리 퍼져 있는 유사한 옛날이야기들을 유형별로 나누어 분류하는 아이디어가 제시됐다. 콕스보다 약간 앞선 시기인 1880년대 후반에 카를레 크론(Kaarle Krohn)이 이야기들을 사이클(cycle) 혹은 타입(type)으로 분류한다는 개념을 제시한 바 있고, 콕스는 신데렐라 이야기를 그런 방식으로 연구한 것이다. 대체로 이 시기가 '근대적' 연구의 중요한 전환점인 것은 분명하다.

그로부터 약 20년 뒤에 안티 아르네(Antti Aarne)가 이 작업을 더욱 발전시켰다. 그는 핀란드문학협회의 소장 자료들을 분류하여 인덱스 작업을 했다. 그러나 이 일이 너무 방대해서 크론은 국제적 협력 연구를 제안했고, 스티스 톰슨(Stith Thompson)이 이 작업을 더욱 구체화했다. 이렇게 해서 만들어진 민담의 체계적 분류방식이 '아르네-톰슨 분류(약칭 AT)'이고, 이것이 민담 연구의 이정표가 됐다. 이제 각국의 연구자들은 이 분류를 참고하면서 자국 이야기들을 체계적으로 수집하고 분류하게 된 것이다. 예컨대 우리가 관심을 갖는 〈신데렐라〉 이야기는 AT 510이고, 앞에서 말한 〈여우〉 이야기는 AT 460이다.[3)]

옛날 옛날 아주 먼 옛날

비슷한 이야기들이 전세계적으로 퍼져 있다는 '지리적 보편성'과 함께 또 한 가지 주목할 사실은 이 이야기들이 대단히 오래 전부터 전해져 왔다는 '시간적 장구함'이다.

이 역시 하나의 예를 들어보면 이해가 빠를 것 같다.

오비디우스의 《변신이야기》에 나오는 〈피라모스와 티스베〉 이야기를 보자.[4)]

옛날 시리아에 피라모스라는 잘생긴 총각과 티스베라는 예쁜 처녀가 앞뒷집에 살았다. 두 사람은 사랑에 깊이 빠졌지만 두 집안의 사이가 안 좋은지라 양측 부모들이 결혼에 반대했다. 이 두 집을 나누는 벽에 갈라진 틈이 나 있어서 두 사람은 남몰래 그 틈새로 서로 쳐다보며 안타까운 사랑의 감정을 나누곤 했다. 어느 날 이런 서글픈 만남을 한탄하던 두 사람은 밤에 성 바깥에서 만나기로 약속을 했다. 만날 장소는 나누스(바빌로니아 왕) 왕릉의 뽕나무 밑이었다.

저녁이 되자 티스베는 너울로 얼굴을 가린 채 어둠을 틈타 집 밖으로 나왔다. 그리고는 약속 장소인 뽕나무 아래로 나갔다. 그런데 짐승을 한 마리 잡아먹은 사자가 입에 피를 묻힌 채 물을 마시러 뽕

티스베가 피라모스의 목소리를 듣기 위해 벽에 귀를 대고 있다. J. W. 워터하우스의 그림.

나무 옆 샘으로 다가오는 것이 아닌가. 기겁을 한 티스베는 얼른 동굴로 도망갔다. 그런데 너무 놀란 나머지 너울이 떨어진 것도 눈치채지 못했다. 사자는 물을 마시고 돌아가다가 이 너울을 보고는 갈가리 찢어놓았다. 그 찢어진 너울에 짐승의 피가 잔뜩 묻게 된 것은 당연한 일이었다.

피라모스는 조금 늦게 성문을 빠져나와서 약속 장소로 서둘러 갔다. 그곳에서 그는 짐승 발자국과 함께 피 묻고 갈가리 찢긴 티스베의 너울을 보았다. 그는 사랑하는 티스베가 사자에게 잡아먹힌 것으로 착각했다. 자신 때문에 연인이 죽게 됐다는 생각을 한 피라모스는 자신도 죽어야겠다고 생각하고 칼을 뽑아 옆구리를 찔러 자살했다.

일이 이렇게 된 줄을 모르고 티스베는 떨면서 동굴에서 나왔다. 그리고 애인과 만나기로 한 나무 밑으로 갔다. 그런데 그곳에는 사랑하는 피라모스가 피투성이가 되어 쓰러져 있는 것이 아닌가. 머리카락을 쥐어뜯던 티스베는 사랑하는 연인의 뒤를 따라 자결하고 말았다.

"무정한 부모님들이시여, 죽음도 우리를 갈라놓지 못할 것입니다. 우리를 한 무덤에 묻어주소서. 그리고 우리 두 사람의 죽음을 지켜본 나무여, 우리의 죽음을 영원히 기억하여 사람들이 우리 둘이 흘린 피를 되새기도록 그대 열매를 어둡고 슬픈 색깔로 물들여주소서."

신들은 티스베의 기도를 들었고 그리하여 이때부터 뽕나무 열매인 오디는 검붉은 색깔로 익게 만들었다. 그리고 양가의 부모들 역시 티스베의 뜻을 알아채고 두 사람의 시체를 화장한 다음 뼈를 한 항아리에 넣었다.

이 이야기는 셰익스피어의 〈로미오와 줄리엣〉의 '원작'쯤에 해당된다. 셰익스피어의 많은 작품들이 그의 순수한 창작물이 아니라 이처럼 민담에서 재료를 취하여 가공한 것들이다.

〈피라모스와 티스베〉는 얼마나 오래된 이야기일까? 이 이야기는 고대 시리아의 전설로서 면면히 전해 내려오다가 로마 시대에 오비디우스에 의해 문자화됐다. 그러므로 셰익스피어에 의해 가공되기 전에 이미 최소한 몇천 년은 족히 묵은 이야기라 할 수 있다.

어렸을 때 할머니나 어머니의 무릎을 베고 누워서 듣던 옛날이야기 중에서 어떤 것들은 몇십 년 혹은 몇백 년 정도가 아니라 수천 년을 이어온 정말로 오래된 이야기인 것이다.

〈신데렐라〉의 유형들

전세계에 걸쳐서 퍼져 있고 또 시간적으로 대단히 오래된 민담들 가운데 가장 대표적인 것이 다름 아닌 신데렐라 이야기이다.

그런데 사실 통칭 신데렐라 이야기라고 하지만 그 안에는 여러 하위 유형(sub-type)들이 있다.

우리가 흔히 신데렐라 이야기라고 부르는 계열에는 〈금 옷, 은 옷, 별 옷〉 계열의 이야기가 포함되어 있다. 그리고 〈한 눈, 두 눈, 세 눈〉 계열, 〈작은 붉은 소〉 계열의 이야기 역시 관련이 있다.(10) (11)

〈금 옷, 은 옷, 별 옷〉은 일명 〈짐승가죽〉 이야기라고도 하는데, 이 이야기의 일반적인 구조는 다음과 같다.

왕비가 죽으면서 왕에게 "나만큼 예쁜 여자하고만 재혼하라"는 유언을 남긴다. 왕은 전국을 뒤졌으나 그런 여자를 찾지 못한다. 그러다가 죽은 왕비만큼 예쁜 여자가 바로 자기 딸이라는 것을 알게 된다. 그런 사실을 알게 되는 데에는 예컨대 죽은 왕비가 남긴 반지가 있어서 그 반지가 손가락에 딱 맞는 여자가 왕과 결혼할 여자라는 식의 장치가 마련되기도 한다. 그 반지를 낄 수 있는 사람이 아무도 없었는데 우연히 공주가 그것을 끼고 있더라는 식이다. 신발이든 반지든 이런 '딱 맞음(perfect fit)'의 요소는 알다시피 〈신데렐라〉 계열의 이야기에서 가장 핵심적인 요소 중의 하나이다. 왕은 자기 딸과 결혼하려는 마음을 갖게 된다. 19세기 말 빅토리아 시대 영국의 연구자들의 능치는 표현으로 이것은 '부자연스러운 아버지(unnatural father)'라는 요소이다. 결혼을 요구하는 아버지의 '부자연스러운' 요구에 당황한 공주는 핑계를 대며 결혼을 미루는데, 그것은 대개 세상에서 가장 아름다운 옷을 차례로 요구한다는 것이다. 금 옷, 은 옷, 별 옷, 하늘을 나는 모든 새들의 옷, 세상 모든 꽃들의 옷 등등 이야기마다 약간씩 다르게 표현되긴 하지만 대개 지극한 아름다움을 표현하는 여러 종류의 옷들이 등장한다. 공주는 국왕에게 세 번에 걸쳐 이런 아름다운 옷을 달라고 하는데, 그때마다 왕은 이 요구를 들어준다. 이제 더 이상 핑계를 대며 결혼을 미룰 수 없게 된 공주는 결혼식 전야에 달아난다. 그녀는 아름다운 옷들은 숨겨두고 허름한 누더기든지 더 흔히는 짐승가죽을 두르고 자기 신분을 속인다(그래서 이 이야기들을 〈짐승가죽〉 계열이라고도 부른다).

공주는 이웃 나라의 왕궁에 들어가서 부엌데기가 되거나 닭치기 같은 천한 일을 한다. 그러다가 어떤 계기로 인하여 이 왕궁의 왕자를 만난다. 무도회에 아름다운 옷을 입고 나타나는 수도 있고 왕자가 아플 때에 수프를 끓여주기도 하고 그 외의 어떤 특이한 재주를 통해서 자신의 신분을 드러낸다. 이때 결정적인 계기가 되는 것은 대개 잃어

20세기 초에 출판된 페로의 〈당나귀 가죽〉에 나오는 삽화. 왕은 공주의 당나귀를 죽이고 공주와 결혼할 것을 요구한다.

버린 신발 한 짝이다. 결국 왕자와 공주가 결혼하는 것으로 이야기가 끝난다.

물론 이것은 전반적인 이야기 구조를 단순화시킨 것에 불과하며, 실제로 디테일들은 대단히 풍부하고 다양하다. 예컨대 이 유형의 하나인 〈이끼옷〉에서는 원치 않는 결혼을 요구하는 사람이 '행상인'인데, 이는 아버지가 딸에게 사랑을 요구한다는 껄끄러운 느낌을 피하기 위해 아버지가 행상인으로 교묘히 변형된 것으로 보인다.(6)

노골적이든 약간 다르게 표현됐든 이 이야기의 중요한 주제가 아버지와 딸 사이의 성적(性的) 문제, 즉 오이디푸스 콤플렉스라는 것은 쉽게 짐작할 수 있다. 이 이야기의 배후에는 아버지와 딸 사이의 금기시되는 사랑의 문제가 짙게 깔려 있다. 그 갈등을 딸이 어떻게 현명하게 해결하느냐가 이 이야기의 주제인 것이다.

공주는 우선 아버지의 께름칙한 요구에 대해 이런저런 핑계를 대며 시간을 벌면서 피해 간다. 그러나 최종적인 해결책은 딸이 사랑하는 남자를 만나서 결혼하는 수밖에 없다. 그녀는 주체적으로 또 아주 적극적으로 곤란한 문제들에 대처해 간다. 그 결과 아버지와의 '부자연스러운' 유아기적 사랑의 갈등이 순조롭게 해결되고 그녀가 진정으로 사랑하는 사람을 만나는 해피 엔드에 이른다.

그런데 여기에서 한 번 더 생각해 볼 점이 있다. 주인공이 짐승 같은 모습을 벗고 천상의 아름다운 모습으로 변화하는 데에는 역설적으로 아버지(혹은 아버지를 상징하는 인물)에게서 얻은 옷이 중요한 역할을 한다는 점이다. 아버지의 부적절한 사랑은 인간을 '짐승 같은' 수준으로 떨어뜨릴 수도 있지만, 아버지의 사랑 그 자체는 원래 아름다운 것으로서, 잘 승화시키면 지극한 행복을 가져오는 힘으로 작용한다. 이는 오이디푸스적인 저급한 사랑이 승화되는 과정을 나타내는 듯하다.

이제 우리의 원래 논지로 되돌아가 보자. 〈짐승가죽〉 이야기는 〈신데렐라〉 이야기와 같은 계열의 이야기라고 말했다. 어째서 그런가? 표면적인 줄거리를 보면 두 이야기가 결코 같은 것으로 보이지는 않는다. 한 이야기는 계모와 의붓언니들의 구박을 받는 여주인공이 무도회나 축제에서 왕자를 만난다는 것이고, 다른 이야기는 아버지가 딸을 사랑하게 되자 딸이 그것을 피해 달아났다가 왕자를 만난다는 것이다. 이 두 이야기가 어떻게 한 뿌리에서 갈라져 나온 것이라고 할 수 있는가?

사연인 즉 이렇다. 많은 분석가들이 주장하듯 〈신데렐라〉에서 계모는 사실은 친어머니의 상징이다. 네다섯 살 어린이의 상태로 되돌아가서 생각해 보자. 어머니는 항상 우리에게 따뜻한 사랑만 주는 천사 같은 존재가 아니다. 때로는 '전지전능한 힘으로 우리를 위협하는 가공할 존재'인 것이다. 야단맞는 아이의 심정에서 보자면 어머니는 이 세상에서 가장 무서운 사람일 수 있다. 옛이야기에서 어머니는 계모, 심지어 마녀, 마귀할멈 등으로 변신하여 등장한다. 예컨대 〈헨젤과 그레텔〉에서 숲속의 과자 집에 사는 마귀할멈은 한편으로 자신의 몸(= 집으로 상징되는 몸)을 뜯어가며 아이들에게 음식(= 젖)을 주지만 동시에 아이를 불구덩이에 넣어 잡아먹으려는 사악한 측면을 보인다. 아이의 눈으로 보자면 어머니는 자애로운 천사와 사악한 마귀할멈 사이를 오갈 수밖에 없다.

또 한 가지 중요한 점은, 어머니는 아버지의 사랑을 놓고 벌이는 경쟁에서 강력한 라이벌이라는 것이다. 물론 언니 혹은 동생도 마찬가지이다. 이런 것들이 어른들에게는 유치한 일로 보일지 모르지만 아이들에게는 세상에서 가장 중요한 일이라는 것은 아이들을 가까이서 본 사람이면 누구나 안다. 아버지에 대한 사랑을 누가 차지하느냐 하

1894년에 출간된 《그림 동화》 가운데 〈헨젤과 그레텔〉에서 주인공들이 숲속의 '과자의 집'을 뜯어먹고 있는 모습.

는 이 최대의 고민거리를 놓고 볼 때 어머니나 형제들은 나를 질투하는 사악한 자들이며, 이런 맥락에서 친어머니, 친동생, 친언니가 계모나 의붓언니와 같은 존재로 변하고 만다.

이상에서 말한 내용을 두 가지로 정리·발전시킬 수 있다.

첫째, 〈신데렐라〉 이야기에서 표면적으로는 계모와 의붓언니들이 주인공을 질투하여 괴롭히는 것으로 되어 있지만 사실은 이야기의 화자(話者)인 주인공이 그들을 질투하고 있다. 이것은 충분히 이해할 수 있는 심리적 반응이다. 내가 누군가를 미워할 때 오히려 '그 사람이 나를 미워한다'로 바꿔서 생각하는 것은 반드시 어린이들만의 전매특허는 아니고 심지어 유치한 어른들에게도 흔히 있을 수 있는 일이다. 말하자면 주인공은 자신의 생각을 투사(投射)하여 스스로 이런 이야기를 꾸며낸다.

둘째, 〈신데렐라〉에서 계모란 사실은 친어머니이며 그 친어머니가 주인공을 괴롭히는 이유는 아버지와의 사랑의 갈등 때문이다. 다시 말해서 이 이야기의 배후에는 오이디푸스 콤플렉스가 깔려 있다. (앞에서 지적한 대로 사실은 주인공 입장에서 꾸며낸 각본이기는 하지만, 일단 그 각본대로 좇아가자면) 어머니가 나를 그토록 괴롭히는 진짜 이유는 '내가 워낙 예뻐서 아버지의 사랑을 독차지할 가능성이 있으므로 어머니가 그 점을 질투하기 때문'이다.

그런데 〈짐승가죽〉에서는 이런 근친상간 요소가 원래 상태대로 남아 있어서 아주 노골적으로 드러나는 데 비해 〈신데렐라〉에서는 이 점이 숨겨져 있다. 후자의 경우에는 오이디푸스 콤플렉스가 흔적만 남긴 채 이야기의 뒷면으로 사라져버려서 거의 알아채기 힘들 정도가 됐다.

아르네-톰슨 분류에 의하면 〈신데렐라〉 이야기는 AT 510으로 되어 있는데, 이 중 우리가 통칭 〈신데렐라〉로 알고 있는 이야기가 AT 510A이고 〈짐승가죽〉 이야기는 AT 510B로 분류되어 있다.

이 두 이야기는 과거에는 거의 비슷한 정도로 퍼져 있었다. 19세기말에 신데렐라 이야기를 수집한 콕스의 연구서를 봐도 B계열 이야기가 A계열 이야기와 거의 차이가 없을 정도로 많았다. 콕스의 분류가 오늘날 많이 사용하는 AT 분류와는 다르지만 거기에 준하여 비교해 보면 그녀가 수집한 345편 중 〈신데렐라〉 이야기(AT 510A)가 137편, 〈짐승가죽〉 및 그와 유사한 이야기(AT 510B)가 105편이어서(나머지는 '영웅 이야기'로 분류되어 있다) 양자 사이에 큰 차이가 없다. 과거로 거슬러 올라갈수록 근친상간의 성격이 강하게 드러나 있는 이야기는 더 많았을 것으로 보인다. 그런데 점차 사람들의 감수성이 변해 갔다. 오늘날에는 노골적인 부녀간의 사랑은 듣는 사람들의 심사에 매우 거북한 느낌을 준다. 더군다나 과거와는 달리 오늘날에는 어린이들이 옛날이야기의 주 고객층이 됐는데(17~18세기만 해도 옛날이야기들을 주고받는 사람들은 주로 어른들이었다), 어린이들에게 아버지와 딸의 결혼운운하는 이야기는 정말로 상스러운 느낌을 주기에 충분하다.

그 결과 오늘날에는 B계열의 이야기들은 갈수록 줄어들어서, 현재 출판되는 아동용 이야기책들에서는 거의 자취를 감추게 됐다.

근친상간

오이디푸스 콤플렉스라는 것이 정말로 인간사에서 그토록 보편적인 현상인지 아니면 정신분석학자들의 과장된 주장에 불과한지는 불명확하다. 내가 어렸을 때에 '성적인' 방식으로 어머니를 갈망하고 아버지를 미워했는지 기억이 없다. 또 내가 딸을 성적인 흑심을 품고 바라본 적이 있었던 것 같지 않다. 겉으로는 그렇지 않다 하더라도 '무의식적'으로 근친상간의 성향을 띠게 된다는 정신분석학자들의 주장은 어째 의심스럽기만 하다. 그러나 이런 주장을 전적으로 무시할 수 없는 이유는 신화나 민담, 동화 등에서 이 주제가 끊임없이 제기되기 때문이다.

우리나라에서도 오이디푸스 콤플렉스를 발견할 수 있는가?

이는 심리학계와 정신의학계에서 매우 중요한 문제이다. 정신과 교수인 류인균의 설명에 의하면 "한국인의 오이디푸스 콤플렉스 존재 여부는 정신의학계에서 실제 환자 치료와 직접 연결되는 중요한 사안"이다. 이 문제에 대해 어떤 학자는 대가족제도 속에서 남녀노소가 유별한 한국 문화에서는 서양과 같은 오이디푸스 콤플렉스가 나타나지 않는다는 주장을 했지만, 정신분석학적으로 한국의 신화, 미담, 전설 등을 연구한 학자들은 대체로 한국 전통사회와 문학에서 오이디푸스 콤플렉스가 존재한다고 생각하는 경향을 보인다. 예컨대 이병윤은 단군 신화에서, 이규동은 수로부인 설화에서 오이디푸스 콤플렉스가 존재함을 증명하려고 했고, 이 글의 아래에서 살펴보려는 〈심청전〉이나 〈콩쥐 팥쥐〉 외에도 〈장화홍련전〉, 〈변강쇠가〉 등의 연구에서 오이디푸스 콤플렉스의 존재를 주장한 바 있다.[5]

근친상간 요소가 뚜렷이 보이는 우리나라의 옛날이야기를 들어보도록 하자.

옛날 조실부모(早失父母)한 남매가 오순도순 살고 있었다. 마음씨 착하고 의좋기로 소문이 나서 사람들이 누구나 칭찬하는 처지였다.

두 사람은 부모가 없는 탓으로 과년하도록 혼인을 하지 못했다.

어느 무더운 여름날 두 남매는 재 너머 밭으로 일을 하러 갔다. 땀을 흘리며 일을 하고 나서 점심을 먹으러 집으로 돌아오는 길인데 고갯마루에서 소나기를 만났다. 갑자기 쏟아지는데다가 피할 인가도 없어, 두 남매는 큰 나무 밑에 서 있었으나 옷이 흠씬 젖도록 비를 맞고 말았다.

비에 젖은 두 남매의 꼴은 가관이었다. 여름 모시옷을 입었는데 비에 젖은 옷이 살에 착 달라붙었다. 알몸이 다 들여다보이는 것 같았다.

오라버니는 동생에게서 새로운 사실을 발견했다. 여태껏 느끼지 못했던 복잡한 감정이 솟아올라왔다. 비에 젖은 살결과 머리카락이며 연적처럼 둥글게 솟은 젖망울을 보니 참을 수 없이 흥분됐다. 그러나 오라버니는 마음을 억누르지 않을 수 없었다.

비가 개었다. 오라버니는 누이에게 빨리 앞서 가라고 했다. 누이는 제 살결이 들여다보이는 것이 부끄러워 앞서 길을 재촉했다.

누이는 집에 가서 옷을 갈아입고 점심을 다 지어놓아도 오라버니가 오지 않았다. 누이는 수상히 여겨 비를 피했던 고갯마루로 가보았더니, 나무 밑에 오라버니가 피투성이가 되어 죽어 있었다.

오라버니는 누이를 앞세워 보내놓고 육친에게서 춘정을 느끼고 흥분했던 것이 부끄럽고 죄스러워 돌을 주워다 자기 생식기를 찍어 자살했던 것이다. 이 꼴을 본 누이는, "죽지 말고 차라리 달래나 보지" 하며 울었다고 한다.

이런 일이 있은 후로는 마을 사람들이 이 고개를 '달래 고개'라고 부르게 됐다고 한다.

오늘날 우리의 감수성으로는 이 이야기가 너무 충격적이다. 상황

설정도 놀랍지만 마지막에 누이동생이 하는 말이 더 놀랍지 않은가? 이 이야기는 우리나라 전국에 대단히 널리 퍼져 있는 것이라 한다. 도처에 있는 '달래 고개(혹은 '달래내 고개)', '달래 강' 등에는 모두 같은 이야기가 전설로 내려온다고 한다.

도대체 우리 내면의 저 어두운 세계에는 무엇이 숨어 있는 것일까.

폭력

성 문제와 함께 또 한 가지 주목할 점은 과거의 민담에서 흔히 폭력성이 지나칠 정도로 심하다는 것이다. 이미 보았듯이 그림 형제의 신데렐라에서는 의붓언니들의 발이 잘리고 새들이 눈을 쪼아서 장님이 된다. 필리핀 판본에서는 야생마를 가지고 사악한 여인네들의 사지를 찢고[13] 일본의 신데렐라에서는 언니를 통에 집어넣어 데굴데굴 굴려가서 절벽 밑으로 떨어뜨린다. 그 가운데에서도 압권은 베트남과 인도네시아를 비롯한 동남아시아의 여러 판본에서 보이듯이 언니의 살을 발라내서 젓갈을 담그는 것이다![5] 너무 잔혹해 보이는가? 사실 동물을 가지고 사람의 사지를 찢고 사람의 살로 젓갈을 담그는 것은 우리나라의 신데렐라 이야기인 〈콩쥐 팥쥐〉에서도 똑같이 나타난다.

도대체 왜 이렇게 잔인한 것일까?

하나의 설명 방식은 해당 사회의 잔혹한 여건이 그대로 투영됐으리라는 것이다. 근대 초 유럽의 민담을 역사학적인 관점에서 접근한 로버트 단턴은 농민들 세계에서 회자되던 민담의 폭력성을 그러한 시각으로 분석했다.[6]

〈잠자는 미녀〉의 초기 판본 중 하나에서 기혼자인 차밍 왕자는 공

식인귀 가족. "그들은 사랑에 빠졌고, 결혼해서 많은 아이를 낳았습니다. 그래서 오래오래 아주 행복하게 살 것처럼 보였습니다." 그렇지만 마지막 장면에서 한 아이가 새로 태어난 동생을 보면서 등 뒤에 포크와 나이프를 숨겨 가지고 있다.

주를 강간하여 임신시키고, 공주는 깨어나지 않은 채 몇 명의 아이를 낳는다. 그 아이들이 젖을 빨면서 깨물음으로써 공주는 주문에서 깨어나지만, 이번에는 왕자의 장모인 식인 마녀가 왕자의 사생들을 잡아먹으려고 한다. 〈미녀와 야수〉에서는 남편이 신방에서 신부들을 먹어치우고, 〈세 마리의 개〉에서는 여동생이 오빠의 신방에 대못을 숨겨놓아 오빠를 죽인다. 〈엄마는 나를 죽였고 아빠는 나를 먹었다〉(제목부터가 심상치 않다!)에서는 어머니가 아들을 썰어서 리옹식 냄비요리

를 만들고 딸이 아버지를 위해 상을 본다.[7]

이런 이야기들에서는 강간, 수간, 근친상간, 식인 등의 끔찍한 이야기들이 아주 자연스럽게 그대로 노출되어 있다. 그야말로 원색적이고 벌거벗은 야만성의 세계가 그대로 그려져 있는 것이다.

단턴은 같은 이야기라 하더라도 해당 사회마다 구체적인 디테일과 풍취가 다른 점으로부터 그 사회의 일반 대중들(대개 농민들)의 문화를 읽어보려는 시도를 했다. 예컨대 15~18세기 프랑스의 농민들이 이야기한 텍스트들을 분석한 결과 이 사회 정신상태를 이렇게 정리한다.

이곳은 무엇보다도 계모와 고아의 세계, 비정하고 끝없는 노동의 세계, 거칠지만 동시에 제어된 잔인한 감정의 세계이다. 이야기의 주인공들에게 우선적인 관심사는 먹느냐 못 먹느냐이다. 〈어리석은 소원〉에서 가난한 사람에게 소원이 무엇이냐고 물었을 때 아무런 주저함 없이 '소시지' 소리가 저절로 나오는 데에는 그럴 만한 이유가 있는 것이다. 사나흘 굶어보라. 절대로 고상한 이야기가 입에서 나오지 않는다. 이야기에 흔히 사악한 계모가 등장하는 것 역시 ― 그것이 다른 어떤 내용을 상징적으로 나타낸다기보다 ― 당시의 인구 상황에서 실제로 흔히 있는 일이다. 농민들의 이야기는 환상적인 요소들로 가득 차 있지만 그 배후에는 대단히 사실적인 실제의 세계가 있다는 것이다.

프랑스의 민담에 따르면 이 세상은 모질고 험한 곳이다. 그런 곳에서 살아남기 위해서는 어떻게 해야 하는가? 민담은 이렇게 가르쳐준다. 빵을 거지와 나누어먹는 것은 칭찬할 만한 일이지만 길에서 만난 모든 사람을 믿으면 안 된다. 어떤 낯선 사람은 왕자나 착한 요정일 수도 있지만 다른 자들은 늑대나 마녀일 수도 있다.……여기에서 도덕은 문제가 되지 않는다. 결코 이성적이지 않은 이 세계에서 재앙은 언제 어떻게 닥칠지 모른다. 〈두 명의 꼽추〉라는 이야기를 보라. 어느 꼽추가 우연히 "월요일, 화요일, 수요일" 하며 춤을 추는 마녀 떼를 만난다. 그는 그 마녀들에게 "목요일"을 덧붙이며 노는 법을 가르쳐주었고 그 덕에 혹을 떼게 된다. 두 번째 꼽추도 그 비슷한 방법으로 혹을 떼기 위해 마녀들에게 "금요일"을 덧붙여 노는 법을 가르쳐주려고 했지만 마녀들은 이게 재미없다며 오히려 혹을 한 개 더 붙여준다. 충격을 받은 이 꼽추는 그해를 넘기지 못하고 죽는다(영락없이 〈혹부리 영감〉 이야기와 같은 구조이다. 다시 강조하는 바이지만 세계에는 유사한 이야기들이 널리 퍼져 있다). 누구는 복을 받고 누구는 재앙을 만나지만, 거기에는 별다른 이유가 없다. 모든 게 운수소관이다! 이런 판국이니 갑자기 부자가 됐을 때 그것을 결코 남에게 말하지 말라. 다른 사람들은 그 재산을 훔치든지 그렇지 못하면 당신을 도둑으로 몰아갈 것이다. 이렇게 세계는 냉혹하고 인류는 악당들로 가득 차 있다면 도대체 어떻게 해야 하는가? 프랑스식 대답은 이렇다. "사람은 늑대와 함께 울어야 한다." 우선 무엇보다도 약아야 한다. 프랑스의 옛날이야기에서는 천치, 우둔한 자에게는 일말의 동정도 보여주지 않는다. 혹시 멍청한 주인공이 있다면 그것은 남을 더 잘 속이기 위해 멍청한 것처럼 위장한 것에 불과하다. 농민들은 기본적으로 약자들이다. 그렇기 때문에 강자들과 살아가려면 속이지 않으면 안 되고 교활해야만 된다. 농민들은 국왕, 영주들 앞에서는 비굴하게 굽실거리는 척하지만 뒤로는 그들을 놀려먹고 그것을 통쾌하게 여겼다.

농민들의 이야기들은 특권계층에 대해 존경심을 보이지 않고 있으며 그들을 놀려먹고 장난을 친다. 그렇다면 혹시 앙시앵 레짐 시기의 민담들은 프랑스 혁명을 준비하는 역할을 했을까? 그렇지는 않다. 농민들은 결코 그런 것을 원하지 않았다. 권세가들을 실컷 조롱한 뒤에 농민들은 결국 자기 자리로 되돌아간다. 농민들은 기껏해야 상스러운 이야기들을 통해 화롯가에서 대판 웃었을 수는 있겠으나 그렇다고 이것이 농민들에게 체제 전복을 부추긴 것 같지는 않다. 그들은 험한 세상을 뒤집기보다는 어떻게든 거기에 적응해서 살아가는 쪽을 선택한 것이다.

단턴의 이 매력적인 분석은 분명 옛날이야기의 잔혹함에 대한 한 가지 의미 있는 설명방식이다. 이 세상은 험하기 때문에 그 속에서 사는 사람들의 이야기도 폭력성을 띨 수밖에 없다는 것이다. 약자들로서는 교묘히 그 폭력성을 피하기도 하고, 이용해 먹기도 하고, 부분적으로는 그들 역시 폭력성을 띠기도 한다.

그러나 이 설명만으로는 아무래도 뭔가 부족하다. 그 어떤 다른 설명이 필요하다. 사회가 폭력적이므로 그 사회 속의 이야기들도 폭력적이었다는 단순한 논리말고는 없는 것일까?

그것이 무엇인지 알아보기 전에, 우리의 조상들은 과연 폭력성 앞에서 어떤 태도를 취했을까 의문이 든다. 우리의 민담에서는 그것이 어떻게 나타나 있을까? 이에 대해서는 개인적으로 연구가 미진한 까닭에 자세한 답을 하기는 힘든 형편이다. 다만 우리의 민담 가운데 저항의식을 읽을 만한 사례들을 찾아볼 수 있다. 예를 들면 〈상전을 곯려 먹은 꾀쟁이 하인〉 같은 이야기가 대표적이다. 부자 대감을 모시는 옛득이라는 이름의 하인은 대감이 점심으로 팥죽을 시켜 가지고 오라고 하자 팥죽을 들고 오면서 손가락으로 뭘 건지는 시늉을 한다. 왜 그러냐는 질문에 자기 콧물이 들어갔다는 대답을 해서 그 팥죽을 자기가 먹는다. 그는 이런 식으로 꾀를 부려서 중이 자기 절의 부처상을 솥에 넣어 끓이도록 하고, 방아를 찧는 아주머니의 보리떡과 꿀 장수의 꿀을 빼앗아 먹는다. 주인이 자기 등에 '돌아가면 이놈을 죽여라'라는 글을 써붙여서 집으로 보내자 그 글을 '딸과 혼인시켜라'라고 바꾸어 무남독녀 외딸과 결혼까지 한다. 급기야는 장인 장모가 된 주인 내외를 속여서 용궁이 살기 좋다면서 물에 빠져죽게 한다는 내용이다.[8]

이런 이야기들에 대한 사회사적 연구들을 참조하면 우리의 조상들이 고난과 시련을 어떻게 이겨냈는가, 그럴 때에 사람들의 심성은 어떠했는가에 대해 알 수 있을 것이다.

그러나 또한 예상과는 달리 — 어쩌면 예상했던 바대로(?) — 정반대 성격의 이야기들도 찾아볼 수 있다. 우리의 민담 책을 뒤적이던 중에 꽤나 슬픈 이야기 하나를 찾았다. 〈삼형제〉라는 제목의 다음 이야기를 보라.

옛날에 일찍 부모를 여읜 세 형제가 땅도 없이 입에 겨우 풀칠을 하며 살았다. 큰형은 눈이 아주 좋아 몇만 리도 볼 수 있고, 둘째는 기운이 세고, 셋째는 아무리 맞아도 아프지 않은 몸을 가지고 있었다. 하루는 겨죽만 먹다 진력이 나서 쌀을 훔쳐오기로 했다. 첫째가 나무 위에 올라가 먼 곳을 보니 원님네 창고에 쌀이 가득 쌓여 있었다. 이걸 보고 둘째가 창고 문을 부수고 쌀을 가득 짊어지고 왔다. 세 형제는 이 쌀을 맛있게 먹었다. 그런데 원님이 곧 부하를 시켜서 범인을 찾게 했는데 며칠 안 되어서 세 형제가 붙잡혔다. 셋째는 자기가 맞아야겠다고 해서 위의 두 형제는 풀려났다. 그런데 암만 때려도 간지럽다고 웃으니까 때리던 사람들은 그만 힘이 지쳐 죽고 말았다. 이 말을 들은 원님이 자기가 직접 하겠다고 나서서 셋째를 때리다가 그만 지쳐 죽고 말았다. 그 후 세 형제는 그 쌀을 갖고 잘 살다 죽었다.

이 이야기에 교훈이 있다면 '꾹 참고 견뎌라' 정도가 아닐까?

앞에서 언급한 것처럼 우리의 민담을 체계적으로 연구해 보면 이처럼 '몸으로 때우는' 방식이 아니라 더 적극적이고도 창의적으로 억압에 대처하는 내용의 이야기들도 분명 많이 찾을 수 있을 것이다.

옛날이야기의 정신분석

"민담의 주제는 한마디로 성과 폭력이다."

마리아 타타르(Maria Tatar)라는 학자는 이렇게 단정한다. 그 두 가지는 우리의 마음 내면으로부터 나온다.

민담 속에 적나라하게 노출되어 있는 성 문제와 폭력성을 이해할 수 있는 또 하나의 방식은 정신분석 방법이다. 단턴처럼 그 이야기를 만들어 전하고 듣는 특정 사회의 성격이 투영됐다고 보는 것이 아니라, 더 보편적인 차원에서 인간의 내면적인 의미가 이야기 속에 상징적으로 숨겨져 있다고 보고, 그 숨은 상징을 캐기 위한 하나의 방법으로서 정신분석을 사용하는 것이다. 이런 접근법에서 가장 고전적인 연구 성과로 알려진 베텔하임의 분석을 살펴보도록 하자(다만 베텔하임은 거의 전적으로 그림 형제의 판본을 분석 대상으로 삼고 있는데, 이것이 그가 비판받는 한 요인임을 미리 지적해 두는 바이다).[9]

베텔하임은 옛날이야기들이 주로 어린이들을 대상으로 한 것이며, 성과 폭력이 적나라하게 노출되어 있는 것 역시 어린이들의 인격 성장에 필요한 기능을 수행하고 있다고 본다. 어린이들은 조만간 인생의 심각한 문제들에 직면하게 된다. 이 세상에는 온갖 위험이 가득하며 따라서 어떤 큰 시련을 만날지 알 수 없다. 또 언젠가는 성과 사랑의 문제에 봉착하게 되고 그것을 조화롭게 해결해야 한다. 그렇다고 해서 아이들에게 바로 "세상은 험하지만 지혜와 용기를 가지고 대처하면 이겨낼 수 있다"든지 "성과 사랑의 문제는 대단히 힘들고 복잡한 것이지만 그 문제를 잘 극복하면 행복한 결혼과 성의 즐거움을 누리게 된다"고 말한들 어린이들이 이해하지 못한다. 이런 메시지를 효과적으로 전달하는 한 방법은 그 메시지가 녹아 있는 이야기를 들려주는 것이다. 아이들은 표면적인 이야기의 전개만 좇아가면서 재미있게 듣는다. 그러나 사실 이 이야기들은 아이들의 무의식에다가 중요한 문제들을 던져주고 있는 것이다. 아이들은 '의식' 차원에서는 스토리를 좇아가지만 '무의식'에서는 그 이야기가 제기하는 문제에 대해 반추하고 의미를 숙고한다. 그래서 그 문제에 대한 답을 찾아간다. 아이들에게 들려주는 이야기들이 모두 행복한 결말로 끝나는 이유도 여기에 있다. 결국 모든 문제를 잘 이겨내고 조화로운 삶을 이룰 수 있다는 자신감을 주어야 하기 때문이다. 이런 점에서 볼 때 이야기 속에 잔인하고 흉측한 사건들이 전개되는 것은 너무나 당연한 일이다 못해 필수적인 일이다. 오히려 요즘에 나오는 동화책들에서 그런 요소들을 순화시켜서 제시하는 것은—예컨대 안데르센의 〈분홍 신〉에서 오만에 빠져 춤추는 주인공의 다리를 도끼로 잘라버리는 결말이 너무 잔인하다고 판단한 현대의 편집자들이 "하느님께 기도했더니 모든 죄를 용서받았다"는 식으로 고쳐서 출판하는 것을 보라—어린이들이 인생의 심각한 문제에 맞닥뜨려 그에 대한 해결책을 찾아나가는 것을 돕는다는 원래의 기능을 방해하는 '바보짓'이라는 주장이다.

이런 관점에서 〈신데렐라〉를 보면 이 역시 어린이가 인격적으로 성숙해 가는 과정에서 겪는 내면의 갈등과 그것을 해결해 가는 과정을 제시하는 텍스트로 읽을 수 있다. 여기에서 관건이 되는 것은 무엇보다도 오이디푸스 콤플렉스에 대한 지혜로운 해결이다. 어린이들은 어머니나 아버지에 대한 사랑에 집착하고 거기에서 시기와 질투에 사로잡히기 쉽다. 어린이들은 이 단계를 순조롭게 넘겨야 조화로운 인격을 형성하고 또 자기 삶의 반려자를 만나 성과 사랑의 행복을 누릴 수 있다.

그러기 위해서는 신데렐라의 사랑의 대상이 아버지로부터 왕자로 순조롭게 옮겨가야 한다. 신데렐라가 자기 운명의 주인공이 되기 위해서는 우선 아버지의 권위가 약화되어야 한다. 신데렐라의 아버지가 딸들에게 무슨 선물을 원하는지 물었을 때 신데렐라는 아버지에게 "집으로 돌아올 때 아버지의 모자를 스치는 첫 번째 나뭇가지"를 꺾어다 달라고 부탁한다. 모자를 떨어뜨린다는 것은 곧 그 사람의 힘을 꺾는다는 상징일 것이다. 이렇게 아버지의 힘을 약화시킨 개암나무 가지가 신데렐라에게 마술적인 힘을 주는 나무로 자란다. 개암나무는 원래 기독교 이전 고대 문화에서 이승과 저승을 소통시키는 신성한 나무였다.[10]

그리고 이 나뭇가지가 죽은 어머니의 무덤가에서 큰 나무로 자라난다는 점을 볼 때 이는 분명 죽은 어머니의 힘과 권위를 신데렐라가 받는 것으로 볼 수 있다. 또 신데렐라가 이 나무를 눈물로 키웠다는 대목이 나오는데 이는 이상적인 어머니에 대한 유아기의 기억이 내적 경험의 중요한 부분으로 생생하게 남아 있다가 최악의 역경에 처했을 때에 용기를 주고 격려해 줄 수 있음을 상징한다. 인생을 살아가는 데에 실제 존재하는 것보다 마음속에 있는 것이 훨씬 더 중요할 수 있다. 최악의 상황에서도 내면화된 좋은 어머니의 이미지를 지니고 있다는 것이 큰 힘이 되는 것이다. 이에 비해 신데렐라의 언니들은 좋은 옷을 고르고, 심지어는 신발을 신기 위해 발을 자르기까지 하지만 다

허사이다. 그런 외적인 요소보다는 내적인 힘을 가지고 있고 자신에게 진실한 사람만이 마지막에 성공할 수 있다.

또 한 가지 중요한 사실은 나무가 크게 자라난다는 점이다. 여기에는 성장의 개념이 들어 있다. 신데렐라의 다른 판본들에서 보이는 동식물들도 마찬가지이다. 예컨대 중국 판본이나 베트남 판본의 물고기 역시 점점 크게 자라나는 특징을 보인다.[4] [5] 이것은 예전의 어머니 이미지가 내재화되어 있는 것만으로는 불충분하며, 어린이가 성장함에 따라 이 내면화된 어머니 역시 그만큼의 변화를 겪어야 한다는 점을 말해 준다.

새어머니가 신데렐라에게 부과한 과제는 과연 그녀가 행복한 결말을 맞을 만한 가치가 있는지 증명하기 위해서 꼭 거쳐야 하는 관문이다. 그 과제는 재에서 콩을 걸러내는 일이다. 베텔하임은 이것을 악으로부터 선을 골라내는 일로 풀이한다. 그녀에게 부과된 과제는 선과 악을 구분하는 도덕적 문제로 바뀐 것이다. 그렇게 악을 제거한 후에야 그녀는 나무에게로 가서 금과 은을 떨구어 달라고 요구한다. 페로 판본에서처럼 그런 도덕적 성숙을 이루기 전에 대모 요정이 나타나서 모든 것을 다 해주고 신데렐라는 그저 시키는 대로 하는 식이 되면 이 이야기가 가진 심오한 의미를 삭제해 버리는 결과가 된다. 사실 이처럼 대모가 나타나서 호박으로 마차를 만드는 장면은 페로가 윤색하면서 지어낸 것일 뿐 다른 판본에서는 없는 내용이다.

신데렐라가 무도회에서 도망치는 장면 역시 이런 관점에서 분석해 보면 매우 흥미로운 점을 읽을 수 있다. 신데렐라는 왜 도망을 가야만 한 것일까? 페로 판본에서는 대모 요정이 그렇게 하라고 명령을 내렸기 때문에 신데렐라가 그것을 지켜야만 하는 것으로 되어 있을 뿐 다른 이유가 없다. 그러나 그림 판본에서는 그런 '옵션'이 없는데도 스스로 도망간다. 마법이 도로 풀리는 위험이 없는데도 굳이 왕자를 피해서 집으로 돌아가 원래의 누더기 옷으로 갈아입는 이유는 무엇일까? 베텔하임의 주장에 의하면 신데렐라는 화려한 외모가 아니라 본래의 모습으로 선택받고 싶어했기 때문이다. 왕자가 비참한 처지에 있는 자신을 보고도 여전히 원한다면 그때 자신을 내어주겠다는 의미이다.

이런 진정한 결합 과정에서 오이디푸스 콤플렉스가 풀린다. 이때 아버지가 먼저 자신과의 관계로부터 딸을 풀어줄 준비가 되어 있어야 딸 역시 이성과의 사랑을 완전하게 이룰 수 있다. 그래야만 미숙한 사랑의 대상(아버지)에서 성숙한 사랑의 대상(왕자)으로 옮겨가는 것이다. 표면적으로 볼 때 아버지가 과격하고 파괴적인 행위를 하는 이유도 그렇게 설명할 수 있다. 도망간 신데렐라를 뒤좇아온 왕자를 맞이한 아버지는 도끼를 건네주면서 신데렐라가 숨은 장소들을 파괴하도록 한다. 비둘기장과 배나무를 도끼로 부수는 행위는 자기 딸을 기꺼이 왕자에게 넘겨주겠다는 의도라고 베텔하임은 주장한다.

신데렐라가 숨었던 두 장소가 새장과 나무라는 것 역시 의미심장하다. 그 두 가지는 지금까지 신데렐라를 지탱해 주었던 마술적인 요소인 새(저승에서 날아온 어머니의 영혼을 연상시킨다)와 나무(저 세상과 소통하며 마법의 힘을 전해 준 개암나무를 상기할 필요가 있다)를 상징한다. 그러나 이제 현실세계에서 잘 지내려면 이런 마술적 힘에 대한 의존을 버려야 한다. 아버지가 은신처들을 부순 것은 곧 신데렐라가 더 이상 마법적인 장소에 도피할 수 없음을 뜻한다.

결정적으로 중요한 요소는 신발이다. 신발은 몸의 일부가 들어가서 꼭 맞는 용기(容器)라는 점에서 흔히 여성의 성기를 상징한다고 해석한다. 이 이야기에서도 그렇게 볼 여지는 충분히 있다. 그리고 페로

Cinderella. Arthur Rackham, 1911.

"왕자는 '재투성이 소녀'를 말에 태우고 왕궁으로 떠났습니다. 개암나무에 앉아 있던 하얀 비둘기 두 마리가 이렇게 노래했습니다. 저기를 보세요! 신 안에 피가 나지 않아요. 신발이 꼭 맞아요. 왕자님은 진짜 신부를 데려가는 중이에요."

판본에서처럼 그 신발이 유리구두라면 깨지기 쉽다는 점에서 처녀막을 상징한다는 해석도 있다. 그렇게 본다면 무도회에서 도주하는 것은 아직 사랑이 완전치 못한 단계에서 섣불리 순결을 내주지 않겠다는 의미가 된다. 그림 판본에서는 왕자가 신데렐라에게 직접 신발을 건네주며 그녀 스스로 신을 신는다. 이는 결혼식에서 신랑이 신부에게 반지를 끼워주는 것을 연상시킨다. 이 맥락에서 신데렐라는 순결한 신부를 상징한다. 언니들은 발의 일부를 자르면서 신발에 발을 억지로 넣으려다가 신발에 피가 배어 있는 것을 흰 새들에게 들키는데, 이는 여성 성기의 출혈로서 월경을 상징하는 것이다. 이에 비해 신데렐라의 발에서 피가 나지 않았다는 것은 그녀가 아직 월경을 하지 않은 순결한 처녀임을 말해 준다.

정신분석 방법을 시도하는 학자들이 흔히 많은 문제를 성적인 관점에서 해석하는데, 분명히 무시하지 못할 설명력을 가지는 듯하면서도 지나친 추론을 하는 것은 아닌가 하는 느낌을 받곤 한다. 때로 베텔하임의 분석 역시 그런 인상을 주기에 충분하다. 대표적인 것이 바로 앞에서 언급한 언니들의 발 절단 행위에 대한 해석이다. 표면적인 이야기 전개상으로는 언니들이 목적 달성을 위해 온갖 짓을 다한다는 점에서 언니들의 상스러움이 부각되는 것은 분명하다. 그러나 베텔하임은 단지 이런 정도에 머무르는 것이 아니라 이면에서 더 이상의 의미를 캐들어간다.

이 이야기에서는 언니들이 신데렐라보다 발이 크다는 것이 왕자를 만나는 데에 장애가 된다. 그렇기 때문에 할 수 없이 발의 일부를 절단하면서까지 왕자에게 접근하려고 하지 않는가. 발이 크다는 것은 남성적이고 따라서 덜 매력적이라는 뜻이라고 한다(중국의 전족 풍습이 이와 무관치 않다). 언니들은 더 우아하게 보이기 위해 발의 일부를 잘라낸다. 발을 잘라낸다는 이 파격적인 이야기에 대해 베텔하임은 이들이 "여성성을 증명하기 위해 상징적인 자기 거세를 한 것"이라든지, "피를 흘린다는 것은 월경을 상징한다"고 본다. 사실 이 설명은 다소 자의적이라는 느낌을 받는다. 베텔하임은 신발과 관련된 에피소드를 성적인 상징으로 읽으려고 하며, 이를 결혼반지의 상징과 비교한다. 제의적인 반지 교환은 여성의 처녀성에 대한 남성의 욕구와 승인, 그리고 남성의 페니스에 대한 여성의 선망을 서로 인정하는 의미라고 본다. 신발을 신겨주는 행위 역시 반지 교환처럼 "서로 처녀막과 페니스를 함께 가짐으로써 양쪽 모두 거세불안과 선망에서 놓여나는" 일이라는 것이다.

개인적으로 베텔하임의 해석 가운데 가장 참신하고 설득력 있어 보이는 것은 어머니의 이중성에 대한 역설적인 교훈 부분이다. 어린이가 인격적인 자기 정체성을 성취하고 최상의 자아를 실현하려면 두 어머니가 필요하다. 자애로운 부모만이 아니라 잔인하고 비정한 의붓부모 역시 필요한 존재이다. 신데렐라가 사악한 계모의 핍박을 거치는 기간이 없었다면 자아를 개발하고 선악을 구별하며 주도권과 결단력을 키우는 기회를 가질 수 없었을 것이다. 이는 내내 좋은 어머니만 갖고 있던 의붓언니들과 비교해 보면 알 수 있다. 그들은 결국 미성숙 상태에 남게 됐다. 심지어 그들이 발을 자른 행위도 그들 스스로 결정한 것이 아니라 어머니가 시켜서 한 것이다. 그러나 최종적인 결과는 남은 일생을 장님으로 지내야 한다는 것이다. 캄캄한 어둠 속에서 산다는 것은 곧 인격개발에 실패했음을 뜻한다.

어린이에게 자립의 가능성과 필요성을 깨닫게 하기 위해서는 부모가 당분간 못되고 학대하는 부모로 바뀔 필요가 있다. 그렇지 않고 부모가 늘 자애롭기만 하다면 아이들은 가능하면 그 힘들고 고달픈 자립의 과정을 피하려고 하기 때문이다. 최상의 부모조차 일정 기간 학대와 심한 요구를 하는 의붓부모처럼 되어야 한다. 그렇다면 이 이야기는 어린이만이 아니라 부모들에게도 상당한 위안을 준다. 자신들이 일시적으로 어린이에게 나쁜 모습으로 비쳐야 하는 이유와 근거를 대주기 때문이다.

신데렐라 이야기를 통해 어린이들은 광포한 오이디푸스 갈등을 해결하는 실마리를 얻는다. 아이들은 자신이 훌륭한 삶, 심지어 부모보다 좋은 삶을 살 것이며, 바람직한 결혼을 통해 불가능한 꿈처럼 보였던 성적 갈망을 성취할 수 있다는 확신을 가질 것이다.

베텔하임의 주장에 대해서는 많은 비판이 제기됐다. 그 가운데 대표적인 것을 소개하면 문화인류학 교수이며 정신분석학자인 벤-아모스의 다음과 같은 주장이다.

1. 베텔하임은 유럽의 전래동화만을 인용했는데, 횡문화적 고찰을 하지 않고서는 그의 논리를 보편적이라고 할 수 없다.

2. 베텔하임은 교육배경, 아동문학적 소양, 분석가로서의 실력이 그리 뛰어난 사람이 아니다.

3. 그는 동화 해석에서 너무 일방적으로 오이디푸스 콤플렉스와 성 상징을 강조했다.

4. 그는 동화 하나하나에서 동화가 생겨날 때의 사회적 · 문화적 상황을 무시했고, 알려고 하지도 않았다.

5. 그는 자기가 해석한 동화의 전문을 있는 그대로 소개하지 않고, 자기 구미에 맞게 번안하고 요약한 것을 소개한 뒤 그것을 토대로 분석했다.

6. 그는 같은 동화라도 이야기해 주는 사람의 심리 상태와 듣는 사람의 심리 상태에 따라 그 의미가 다르다는 것을 간과했다.

7. 그는 동화가 어린이들에게 '치료적'으로 작용한다는 점을 과장해서 강조했다.

8. 그는 더러 남이 한 말을 베껴오면서도 참고문헌 항목에 그것을 명시하지 않았으므로 학자적 양심에 조금 의심이 간다.

9. 그의 동화 해석은 때로 너무 단순하고 단정적이다. 그 예로,《백설공주》에서 빨간색은 이드(id. 인간의 본능적 충동을 관장하는 무의식의 층)의 상징이며, 흰색은 초자아의 상징이라고 못박았다.

10. 그가 동화와 대비해 인용한 그리스 신화에 관한 것을 읽어보면 그 방면에 조예가 깊지 못함을 알 수 있다.

이런 비판을 소개한 조두영 교수의 평가도 흥미로워 함께 소개하는 것이 좋겠다.

이러한 비판은 이 책 출판으로 허가 찔린 격이 된 정신분석에 조예가 있는 민속학자들이 주도하고 있으나, 순수 정신분석계와 특히 임상 소아분석계에서는 쌍수를 들어 베텔하임에게 박수갈채를 보내면서 '이만한 정도면 큰일을 해낸 것인데, 뭐 자질구레하게 따질 것 있나!' 라는 태도를 견지하고 있다.[11]

리어 콤플렉스

신데렐라 이야기의 이면에는 어떻게 하면 오이디푸스 콤플렉스를 조화롭게 해결하느냐 하는 문제가 숨어 있다는 것이 지금까지 주장이었는데, 이것과 관련해서 주의 깊게 살펴볼 것이 〈리어왕〉 이야기이다. 〈리어왕〉의 줄거리는 다음과 같다.[12]

다년간 통치를 해오던 리어왕은 은퇴를 결심하고 세 딸에게 국토를 분할해 주기로 결심한다. 그 분할 기준은 딸들이 아버지에 대한 사랑을 얼마나 잘 말하느냐이다. 올버니 공작과 결혼한 큰딸 고너릴과 콘월 공작과 결혼한 둘째 딸 리건은 온갖 위선적인 수사를 다 동원하여 아첨의 말로 리어왕의 기대에 부응하나, 셋째 딸 코딜리아는 실제로는 아버지를 깊이 사랑하고 있으면서도 할말이 하나도 없다('Nothing')고 말한다. "무에서는 아무것도 생기지 않는다(Nothing will come of nothing)"고 하면서 다시 말해 보라는 아버지의 재촉에 자식된 도리로서 딸이 응당 아버지를 사랑해야 하는 바대로 사랑하고 효도를 다할 뿐이라는 식으로 코딜리아는 간단히 대꾸한다. 격분한 왕은 그녀를 무일푼으로 프랑스 왕과 결혼시키고, 고너릴과 리건에게 왕국을 분할해 준 후 자신은 그 두 딸 사이를 오가며 여생을 살기로 한다. 국왕의 이와 같은 오판과 잘못된 처리를 본 충신 켄트는 리어와 코딜리아를 화해시키려다가 추방되지만, 다시 변장하고 리어의 하인으로 고용되며, 이후 리어를 끝까지 따라다니며 보좌한다. 리어는 첫째 딸과 둘째 딸 집을 차례로 방문하지만 그때마다 두 딸은 아버지를 박대하며, 이에 충격을 받은 리어는 그의 어릿광대만을 대동하고 야밤에 뛰쳐나간다. 어릿광대는 그에게 기회 있을 때마다 왕국을 딸들에게 내준 어리석음을 상기시킨다.

한편 글로스터 백작은 서자 에드먼드의 모함에 속아 적자인 에드거가 자신을 살해하고 재산을 차지하려는 것으로 오해한다. 그리하여 에드거는 불효자의 누명을 쓰고 집을 나간다.

폭풍이 몰아치는 황야에서 리어는 어릿광대와 후에 합세한 켄트와 같이 헤매다가 어느 오두막에 피신하는데, 이곳에서 미친 정신병자로 가장한 에드거를 만난다. 이 만남은 리어로 하여금 제정신을 잃도록 작용한다. 후에 이곳에 도착한 글로스터는 비정한 두 딸이 리어를 살해하려 한다는 소식을 전하고, 왕을 속히 도버로 모셔갈 것을 촉구한다. 한편, 글로스터가 이곳에 와 있는 동안 그의 사생아 에드먼드는 글로스터가 리어와 내통하고 있음을 두 딸에게 밀고한다. 글로스터가 귀가하자 콘월은 그의 두 눈을 뽑아낸다. 이 만행에 격분한 자신의 하인에 의해 콘월은 치명상을 입는다. 에드거는 신분을 감추고 눈먼 아버지 글로스터를 부축해서 도버 해협 언덕으로 인도한다. 그는 교묘히 아버지의 투신자살 소원을 성취시켜 주는 듯하면서 아버지의 자살을 예방한다.

한편 리어의 셋째 딸 코딜리아는 프랑스에서 군대를 이끌고 와서 부왕을 극진한 간호와 위로로써 보살핀다. 이제 프랑스군과 영국군이 전투를 벌이는데, 이때 영국군은 콘월의 사망으로 에드먼드가 지휘한다. 고너릴과 리건 두 자매는 모두 에드먼드에 대해 열정을 뿜는다.

올버니는 오직 침략군과 싸워야 하는 애국적인 의무감에서 에드먼드와 합세해 프랑스군을 물리치며, 이때 리어와 코딜리아는 포로가 된다. 에드먼드에 대한 리건의 사랑을 질투하여 고너릴은 동생을 독살하고 자신을 찔러 자살한다. 글로스터는 에드거의 신원을 알게 되자 충격을 받고 사망한다. 에드먼드는 리어와 코딜리아를 처형하라는 지시를 내리는데, 그 직후에 에드거와 만나 대결한 결투에서 치명상을 입는다. 처형 취소령이 내려지지만 너무 늦어 코딜리아는 교수형을 당하고, 리어는 죽은 코딜리아를 안고 슬픔에 몸부림치다가 역시 숨진다. 켄트는 리어를 따라가기 위해서 자살하는 것으로 암시된다. 올버니는 에드거와 더불어 국가를 재건하고 평화와 질서를 회복한다는 암시로 극은 막을 내린다.

리어의 집안과 글로스터의 집안 모두 부자간 · 부녀간 · 형제자매간 혹은 남녀간에 어긋난 사랑들이 넘쳐난다. 그 결과는 참혹하다. 제대로 분별하지 못한 인물들은 실성하거나 두 눈을 잃고 암흑에 빠지거나 치명적인 상처를 입고 죽음에 이른다. 그 가운데에서도 리어와 막내딸 코딜리아의 관계가 가장 중요한 주제이다.

정신분석학자들은 이 이야기에 감추어진 의미가 딸에게 성적으로 이끌린 아버지의 내면적 억압이라는 의견을 제시했다. 일찍이 프로이트도 그런 견해를 표명한 바 있고, 파운츠(Arpad Pauncz)는 아들이 어머니를, 혹은 딸이 아버지를 사랑하는 오이디푸스 콤플렉스의 방향이 역전됐다는 의미에서 이를 '리어 콤플렉스'라고 명명하기도 했다.

실제로 작품에서는 근친상간으로 해석될 부분들이 눈에 띈다. 예컨대 5막에서 리어가 코딜리아를 만나는 마지막 장면에서는 자신과 코딜리아를 연인으로 묘사한다.

> 리 어 (……) 어서 우리는 감옥으로나 가자. 둘이서 새장 속의 새들이 되어 노래를 부르자. 네가 나의 축복을 빌어주면 나는 무릎을 꿇고 너의 용서를 구하마. 그렇게 우리는 살아가자. (……) 이 세상 돌아가는 신비에 관해서, 마치 신들의 밀사(密使)인 양 아는 척 하며 지내자꾸나. 사면이 벽으로 둘러싸인 감옥에 있더라도 이렇게 세월을 보내다보면, 달의 힘을 입어 밀물과 썰물이 교차되듯이 흥망성쇠가 무상한 거물들의 집단 패거리보다는 오래 살 수 있을 것이다.
>
> 에드먼드 끌고 나가라!
>
> 리 어 내 딸, 코딜리아야, 너 같은 희생 제물에 대하여 신들은 향을 피워줄 것이다. 내가 너를 붙잡고 있지 않느냐? 우리를 떼어놓으려는 자는 하늘에서 횃불을 가져와야 할 거다. 횃불로써 여우를 몰아내듯이 우리를 쫓을 수밖에 없을 거야. 눈물을 닦아라. 그들이 우리를 울리기 전에 그들이 먼저 병에 걸려 썩어 문드러질 거다. 그들이 먼저 굶어죽을 거야. 가자.

4막에서는 "나는 떳떳하게 죽겠다. 단정한 새 신랑처럼(like a smug bridegroom, IV, vi, 194)"이라고 하여 아예 새신랑이라는 단어를 동원한다. 이런 점들을 보면 이 희곡의 내면에 근친상간적인 성격이 농후하다는 분석이 무리한 추론만은 아니라는 생각이 든다. 그리고 코딜리아의 진실한 마음을 알지 못했다가 나중에 그것을 깨닫고 그녀를 사랑하게 된다는 줄거리에 충실하게 생각해 보면 그 근친상간의 방향은 리어가 코딜리아를 향한 것으로 생각하기 쉽다.

그러나 근친상간의 방향이 정반대라고 생각할 수도 있다. 1막 1장에 나오는 코딜리아의 대사를 보라.

> 코딜리아 아버님, 아버님은 저를 낳으시고 기르시고 사랑해 주셨습니다. 마땅히 그 답례를 올리는 것이 저의 의무입니다. 아버님께 복종하고 아버님을 사랑하며 아버님을 존경하렵니다. 언니들이 정말 아버님을 그토록 사랑한다면, 어째서 남편을 얻었단 말입니까? 저도 만약 결혼을 한다면, 아마도 저의 배우자인 주인께서 제 애정과 관심과 의무의 반은 빼앗아갈 것이 틀림없습니다. 저는 절대로 언니들같이 결혼하지 않을 겁니다. 아버님께 효도를 다하기 위해서라면.

이것은 분명 딸의 입장에서 아버지를 사랑하는 이야기이다. 즉 애정의 방향이 '아버지 → 딸' 방향이 아니라 '딸 → 아버지' 방향이다. 이 미묘한 문제의 내막은 이 이야기의 '원본' 동화를 참고하면 더 쉽게 이해할 수 있다.

이 이야기를 하는 주체는 분명 딸 자신이다. 그녀는 소위 투사(projection)를 하고 있는 것이다. 아버지를 너무나 사랑하는 딸은, '아버지가 나를 지극히 사랑하지만 언니들의 훼방과 모함 때문에 일시 나를 미워하게 됐으나, 그래도 아버지를 가장 많이 사랑하는 사람은 나라는 것을 결국 알게 되리라'고 상상의 스토리를 지어내는 중이다(누구든지 어렸을 때 이렇게 자신과 가족들 관계에 대한 공상적인 스토리를 지으며 시간을 보낸 경험이 있을 것이다).

이것과 관련 있는 사실은 처음부터 어머니가 존재하지 않는다는 점이다. '킹 리어'는 있지만 '퀸 리어'는 아예 없다. 딸은 아예 어머니를 대신해 버리려고 한다. 상상의 스토리 속에서 어머니는 이미 먼 옛날에 죽은 것으로 되어 있다. 이것을 조금 더 그럴듯하게 꾸미고자 한다면 〈짐승가죽〉에서처럼 어머니가 죽으면서 자신과 똑같은 여자하고만 결혼하라고 했는데 알고 보니 그런 조건을 가진 여자는 딸밖에 없다는 장치가 되는 것이다. 심지어는 코딜리아의 남편도 거의 아무런 역할을 하지 못한다. 오직 모든 희생을 감내하며 묵묵히 사랑을 간직한 사람으로서 코딜리아가 강조될 뿐이다.

〈리어왕〉의 '원본'쯤에 해당하는 것이 〈소금 한 톨만큼 사랑하다〉 계열의 이야기이다. 앞에서 거론한 〈짐승가죽〉 계열의 이야기에서는 아버지가 딸에게 사랑의 감정을 가지고 있는 것으로 되어 있으나 〈소금 한 톨만큼 사랑하다〉 계열의 이야기에서는 이 관계가 역전됐다. 제2부에 수록된 〈센드라외울라〉가 전형적인 이야기이다.[7] 왕에게 세 딸이 있어서 누가 더 아버지를 사랑하는지 일종의 충성경쟁을 하는 상황으로 이야기가 시작된다. 첫째 딸은 아버지를 "닭을 먹는 것만큼" 사랑한다고 이야기하고, 둘째 딸은 "빵을 먹는 것만큼" 사랑한다고 했건만, 셋째 딸은 "소금 한 톨만큼" 사랑한다고 했다가 노여움을 산다. 그렇게 답하는 이유에 대해서 이 판본에서는 위의 두 언니들이 막내동생을 골탕먹이기 위해서라고 설명하지만, 다른 판본에서는 막내동생이 아버지에게 과장되거나 거짓된 아부를 하기 싫어서라고 설명하기도 한다. 아닌게아니라 닭고기나 빵에 비해서 소금은 비록 양은 적지만 썩지 않는 소중함을 상징하므로, 진심으로 아버지를 사랑하는 것은 자기 자신이라는 자부심을 나타낸다.

국왕은 막내딸을 숲에 데리고 가서 죽이라는 명령을 내린다. 하인은 차마 아이를 죽이지 못하고 숲으로 내쫓는다(주인공을 죽이라고 명령을 받은 하인 중에 그 말을 따르는 사람을 한 명도 못 봤다). 짐승가죽을 쓰고 나무 둥치에 들어가 있던 주인공은 마녀들을 만나 마법의 힘을 얻게 된다. 그 후 국왕(아버지)이 사냥을 나왔는데 데리고 온 개가 주인공을 발견한다. 너무 변한 모습 때문에 자기 딸이라는 것을 눈치채지 못하고 단지 죽은 딸과 비슷하게 생겼다고 본 국왕은 측은한 마음에 그녀를 자기 집으로 데리고 간다. 그 다음은 우리가 아는 신데렐라 이야기와 비슷하게 전개된다. 이 아이는 비천한 집안일(여기에서는 닭치기)을 하게 된다. 그러다가 무도회가 열려서 두 언니가 먼저 무도회에 간 다음, 동생은 마법의 힘으로 화려한 옷을 입고 무도회에 참석하여 왕자의 마음을 사로잡는다. 이 일이 세 번 반복되다가 신발을 떨어뜨리게 되고 이것을 계기로 왕자가 주인공을 찾아내며 이때 그녀의 원래 신분이 드러나게 된다. 아버지는 딸이 살아 있다는 것에 만족하고 왕자와 결혼시킨다. 이렇게 해서 주인공과 아버지 사이의 미숙한 사랑이 해결되고, 왕자와 진정한 사랑을 이루게 된다.

〈심청전〉

이런 분석을 접하다보니 머리에 떠오르는 것은 우리의 〈심청전〉이다. 심학규 씨와 심청의 부녀 관계 역시 이런 관점에서 보면 심상치 않은 요소가 감지된다. 누구나 그런 생각을 해보았겠지만, 표면적인 스토리로만 본다면 심청이 눈먼 아버지를 홀로 내버려두고 죽으러 가는 것은 결코 현명한 처사가 아니다. 이왕 효도를 할 거라면, 아버지가 차라리 눈을 뜨지 못한 채로 남아 있더라도 그 옆에서 음식과 의복을 챙겨드리는 것이 백번 옳은 일이라 하지 않을 수 없다. 그러나 이 이야기의 내재적·상징적 차원에서 보면 딸이 바닷속으로 가는 것은 괜한 일이 아니다. 〈리어왕〉의 분석과 같은 방식을 적용해서 〈심청전〉을 새롭게 읽어보면 어떨까.[13]

심학규 씨는 뒤늦게 딸을 얻지만 산후별증으로 부인이 죽는다. 이 점부터 우선 딸아이의 자기 생각(홀로 스토리를 짓는 놀이)에서 어머니를 일찌감치 제거해 버린 것이라 할 수 있다.

천행으로 이 자식이 죽지 않고 자라나서 제 발로 걷거든 앞세우고 길을 물어 내 무덤 앞에 찾아와서 너의 죽은 모친 무덤이로다 가르쳐 모녀 상면하면 혼이라도 원이 없겠소 천명을 어길 길이 없어 앞 못 보는 가장에게 어린 자식 맡겨두고 영결하고 돌아가니 가군(家君)의 귀하신 몸이 애통하여 상치말고 천만보중하옵소서 차생(此生)의 미진한 인연 다시 만나 이별말고 살리라 애고 내가 잊었소 저 아이 이름을 심청이라 지어두고 나 끼던 옥지환(玉指環)이 함 속에 있으니 심청이 자라거든 날 본 듯 다시 내어주고…….

심청의 어머니가 죽어가는 이 장면도 앞에서 설명한 바 있다. 자신이 끼던 가락지(옥지환)를 딸에게 물려준다는 것은 어머니의 역할을 딸에게 물려주는 상징이다.

게다가 아버지는 눈까지 멀게 해놓았다. 그러니 아버지는 완전히 심청의 손안에 있다. 그녀가 밥 지어주고 옷 입혀주지 않으면 아버지는 살아갈 수가 없다. 그렇게 함으로써 딸은 아버지의 사랑을 독차지하는 것이다.

어린아이들의 상상 속에서 자신의 실제 부모를 부정하고 가상의 부모를 아름답게 그리는 것을 '가족 로망스'라고 한다. 많은 사람들이 어린 시절에 이런 일에 대한 기억이 있을 것이다. 지금 현재 이 모양이 꼴로 못사는 아버지, 맨날 나를 이렇게 구박하는 어머니는 진짜 부모가 아닐 거야. 진짜 부모는 어디 다른 곳에 살고 있어서 나를 찾고 있을지 몰라. 아마 대기업 이사이든지 장관 정도는 아닐까. 아이들은 흔히 이런 식으로 자기 부모를 멋지게 그려보는 공상을 하곤 한다. 그런데 〈심청전〉에서도 이런 요소가 눈에 띈다. 매일 동냥하며 살아가는 심청이 어느 날 뜬금없이 월평 무릉촌 장승상 댁 부인의 부름을 받는다. 이 부인은 심청이 효녀라는 소문을 듣고 불러서 위로를 하는 것이다. 이 부인은 대궐 같은 집에 살고 얼굴에는 귀티가 흐르며 마음씨는 후덕하기 그지없다. 그런데 이런 귀부인이 심청에게 자기 수양딸로 들어오라는 제안을 한다.

네 신세 생각하니 양반의 후예로 저렇듯 궁곤(窮困)해 어찌 아니 불쌍하랴 내 수양딸 되면 여공(女工)이며 문자를 학습하여 기출(己出)같이 길러내어 말년 재미 보려 하니 네 뜻이 어떠하뇨.

이런 제안을 받은 심소저는 일어나서 재배하고, 부인께서 그렇게 하시는 말씀은 고마우며 그래서 "모친을 다시 뵙는 듯"하지만 자기는 아버지의 조석공양과 사철의복을 이어야 하기 때문에 그렇게 하지 못한다는 것이다.

우리 부친 나 믿기를 아들 겸 믿사오니 내가 부친 아니시면 이제까지 살았으며 내가 만일 없거든 우리 부친 남은 해를 마칠 길이 없사오며, 서로 의지하여 내 몸이 다하도록 길이 모시려 하옵니다.

그러나 이런 부녀간의 사랑은 아직 눈이 감겨 있는 미숙한 사랑이다(신데렐라의 언니들이 나중에 처하게 된 캄캄한 상태를 생각해 보라). 오이디푸스 콤플렉스로부터 벗어나려면 두 사람 사이가 가급적 멀리 떨어지는 경험을 해야 한다. 현재 우리가 발 딛고 있는 이 세계와 가장 극단적으로 먼 곳으로 묘사할 수 있는 후보지가 다름 아니라 바닷속 세계이다. 그곳은 우선 수평적으로 떨어져 있는 것이 아니라 수직의 방향으로 멀어져 가는데다가, 땅과 물이라는 전혀 다른 차원이므로 단지 먼 정도가 아니라 질적으로 다른 곳이다. 그곳은 햇빛이 들지 않아 그 자체가 암흑의 세계이다. 그 깊은 속에 들어간 그녀는 친어머니와 해후한다. 심봉사의 처 곽씨부인은 죽어서 광한전의 옥진부인이라는 귀부인이 되어 있었던 것이다. 그러던 중에 딸이 용궁에 있다는 말을 듣고 잠시 시간을 내어 이곳을 방문하여 심청을 만나고, 이후에 길이 즐길 날이 있으리라는 말을 남기고 다시 이별한다.

아버지의 암흑보다 더 캄캄한 바닷속 어둠을 경험한 심청은 다시 새로운 세계로 환생한다. 심청이 안에 들어앉은 커다란 붉은 꽃봉오리가 수면 위로 둥실 떠오른다. 이야말로 어둠을 뚫고 장엄하게 해가 떠오르는 장면을 연상시킨다. 죽음 같은 바닷속 세계에 갔다가 성숙한 존재로 부활한 것이다. 심청은 중국의 황실로 들어가서 황제를 만나 황후가 된다. 찢어지게 가난한 시골소녀로부터 황제 폐하의 귀부인이 됐으니 이는 아마도 가장 극적인 상승의 사례일 것이다.

　이렇게 다른 훌륭한 남자와 결혼한 후에야 심봉사와 심청 사이의 오이디푸스 콤플렉스가 해소된다. 다시 딸을 만난 아버지는 딸의 사랑을 승인하게 된다. 그때에 가서야 아버지의 눈이 다시 뜨인다. 그리고 이 이야기를 듣고 우리의 삶과 사랑의 신비에 대해 깨달음을 얻은 세상의 모든 소경들이 눈을 뜬다!

　이런 식으로 보면 심봉사와 심청의 효 이야기도 사실 근친상간의 오이디푸스 콤플렉스를 해소하는 스토리로 환원하여 이해할 수도 있다. 이런 점이 가장 뚜렷하게 드러나는 판본으로는 '경판 24장본', 일명 '한남본'이다. 이 판본에서는 심봉사와 심청이 전생에 연인관계였음을 확실하게 밝히고 있다. 두 사람은 이승에서는 그 사실을 모르고 있었는데, 심청이 인당수에서 몸을 던져 바닷속으로 들어가자 용왕이 그 사실을 일러주는 것이다.

　용왕이 왈 규성아 인간 재미 어떠하더뇨 청이 다시 공경배복(恭敬拜伏) 왈 소첩은 인간 천인이라 대왕의 하교하심을 깨닫지 못하리로소이다 용왕이 미소 왈 너는 전생 초간왕의 귀녀로서 요지 왕모연의 술을 맡게 했더니 네가 노군성과 사정이 있어 술을 많이 먹이고 잔치의 술이 부족하여 도솔천이 옥제께 청죄(請罪)한데 옥제 진노하사 가라사대 이는 천존의 죄가 아니라 술을 맡은 시녀의 죄니 자세히 사실하여 중죄를 주라 하시매 노군성을 인간에 내쳐 사십 년을 무폐(無廢)히 지내다가 너로 더불어 부녀 되어 네 성효(誠孝)를 나타내라 하시매 심현이 되어 인간에 적강(謫降)한 지 사십 년 만에 너로서 그 딸이 되어 천상에서 술 도적하여 먹은 죄로 식선(食膳)을 점지치 아니하여 십삼 년을 빌어먹게 하고 또 눈을 멀게 하며 규성이 빌어먹이는 것을 받아 천상과보(天上果

報)를 받게 정했으니…….

즉 심봉사(이 판본에서는 이름이 '심현'이다)는 전생에 노군성이고 심청은 전생에 규성인데, 하늘나라 잔치에 쓸 술을 규성에게 맡겼더니 뒤로 술을 빼돌려 사랑하는 남자 노성군에게 너무 많이 먹이는 바람에 그만 잔치에 술이 부족하게 됐다. 그래서 옥황상제께서 진노하여 두 죄인을 인간세계에 내려보내 고생하며 살게 한 것이다. "술도적하여 먹은 죄" 때문에 인간세상에서 "빌어먹게" 만들되, 규성이 술을 먹인 죄를 갚도록 그녀가 딸로 태어나서 아버지에게 효도를 하도록 만든, 아주 깊은 하늘의 뜻이 있었던 것이다. 〈심청전〉에서 보이는 부녀간의 애정의 이면에는 분명 오이디푸스 콤플렉스가 개재해 있음을 알 수 있다.

〈심청전〉의 정신분석

〈심청전〉의 오이디푸스 콤플렉스에 대해서는 이미 여러 연구가 이루어졌다. 여기에서는 이런 연구들에 기대어 〈심청전〉 주인공들의 심리를 분석해 보도록 하겠다.[14]
우선 심청의 어머니인 곽씨부인부터 살펴보자.
아다시피 심학규 씨는 생활능력이 전혀 없는지라 그의 아내 곽씨가 실질적인 가장 역할을 한다.

가련한 곽씨부인은 몸을 버려 품을 팔제, 삭바느질 삭빨내 삭마전 염색하기……. 일년 삼백륙십 일을 잠시라도 놀지 안코, 품을 파라 모으난데, 푼을 모화 돈이 되면, 돈을 모화 량을 만들고, 량을 모화 관이 되면⋯⋯. 압 못 보난 가장 공경 시종이 여일하니 가난과 병신은 조금도 허물될 것도 없고, 샹하면(上下面) 사람들이 부러하고 층찬하난 쇼리에 자미잇게 세월을 보내더라.

한마디로 곽씨부인은 덕과 색과 절개를 모두 갖춘 모범적인 열녀이다. 이 점은 자식 문제가 제기됐을 때 더욱 명백하게 드러난다. 남편 심학규는 슬하에 자식이 없어 장차 제사를 지내지 못한다는 점을 거론하면서 부인에게 명산대천에 정성을 들여보라고 요구한다. 먹이고 입히고 온갖 고생 다하면서 봉양해 주었더니 이제 나이 40에 아이를 낳도록 노력해 보라는 기가 막힌 요구까지 당하면 대개 분노가 치밀어오를 만도 하다. 그러나 곽씨부인의 반응은 그런 일반적인 예상과는 빗나가도 한참 빗나간다. 불효 중에 가장 큰 것이 아이 못 낳는 것이니 "쇼첩(小妾)의 죄가 응당 내침 즉 하오나 가군(家君)의 너브신 덕으로 지금까지 보존하얏으니, 몸을 파라 뼈를 간들 무삼 일을 못하릿가." 도대체 이런 반응을 어떻게 해석해야 할까?

모든 잘못을 자신에게 돌리고 오직 남편에 대한 헌신으로 일관하는 곽씨부인의 '열녀성'은 극단적으로 피학적이다. 정신분석학자들에 따르면 이런 피학성의 이면에는 표면적인 것과는 정반대의 의미가 숨겨져 있다. "쇼첩(小妾)의 죄가 응당 내침 즉 하오나"라는 말은 후사가 없다는 데 대하여 한편으로 죄책감을 느끼지만 동시에 자신의 힘으로는 어쩔 수 없는 일을 강요하는 남편에 대한 분노와 적의를 무의식적으로 표현하는 것이다.

곽씨부인이 심청을 낳은 후 산후별증으로 죽을 때 남편에게 유언을 하는 장면 역시 이와 비슷한 해석이 가능하다. 평생 자신을 고생시키고 간접적으로는 죽음에까지 이르게 한 남편에게 부인은 한마디 원망도 하지 않고 오히려 남편이 앞으로 어떻게 살아갈지 걱정만 늘어놓는다.

사고무친(四顧無親) 혈혈단신(孑孑單身) 의탁할 곳 바이 업서, 지팡막대 걸쳐잡고 더듬더듬 다니다가 굴헝에도 떨어지고 돌에도 치여, 너머뎌 신세자탄 우는 모양 눈으로 보난 듯하고……귀에 쟁쟁 들리난 닷.

남편이 앞으로 고생할 것을 너무나도 생생하게 눈으로 보듯이 상상하는 이 장면은 의식 수준에서는 진정한 염려이지만 무의식 수준에서는 심학규의 비참한 미래를 그려보며('여태까지는 내가 먹여 살렸지만 이제 내가 죽고 나면 당신은 구렁에도 떨어지고 돌에도 치여 넘어져서 신세한탄하며 울고 지낼 거다') 겁을 주는 것으로서 남편에 대한 적개심을 드러내는 중이다.

심학규와 곽씨부인 간의 이러한 가학적·피학적 관계는 심청과 부모와의 관계에서도 똑같이 나타난다. 그런데 여기에는 우선 심학규의 성격이 대단히 의존적이고 이기적이라는 점도 크게 작용한다. 사실 부인이 죽는 마당에 그가 하는 말을 보면 그의 성격이 어떤지 짐작할 수 있다.

만일 불행 죽게 되면 눈 어둔 이놈 팔자 일가친척 바이 업서 혈혈단신 이 내 몸이 올대갈대 업서지니 그도 또한 원통한대 강보(襁褓)의 녀석을 어찌를 하잔 말이오.

그는 죽어가는 사람에 대한 연민보다는 앞으로 자기가 어떻게 살아갈지에 대한 걱정만 늘어놓고 있으며, 늘그막에 어렵게 얻은 외동딸도 이제 짐덩어리처럼 여겨져서 꼼짝없이 "강보에 싸인 녀석"으로 표현된다.

이런 사정에서 심청이 곧 죽은 어머니의 대리 존재가 되리라는 것은 분명하다. 심청은 예닐곱 살에 이미 아버지의 손을 이끌고 동냥에 입문했고 열 살이 되자 이제 자기 혼자 동냥을 다닐 테니 아버지는 집에서 쉬시라고 권한다. 이때 심봉사는 "네 말이 효녀로다. 인정은 그러하나 어린 너를 내보내고 앉아 받아먹는 마음, 내가 어찌 편켓냐냐 그런 말은 다시 마라" 하며 딸을 말린다. 그런데 과연 그의 속마음이 진짜 그랬을까? 심청이 다시 간청하자 "효녀로다 내 딸이여. 네 말이 기특하니 아모려나 하려므나" 하고 곧바로 허락하는 것이다. 이렇게 되면 아버지는 말렸으나 딸이 간청하는 바람에 마지못해 허락한 것이니 이제 동냥을 해야 하는 책임은 꼼짝없이 심청에게 떨어지게 된 것이다.

효란 무엇일까? 물론 그것은 우리나라를 비롯한 동양의 아름다운 덕목임에 틀림없으나, 그것이 극단적으로 강조되는 경우에는 심각한 정신적 문제가 개입될 여지가 다분하다. 효의 배경에는 오이디푸스 콤플렉스가 깊은 관련이 있으며, 특히 피학성이 중요한 주제가 된다는 것이 조두영과 류인균의 주장이다. 이들의 주장을 직접 옮겨보도록 하자.[15]

프로이트는 피학성을 이드에 속한 그 개인의 공격성, 또는 가학성이 자신에게로 돌려진 것이라고 파악했으며, 더 나아가서 피학성의 원인을 오이디푸스 콤플렉스에서 유래한 죄의식과 처벌을 받고자 하는 욕구로 보았다. 그리고 이때 작용하는 자아의 방어기제는 퇴행(regression), 억압(repression), 동일시(identification), 반동형성(reaction formation)으로 기술했다. 우리나라의 설화, 민담에 등장하는 효행담의 주인공이 자신을 학대함으로써 처벌받고자 하는 이유 역시 이러한 프로이트의 이론으로 설명할 수 있을 것이다. 이들 주인공이 이드 속에 있는 효의 대상을 향한 공격성을 억제하기 위하여 미리 처벌을 받고자 한다는 것이다.

조두영은 효의 주인공이 가지는 공격성에 대한 근거로 다음 세 가지를 제시했다. 첫째, 효의 주인공이 효 대상으로부터 사랑을 받으려고 부단히 애쓰는 것은 '이렇게 제가 애쓰는데 저를 사랑하지 않고 배기실 수 있습니까' 하는 식의 적극성과 공격성을 드러내는 것이다. 둘째, 그의 노고와 희생에는 '자, 저는 이 지경입니다. 당신도 인간이면 양심의 가책을 받을 것이 아닙니까' 하는 식으로 효 대상에게 심적 부담을 안김으로써 그를 처벌하려는 무의식이 깔려 있다. 셋째, 간혹은 '효도 때문에 불가에 못 들어간다'느니 혹은 '어머니가 살아계시니 차마 못하겠다'는 식으로 효 대상에 대해 공격성을 드러내는 경우도 있다.

말하자면 효를 요구하는 사람이 공격적으로 자신의 주장을 제시하는 데 대해 효의 의무를 다해야 하는 사람 역시 그에 대한 반응으로 공격적으로 대응하고 싶지만 차마 그렇게 하지 못하는 까닭에 오히려 정반대로 피학적 표현을 한다는 것이다. 지극하기 이를 데 없는 피학적 성격의 효란 사실 그 안을 들추어보면 섬기는 대상에 대한 공격성의 또 다른 방식인 것이다. 심청이 자기 몸을 팔아가면서 극진하게 효를 행하는 이면의 심리 상태 역시 이런 맥락에서 이해할 수 있다.

출생 초기에 어머니를 잃은 심청은 자신을 두고 떠난 어머니에 대한 원망과 유기당했다는 느낌이 무의식 속에 억압되어 있을 것이다. 여기에 심학규는 아내의 죽음과 딸의 출생을 연관지어 생각할 수밖에 없을 것이고, 바라던 아들이 아닌 딸을 힘겹게 키우는 과정에서 심청에게 공격적이고 가학적인 양육을 했으리라고 예상할 수 있다. 이에 대한 심청의 반응이 피학적인 효도로 나타났을 것이며, 워낙 이기적인 성격의 심학규가 그 경향을 더욱 강화시키는 결과를 가져왔으리라고 생각하는 것도 무리가 아니다. 심청은 자신이 홀로 동냥을 나가겠다고 하면서 자신의 효는 옛날의 효자효녀에 비하면 별것도 아니라는 말을 한다. 이때 심청이 드는 고사는 '부모를 잘 공양하기 위해 어린 자식을 땅에 묻으려 한 곽거', '벼슬을 하다가 죄를 지어 사형에 처하게 된 아버지를 살리기 위해 자신의 몸을 관가의 종으로 바친 제영' 같은 것들이다. 십여 살의 어린 소녀가 이런 극단적인 방식의 효도만을 머릿속에 담고 있는 것은 분명 정상은 아닌 듯하다.

급기야 아버지 눈을 뜨게 하기 위해 자신의 목숨을 바치는 지경에 이르는데, 남경 상인들의 배에 타기 전에 그녀가 하는 말은 이전에 곽씨부인이 죽으면서 하는 말과 유사하다. "우리 부친 내가 철을 안 연후에 밥 빌기를 하얏드니 이제 내 몸 죽게 되면 춘하추동 사시절을 동리 걸인 되겠구나, 눈총인들 오죽하며, 괄시인들 오죽하랴." 이 부분에서도 우선 이때까지 자기가 동냥을 해서 아버지를 먹여 살렸다는 점을 거론하며 자신의 헌신적 희생에 대한 만족감을 무의식적으로 표출하면서 동시에 이제 아버지는 비참한 신세에 빠지리라는 점을 실감나게 그리는 중이다. 효녀의 피학성이 내면적으로 공격성과 맞닿아 있음을 잘 말해 주는 부분이다.

이것을 직·간접적으로 밝혀주는 점들이 여럿 있다. 우선 심청이 목숨을 바치면서까지 공양미 300석을 시주하는 것은 아버지의 눈을 뜨게 하려는 것이 목적인데, 그렇게 죽으러 가면서도 심청은 아버지가 앞으로도 계속 눈을 뜨지 못하고 장님으로 지내리라는 것을 전제하고 있다. 나중에 황제와 결혼한 다음 맹인 잔치를 벌여 아버지를 찾으려 한 때에도 아버지가 여전히 장님으로 지낸다는 것을 확신하고 있는 것이다. 다음으로 심청이 팔려간다는 소식을 들은 장승상 부인이 공양미 300석을 대신 주겠다는 제의를 했으나 심청이 이를 거절하는 점도 수상쩍다. 심청은 상인들과의 신의 문제를 거론하는데, 자기 목숨이 걸린 문제에서 무슨 인신매매 장사치들과의 약속이 그토록 소중하단 말인가. 이런 점들은 모두 부모에 대한 그녀의 분노와 적의를 극단적인 효로 승화시키는 과정에서 나온 것이다. 아버지의 눈을 뜨게 하는 것보다는 자신이 극단적으로 희생한다는 점이 핵심 사항이기 때문이다.

이런 것들 뒤에 오이디푸스 콤플렉스가 기본 배경으로 작용한다. 어린 딸은 아버지의 사랑을 독차지하려 하는데, 그때 어머니는 한편으로 최대의 경쟁자이며 동시에 뒤따라야 할 모델이라는 복잡한 관계가 된다. 어머니가 하필 열녀였다니! 어머니는 아버지를 위해 자기 모든 것을 바쳤고 그러다가 목숨까지 잃지 않았던가. 심청은 그에 못지않게, 아니 더 심하게 자신을 희생해야만 이 경쟁에서 이긴다. 그렇지 않아도 곽씨부인은 죽으면서 딸을 자기 보듯 하라고 남편에게 유언한 바 있다. 심청은 열녀 어머니의 뒤를 잇지 않을 수 없는 상황이다. 아버지는 끊임없이 죽은 어머니의 훌륭한 행실을 주입시켰을 것이고, 동네에서는 효녀의 행실에 대해 칭찬이 자자했다. 심청으로서는 차라리 목숨을 바쳐 효도하는 방식을 취하면서 깨끗이 그 짐을 벗어던지고 이런 어려운 상황에서 벗어나고 싶은 마음이 들었을지도 모를 일이다.

이런 전후 맥락을 놓고 볼 때 흥미진진한 부분이 심청 모녀가 용궁에서 재회하는 장면이다. 죽어서 천상의 옥진부인이 된 어머니가 딸이 용궁에 왔다는 말을 듣고 찾아왔을 때 남북 이산가족 상봉에서 흔히 보는 눈물바다의 애처로운 장면을 연출했을까? 실제 그런 것처럼 보이기도 하지만, 어딘지 어색한 모습도 눈에 띈다. 용궁에 들어오는 옥진부인에게 심청이 우르르 달려들어 목을 껴안고 우는 모습은 이해할 수 있는 부분이나, 그때 모녀가 하는 말에서는 어쩐지 서로 피해가는 분위기가 감지된다. 심청은 "부친 덕에 아니 죽고" 15세까지 어머니를 못 만나다가 오늘 만나게 되니 한이 없지만, "아버지는 누를 보고 반기실까?" 하며 곧바로 아버지 이야기를 꺼내는 것이었다. 어머니도 이에 질세라, 너를 낳은 후에 상제(上帝)의 분부가 급하여 세상을 떠났는데, 눈 어두운 네 아버지가 너를 동냥젖으로 키웠으니 고생이 심했겠다며 아버지 걱정만 하는 것이었다. 그리고 하는 말, '너의 부친 고생하고, 응당 많이 늘그셨지?" 15년 만에 처음 만나는 모녀가 나누는 대화치고는 썰렁하기 그지없다. 아니나 다를까, 곧 어머니는 "맡은 직분 허다하여 오래 지체 못하겠다, 오늘 너를 리별하고 너의 부친 만날 일을 너야 어찌 알랴마난 후일에 서로 반길 때가 잇스리라" 하며 떠나버린다.

　자세히 생각해 보면 어머니의 이 말에는 분명 뼈가 있다. 사실 심청이 인간세계로 내쳐진 이유가 남녀간에 수작을 하다가 자기가 맡은 직분을 제대로 수행하지 못했기 때문이다. 그런데 어머니는 바로 그 아픈 데를 짚어가며, 나는 맡은 직분이 많고 그것을 열심히 해야 하니 그만 가봐야겠다는 것이다. 그 옥진부인이 사는 곳 이름이 하필 광한전(廣寒殿), 즉 '넓고 추운 집'이다. 어머니는 냉랭하기 그지없는 성품임을 이런 식으로 표현한다. 이런 점들이 모두 심청이 생각하는 바를 투사한 것이라고 해석한다면, 이때까지도 심청은 어머니에 대한 무의식적 적개심을 그렇게 표출한 것이리라.

이 해석에 따르자면, 심청은 끝내 어머니와 '곱게' 화해하지는 못한 것 같다. 내 견해가 옳은 것인지 확신할 수는 없지만, 심청이 용궁에 가서 어떤 내면의 변화를 겪었다면, 그것은 어머니에 대한 그 나름의 자신감 회복이 아니었을까 싶다. 어머니에 대한 동경과 경쟁이라는 복잡 미묘하고 어려운 문제로 고민하던 어린 소녀는, 그 어머니를 차갑고 냉정한 사람으로 규정하고 이제 진정으로 떠나보냄으로써 마음속의 복잡한 심리 문제를 해소한 것으로 볼 수 있지 않을까? 그것은 어머니의 존재를 부정했다기보다 어머니와의 경쟁이 더 이상 의미 없다는 식으로 스스로 정리함으로써 아버지와의 사랑 문제 역시 자연스럽게 떨쳐버리게 된다. 이렇게 암흑세계에서 그동안 자신을 짓누르던 어두운 문제를 벗어던지고 난 후 심청은 해처럼 솟아올라 황제와 결혼하게 된 것이다.

'신데렐라 스토리' : 신분상승의 드라마

이상에서 보았듯이 〈신데렐라〉 계열의 이야기는 우선 인간 내면의 세계를 탐사하는 소재로서 의미를 가진다. 곧 인간의 내적 성숙의 드라마이다. 그것은 성숙한 자아가 확고히 자리잡으면서 가장 기본적인 인간들 간의 관계가 갈등으로부터 안정적인 사랑의 관계로 나아가는 것이라고 정리할 수 있지 않을까 싶다. 그런데 유독 근대 유럽의 신데렐라 이야기 중에는 이런 내면적인 성숙보다는 외적 신분상승의 의미가 강조되는 경향이 크다. 가장 대표적인 것이 페로 판본의 〈신데렐라〉이다. 오늘날 유럽의 대표적인 신데렐라 이야기로 인식되고 또 전 세계에 가장 널리 알려진 이 판본은 결혼을 통해 단번에 최하층에서

〔다이어그램 1〕 초기 상황

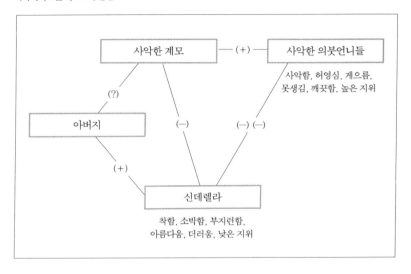

최상층으로 수직 상승하는 이야기로 인식됐다(바로 그런 신분상승 현상을 두고 '신데렐라 스토리'라고 부르지 않는가).

이때의 사회적 신분상승은 어떤 구조로 이루어졌으며, 어떤 성격을 띠는지 자세히 파헤쳐볼 필요가 있다. 아래에서는 레비-스트로스 식의 구조주의 방법론을 사용하여 페로 판본을 분석한 데이비드 페이스(David Pace)의 주장을 살펴보도록 하겠다.

우선 다이어그램 1과 2를 보자.

다이어그램 1은 이야기의 초기 상황을 나타낸다. '+'는 긍정적 관계, '─'는 부정적 관계이다. 그런데 의붓언니들은 '사악함', '허영심', '게으름', '못생김'과 같은 나쁜 요소들이 '깨끗함', '높은 지위'와 같은 좋은 요소들과 결부되어 있고, 신데렐라는 '착함', '소박함', '부지런함', '아름다움'과 같은 좋은 요소들이 '더러움', '낮은 지위' 같은

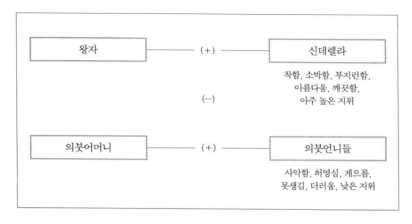

나쁜 요소들과 결부되어 있다. 이 모순은 나중에 해결된다. 다이어그램 2에서 보듯이 왕자와 신데렐라는 착하고 소박하고 부지런하며 아름다운 속성을 가지면서 동시에 높은 지위를 차지하지만, 의붓어머니와 언니들은 사악하고 게으르고 더러운 속성과 함께 낮은 지위에 머무르게 된다. 즉 초기의 불균형 상태가 올바르게 수정되고 정의롭게 되는 것이다.

그런데 초기에 왜 그런 불균형이 생겼던 것일까? 그 원인은 남자(여기에서는 아버지)가 제거됐기 때문이다! 마찬가지 이유에서 나중에 균형을 되찾는 것 역시 새 남자(왕자)가 등장했기 때문이다! 여기에서 읽을 수 있는 점은 사람들은—특히 여자들은—혈연과 결혼 등으로 가족을 유지해야만 안전하다는 사실이다. 신데렐라는 그런 가족관계를 통한 사회적 연계가 끊어지자 하녀 상태로 전락했다. 이 문제를 푸는 것은 빨리 가족관계를 복원하는 것이다. 그렇다면 페로의 이야기는 아이들에게 성장과 성숙을 강조하기보다는 가족을 이루어야 안전

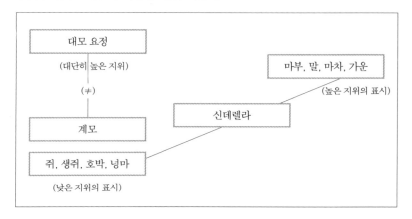

〔다이어그램 3〕 중개(초자연적 힘에 의한 일시적 중개)

한 지위와 독립성을 얻는다는 확신을 심어주는 기능을 한다. 거기에 이르는 길은 오직 참고 견뎌내는 것이며, 자신의 요구를 자제하는 것이다.

이런 메시지의 배후에 있는 이데올로기는 무엇일까? 사회 체제 안에는 내재적인 정의가 있어서 사악한 힘은 언젠가 바르게 교정된다는 것이다. 그러므로 사회의 변혁보다는 결혼을 통한 사회적 지위의 확보가 더 중요하다. 결혼을 하지 않은 여자는 '불완전한' 상태에 놓인다. 미혼은 곧바로 낮은 지위로 연결되고 결혼은 높은 지위로 연결된다.

다 아는 내용이라고 쉽게 생각할 일은 아니다. 조금 더 치밀하게 분석을 해보면 이처럼 더 명료한 이해가 가능하다. 이제 신데렐라 이야기의 처음과 끝을 비교하는 데에 그칠 것이 아니라 그 중간 과정은 어떤지 살펴보자(다이어그램 3과 4). 초기의 불균형을 개선한 것은 대모 요정의 힘이었다. 그녀는 새어머니와 대조되는 존재이다. 앞에서 언급했듯이 어머니는 상반되는 특징들을 띨 수 있는데, 여기에서는 그

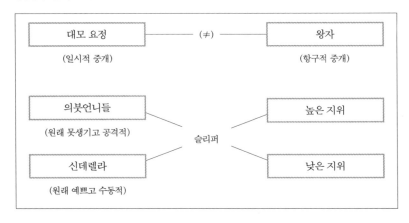

[다이어그램 4] 중개 (사회적 · 영구적 중개)

대모 요정 — (≠) — 왕자
(일시적 중개) (항구적 중개)

의붓언니들
(원래 못생기고 공격적)
신데렐라
(원래 예쁘고 수동적)

슬리퍼

높은 지위
낮은 지위

것이 대모 요정과 새어머니이다. 대모 요정은 선물을 주고 관대하며 신데렐라를 돌보는 존재이고, 성적으로는 아버지와 관계가 없다. 이에 비해 새어머니는 착취적이고 이기적이며 자신의 아이만을 돌보고 아버지를 독차지한다. 또 새어머니는 신데렐라를 하녀 취급하면서 자신의 이기적 목적에 종사시키는 데 비해, 대모 요정은 그런 의도 없이 대하고 그녀의 결혼을 준비한다.

대모 요정이 아이의 결혼을 준비하는 과정을 보면 쥐, 생쥐, 호박, 누더기 같은 저급한 요소들이 하인, 말, 마차, 화려한 의복 등의 고급한 요소들로 변하는 것을 볼 수 있다. 이런 것들이 신데렐라를 격상시켜주는 요소들이다. 그런데 중요한 점은 이런 변화가 일시적이라는 것이다! 밤 12시가 되면 모든 변화는 원래대로 환원된다. 마법은 오직 하루만 유효하고 '내일이 없다.' 상황을 항구적으로 변화시키는 것은 왕자, 즉 남성이다.

또 한 가지 흥미로운 점은 여성 등장인물들의 성격 비교이다. 적극

마법의 힘에 의해 시종이 되기 전의
도마뱀들.

적인 성격을 가진 언니들은 부정적인 취급을 당하고, 소극적이다 못
해 부끄럼을 타는 신데렐라는 큰 보상을 받는다. 또 언니들이 왕자를
차지하기 위해 서로 다투는 듯한 모습도 볼 수 있다. 여성들 간의 관
계는 남자의 중재가 없는 한 불안정하다.

   '신데렐라 스토리'라는 것이 여성이 남성의 사랑을 얻음으로써 단
번에 사회적 상승을 이루는 것을 뜻하게 된 데에는 페로의 이야기가
결정적인 공헌을 했다. 그림 형제 판본만 하더라도 인간의 고통스러
운 성숙을 강조하는 데 비해 페로 판본에서는 그런 요소들이 말끔히
사라져버린 것이다. 페로는 내적인 과정을 통해서 우리를 변형시켜야
한다는, 원래 이 이야기에 담겨 있는 메시지를 무효화시키고, 더 나아
가서 그런 측면을 조롱한다!

   단적으로 말해서 신데렐라가 아름다운 공주가 된 것은 쥐가 말로
변한 것 혹은 도마뱀이 시종이 된 것과 같다. '도마뱀처럼 게으르다'
는 프랑스어 표현이 있고, 또 당시 시종의 게으름은 농담거리였다고
한다. 이런 점들을 연관지어 보면 페로의 이야기에 나오는 모든 변신
은 빈정거리는 뉘앙스를 담고 있다.

   페로는 이야기 끝에 스스로 교훈을 정리해 실었는데, 이 대목을 잘
보면 페로의 의도를 알 수 있다.

The Pumpkin, and the Rat, and the mice, and the Lizards, being changed by the Fairy, into a Coach, Horses, and Servants, to take Cinderella to the Ball at the Royal Palace—

The Fairy changing Cinderella's Kitchen dress into a beautiful Ball dress

페로 판본을 각색하여 출판한 19세기 후반의 〈신데렐라〉. 마법의 힘으로 마차와 마부, 시종을 만들어내는 장면.

첫 번째 교훈을 보자. 그것은 이렇게 시작한다.

  여성의 아름다움은 아주 귀한 보물
  우리는 결코 거기에 물리지 않는다.
  그러나 그보다 더 귀한 것, 무한한 가치의 즐거움은
  우리 모두 찬미하는 매력이다.……

  여기에서 강조하는 바는 여성의 아름다움, 그리고 무엇보다도 매력
이다. 여성의 매력이라면……? 페로가 노골적으로 말하지는 않았지
만 혹시 이 부분에서 '여성의 성적 매력이야말로 최대의 무기'라는 점
을 말하는 것은 아닐까? 중요한 것은 남자들의 마음을 사로잡고 무도
회를 휘어잡는 것이라고 페로는 단정한다. 결론적으로 "매력 없이는
아무것도 아니요, 매력이 있으면 귀부인"이 된다.
  두 번째 교훈은 우리에게 더 분명한 메시지를 전한다. 약삭빠름, 재
치, 용기, 좋은 가문의 배경, 이 모든 것들이 물론 도움이 되는 좋은
요소들이다. 그러나 가장 중요한 것은 "당신을 도와줄 대모나 대부"라
는 것이다.

  (지혜, 용기 등의 여러 장점을 가지고 있다 해도) 그것을 발휘시켜 줄 대
  모가 없다면 소용이 없으리(ce seront choses vaines).

  우리 내면의 장점이 결코 문제가 아니다. 그보다는 우리를 단번에
성공으로 이끌어줄 마법의 존재야말로 무엇보다 필수 요건이다. 여성
의 최대 무기인 매력을 한껏 발휘하라. 그리하여 왕자의 사랑을 차지
하라. 그래서 성공을 단번에 움켜쥐어라.

그런데 역설적이게도 바로 이렇게 개작함으로써 페로의 이야기는 대성공을 거두었다. 페로는 신데렐라를 어린이를 위한 아무런 암시도 들어 있지 않은, 다만 멋지고 환상적인 이야기로 만들어놓았다. 바로 이 점이야말로 많은 사람들이 원하는 바이며, 페로의 판본이 전세계적으로 널리 수용되는 이유이기도 하다. 그만큼 이런 것이 많은 사람들의 공감을 불러일으켰다. 페로의 이야기는 의식적·무의식적으로 훨씬 부담 없이 받아들일 수 있게 됐다. 의미로 충만했던 진지한 이야기를 심각한 내용 없이 멋지고 환상적인 이야기로 '격하'시켰기 때문에 사랑을 받게 된 것이 페로 판본의 아이러니이다.

오늘날 세계에 가장 널리 알려진 신데렐라 이야기는 페로의 판본, 혹은 그것을 적당히 번안한 판본이다. 이렇게 된 데에는 또 한 가지 중요한 요인이 작용했다. 미국의 만화영화, 특히 디즈니의 영향이 결정적이다. 만화영화 그 자체도 중요하지만 소위 캐릭터 산업으로 인해서 책의 삽화, 장난감 등 여러 부문에서 정형화된 이미지가 보급되어 이제 신데렐라 이미지는 거의 '디즈니표'로 굳어진 것처럼 보인다. 디즈니는 신데렐라의 최종 가공업자가 된 셈이다.

과거에 신데렐라 이야기의 핵심 메시지는 우리 '내부의' 마법의 힘을 통해 우리의 삶을 변화시키는 것, 즉 우리의 운명을 우리 스스로 통제할 수 있는 능력을 확인하는 것이었다. 그런데 이미 페로 판본에서 그런 측면을 지워나가기 시작하더니, 미국에서는 그 경향이 더욱 뚜렷해졌다. 사실 이 경향은 일찍이 19세기 후반부터 시작됐다. 여기에서 중요한 몫을 차지한 것은 대중보급판 싸구려 책이었다. 조잡하게 인쇄된 책들은 싼값에 널리 보급됐고 대개 어린이들이 주된 독자였다. 여기에 등장하는 신데렐라는 기운 없고 울기 잘하는 블론드, 감상에 빠진 귀여운 소녀였다. 이 아이들의 특징은 철저하게 소극적이라는 것이다.

사실 예전의 여주인공들은 매우 적극적인 행동을 하는 유형이었다. 자기 스스로 운명을 결정하기 위해 아버지 곁을 떠나고 변장한 채 이웃 나라 궁정으로 찾아가서 일자리를 달라고 하지 않는가. 왕자를 만나는 과정도 대개는 책략을 써가면서 자기가 일을 챙긴다. 심지어 그 중 가장 소극적이라고 하는 페로 판본에서도 신데렐라는 최소한의 적극성은 띠고 있었다. 대모 요정이 나서서 모든 것을 다 만들어준다고는 해도 마지막 쥐는 자기가 나서서 가지고 온다든지, 혹은 언니들이 무도회에서 돌아왔을 때 자신의 행위를 숨기기 위해 꽤나 약삭빠른 목소리로 무도회가 어땠느냐고 묻기도 한다.[1]

이런 점에 비추어보면 현대의 신데렐라는 나약하기 그지없다. 디즈니표 신데렐라는 새어머니에게 '낑낑대는 소리'로 대답한다. 그녀는 자신을 지키기 위해 스스로 하는 일이 하나도 없다. 한마디로 그녀는 완전히 쓸모없는 존재인 것이다.

여기에서 잠깐 우리나라의 어린이들이 많이 보는 동화책에 번안된 신데렐라 이야기를 참고해 보자.

마침내 파티장에 가야 할 시간이 다 됐습니다.

새어머니는 자기의 두 딸만 예쁘게 꾸며서 파티장에 데리고 가버렸답니다.

신데렐라는 울면서 정원으로 달려갔습니다.

"나는 이제 파티에 갈 수 없어."

신데렐라는 흐느끼며 말했습니다.

그때, 상냥한 목소리가 들려왔습니다.

"신데렐라야, 울지 마라. 난 너를 도와주러 온 요술 할머니란다."

요술 할머니가 지팡이를 휘두르자 그곳에 있던 네 마리의 쥐는 멋진 말로 변했습니다. 호박은 황금마차로 변하고, 개와 말은 마부로 변했습니다.[16)

원래 동화나 민담의 기본 메시지는 어느 날 아침에 일어나보니 '꿈★은 이루어진다'라고 할 수 있다. 좋은 일만이 아니라 설사 나쁜 일이라 하더라도 주인공은 자신의 행위를 통해 그 꿈을 실현했고, 바로 거기에 동화와 민담의 묘미가 있는 것이다. 그러나 현대의 동화는 그렇게 스스로 판단하고 행동하는 측면을 모두 빼버려서, 이제 '자기도 모르게' 꿈이 이루어지는 이야기로 변모했다.

유리구두

유리로 구두를 만들 수 있을까?

많은 신데렐라 이야기 중에서 유리구두가 나오는 경우는 그리 많지 않다. 그나마 대부분의 것들은 페로의 이야기에서 영향을 받은 후대의 것들이다. 그렇다면 유리구두는 페로의 멋진 창안이었을까?

이에 대한 가장 그럴듯한 설명은 이렇다. 원래 프랑스에서 구전되던 신데렐라 이야기에서는 구두가 가죽으로 되어 있었다. 가죽을 나타내는 프랑스어 고어(古語)는 vair이다. 그런데 이 발음('베르')이 하필 프랑스어로 유리를 뜻하는 verre와 비슷한 것이 문제였다. 그래서 가죽구두가 유리구두가 됐다고 한다. 페로가 이 점을 오해했을 수도 있고, 아니면 이런 점을 알고는 있었지만 유리로 구두를 만드는 것이 더 멋있다고 생각해서 의도적으로 고쳤을 수도 있다. 어쨌든 둘 중의

신데렐라와 대모 요정. 1853년도에 출간된 〈신데렐라와 유리구두〉의 삽화.

하나라는 것이다.

발음이 비슷한 두 단어 사이의 오해라는 이 설명이 일종의 정설이 된 데에는 브리태니커 사전에 기록된 것이 중요한 계기가 됐다.

그런데 이 설명에 아무런 문제가 없는 것은 아니다. 유리구두가 자주 나오지는 않지만 그렇다고 전혀 없지는 않다. 스코틀랜드 신데렐라에 바로 유리구두가 나오는데, 스코틀랜드어에서는 '유리'와 '가죽'은 전혀 발음이 달라서 동음이의(同音異義)의 문제와는 하등 관련이 없다.

사실 동화와 민담에는 기상천외한 상상력이 동원된다. 동화에 많이 나오는 물질로는 유리 외에도 구리, 금, 은, 다이아몬드 등 실로 다양하며, 이것들이 현실의 세계에서는 생각하기 힘든 곳에 천연덕스럽게 사용된다. 민담 분야에서 프랑스의 저명한 연구자인 폴 들라뤼(Paul

제인 캠피언의 영화 〈피아노〉의 마지막 장면. 자신의 삶과 사랑을 찾아 고뇌에 빠진 벙어리 주인공 에이다는 불현듯 자기 영혼의 집과도 같았던 피아노를 바다 깊숙이 던지게 하고, 물속으로 풀려 들어가는 밧줄 고리에 발을 넣어 자살하려 한다. 그러나 바다 깊이 빨려 들어갔던 그녀는 다시 삶을 선택하여 물위로 솟아오른다. 죽음 같은 침묵의 세계인 푸른 바다 밑에는 관(棺) 같은 피아노와 자신의 껍질인 겉옷, 그리고 신발 한 짝이 둥둥 떠 있다.

Delarue)에 의하면 '유리수염'이 난 거인도 있다! 그러니 구두를 유리로 만드는 것쯤이야 별일도 아니다.

유리구두에 대하여 흔히 제기되는 또 한 가지 의문이 있다.

12시가 넘으면 마법이 풀리게 되므로 신데렐라의 옷과 마차, 마부가 모두 원래 상태로 되돌아가서 신데렐라의 몰골이 말이 아니게 된다. 그런데 왜 유리구두만은 원형 그대로 있을까?

'원본'을 면밀히 읽어보라. 다른 것들은 모두 대모 요정이 마법으로 변형시킨 것, 말하자면 '짝퉁'이지만, 유리구두만은 직접 전해 준 '오리지널'이기 때문이다.[1] 그만큼 신발은 신데렐라 이야기의 핵심 사항이다.

제2장

유라시아 문명의 열쇠

새로운 문제

지금까지의 논의는 주로 유럽과 미국에 널리 알려진 신데렐라 판본을 중심으로 한 것이었다. 그 이야기들을 분석해 봄으로써 우선 신데렐라 이야기가 인간 내면의 성숙을 상징한다는 점을 확인했다. 특히 어린이들에게 앞으로 살아가면서 부딪히게 되는 여러 문제들, 특히 성과 폭력의 문제들에 대해서 미리 대비하게 하고 그것을 조화롭게 해결하는 길을 제시하며, 또 그에 대한 성공의 확신을 심어줌으로써 자신감을 고취하는 기능을 한다는 베텔하임의 주장도 살펴보았다. 그리고 가장 천한 부엌데기 여성이 최상층의 남자와 결합하는 신분상승의 드라마로 인식되기도 한다는 점을 확인했다.

그런데 이런 설명은 과연 어느만큼 타당할까? 혹시 이런 설명이 유럽 내의 일부 판본들을 중심으로 이끌어낸 결과는 아닐까? 이 이야기가 갈등을 극복하고 조화를 회복하는 구조를 가진다고 할 때 그 갈등의 내용이 반드시 가족 내의 긴장, 혹은 사회적 빈부격차 같은 것만을 의미할까?

앞서 언급했던 것처럼 이 세계에는 대단히 다양한 신데렐라 이야기들이 존재한다. 또 유럽으로 한정해서 보더라도 그림 형제나 페로의 판본만 있는 것이 아니다. 이 두 가지 판본은 오늘날 가장 널리 알려져 있긴 하지만 원래 구전문화의 산물인 이야기를 작가가 문자로 옮기는 과정에서 각색하고 글로 다듬었기 때문에 오히려 가장 예외적인 이야기라고 할 수도 있는 것이다. 페로는 자신이 채록한 이야기가 그 자체로는 상층 신분의 사람들이 보기에 너무 상스럽다고 판단한 것 같다. 그리하여 문필가로서 자신의 역량을 한껏 발휘하여 표현을 우아하게 고치고 일부 내용들도 자신의 취향에 맞게 가필했다. 당연히 그의 의도가 강하게 들어가지 않을 수 없었던 것이다. 이에 비해 유럽의 다른 판본들을 보면 같은 이야기 구조이지만 실제로 디테일과 풍취가 얼마나 다양한지 알 수 있다.

하나의 사례로 〈고양이 신데렐라〉를 보자.(3) 이는 유럽에서 문자로 기록된 것으로는 최초의 것이다. 이 이야기는 1634~36년 사이에 출판된 바질레의 《일 펜타메로네(Il Pentamerone)》라는 책에 실려 있는데, 원래 제목은 《이야기 중의 이야기(Lo Cunto de li Cunte)》이다. 이 책은 다섯 개의 세트로 구성되어 있고 각 세트 안에는 다시 여러 개의 이야기들이 모아져 있다. 한 세트가 하루치의 이야기라는 식으로 되어 있어서 《데카메론》과 유사한 형식이다. 이 가운데 첫째 날 여섯 번째 이야기가 〈고양이 신데렐라〉이다. 이 이야기는 여러 가지 면에서 흥미롭다.

한 가지는 일반적인 신데렐라 이야기에 비해서 매우 독특한 구조를 보인다는 점이다. 예컨대 계모가 둘이라든지 여주인공 자신이 재앙을 스스로 불러온다는 점 등, 다른 판본과는 다른 매우 특이한 요소를 가지고 있다.

또 한 가지는 매우 유려한 스타일을 들 수 있다. 아마도 구술문화 당시의 재미있는 표현들이 풍부하게 녹아들어간 것으로 보인다. 여러 번에 걸친 번역 과정을 거쳐 한글로 옮긴 문장을 보더라도 그 표현이 얼마나 활기찬지 알 수 있다. 하나의 예를 들어보자. 무도회장에 온 아름다운 소녀를 두 번이나 눈앞에서 놓친 국왕이 시종에게 엄명을 내려서 이번에는 반드시 그 아리따운 소녀의 종적을 놓치지 말라고 했건만 이번에도 시종이 소녀를 놓치고 만다. 그러나 그 대신 신발을 한 짝 집어가지고 온다. 국왕은 그 신을 손에 들고 그윽하게 바라보며 이렇게 말한다(아마도 이토록 유려한 말을 듣기는 힘들 것 같다. 추측건대 남부 이탈리아의 그 굴러가는 발음으로 들었으면 더더욱 아름답고도 코믹했을 것 같다).

기초가 이렇게 아름다우니 그 위에 지은 저택은 얼마나 아름답겠는가? 오, 나를 소진시켜 버리는 초를 들고 서 있는 사랑스러운 촛대여! 내 생명이 끓고 있는 솥의 삼발이여! 사랑을 낚는 낚싯줄에 붙어 있는 아름다운 코르크여![17]

너는 내 영혼을 낚고 있구나! 보라, 나는 당신을 포옹하고 있소이다! 만일 내가 잎에 닿을 수 없다면 뿌리라도 찬양하리다. 내가 만일 기둥을 가질 수 없다면 토대에라도 키스를 하리다. 신발이여, 너는 처음에 하얀 발을 포로로 삼고 있더니 이제는 비탄에 잠긴 심장을 붙들고 있구나. 내 생명을 뒤흔든 그녀는 너로 인하여 한 뼘 반만큼 키가 커졌겠구나. 내가 너를 소유하고 있는 동안 너로 인하여 내 삶은 그만큼 더 달콤해지겠지.

이 한 예에서도 알 수 있듯이 많은 신데렐라 이야기들은 우리가 알고 있는 것과는 대단히 다른 내용과 표현들로 되어 있다. 그림 형제 판본과 페로 판본만으로는 신데렐라 이야기의 의미를 온전히 파악할 수 없다. 따라서 전세계의 신데렐라 이야기들이 어떤 것들이 있으며, 또 과거에 그것들이 어떻게 전파됐는지를 알아볼 필요가 있다.

중국과 베트남의 신데렐라

신데렐라 연구에서 큰 획을 긋는 사건은 중국 신데렐라가 서구에 알려진 일이었다.(4) 1911년, 《유양잡조(酉陽雜俎)》에 실려 있는 섭한(葉限) 이야기를 처음 소개한 사람은 일본학자 미나카타 구마구스(南方熊楠)였다. 그러나 이것이 전세계에 널리 알려진 것은 1932년에 제임슨(R.D. Jameson)이 이에 대해 세 편의 논문을 쓴 이후의 일이다. 단성식(段成式, 800?~863)은 그의 《유양잡조》에서 이 이야기를 이사원(李士元)이라는 하인에게 들었으며, 이사원은 옹주(邕州) 사람으로서 남방의 여러 신기한 이야기들을 많이 알고 있다고 기록하고 있다. 옹주는 베트남과의 국경에서 북쪽으로 약 100마일(약 160킬로미터) 떨어진 곳이라 한다. 확실히 섭한 이야기는 베트남 이야기와 매우 유사한 요소들을 공유하고 있다.(5)

섭한과 물고기.

9세기에 기록된 〈섭한〉은 문자로 기록된 신데렐라 이야기 가운데 풀텍스트(full-text)로서는 가장 오래된 것이다. 이때까지 주로 유럽의 판본들에 익숙해 있던 연구자들에게 이 판본의 발견은 아주 놀라운 사건이었다. 지리적으로 유럽에서 멀리 떨어져 있는 곳에서 최초의 문자 기록 사례가 발견됐고, 또 그 내용이 이전에 알려져 있던 판본과는 상당히 다른 요소들을 포함하고 있다는 점에서 이것은 아주 훌륭한 비교 연구의 재료로 환영받았다.

그 이야기의 줄거리는 다음과 같다.

진한(秦漢) 이전에 오씨(吳氏) 성을 가진 사람이 있었다. 그의 첫 번째 아내가 죽자 그 사이에서 태어난 섭한이라는 딸이 계모의 학대를 받으며 살았다. 섭한은 산에서 나무를 하고 물을 길어오는 일을 했는데, 어느 날 물고기 한 마리를 얻었다. 이 물고기는 점차 커져서 그릇 안에서는 키우지 못하고 집 뒤에 있는 연못 속에 넣고 키웠다. 이를 알게 된 계모가 섭한을 멀리 심부름을 보내고 그 물고기를 잡아먹었다. 슬픔에 잠긴 섭한에게 하늘에서 내려온 사람이 그 물고기의 뼈를 추려 간직하면 원하는 것을 얻을 수 있다고 말해 준다.

마을 축제가 열린 날, 어머니는 축제에 가면서 섭한에게는 마당의 과실나무를 지키라고 시킨다. 그러나 섭한은 어머니가 나가고 난 다음 물고기뼈에서 청록색 옷과 황금 신발을 얻어 축제에 갔다. 계모와 딸이 의심하는 것을 눈치챈 섭한은 급히 집으로 오다가 신발 한 짝을 떨어뜨렸다. 마을 사람이 그 신을 주워 이웃 나라인 타한국의 왕에게 준다. 그 왕은 이 신발의 주인공을 찾으려고 사람들에게 신발을 신겨보지만 이 신이 맞는 사람이 없었다. 그래서 결국 집집마다 돌아다니며 수색을 하게 됐는데, 그러던 중 섭한이 신발의 주인공이라는 것을 알아낸다. 왕은 그녀와 함께 물고기뼈를 거두어서 자신의 나라로 돌아갔다. 그녀의 계모와 의붓언니는 그 직후에 돌에 맞아 죽었다. 마을 사람들이 불쌍히 여겨 두 사람을 돌구덩이에 묻고 오녀총(懊女塚)이라고 불렀는데, 마을 사람이 딸아이를 갖고 싶을 때 여기에 제사를 지내면 반드시 효험이 있었다. 타한의 왕은 자신의 나라로 돌아가자 섭한을 왕비로 삼았다. 1년 동안 왕은 너무 욕심을 부려서 물고기뼈에 빌어 얻은 보석이 수없이 많았다. 그러나 해가 바뀌자 물고기뼈는 더 이상 왕의 소원을 들어주지 않았다. 왕은 곧바로 물고기뼈를 해안에 묻고 그 속에 구슬 100석을 숨기고 가장자리를 금으로 둘렀다. 후일, 병졸들이 반란을 일으켰는데 그 무리의 우두머리가 물고기뼈 묻은 곳을 파헤쳐서 군자금으로 쓰려 했다. 그러나 어느 날 저녁, 물고기뼈는 바다의 조류에 휩쓸려가 버렸다.

〈섭한〉을 유럽의 판본과 비교해 보면 전반적인 구조나 디테일들이 유사한 듯하면서도 다른 한편 상당히 다른 요소들을 포함하고 있음을 알 수 있다. 이야기 중에 섭한이 나무를 지켜야 하며 그러다가 그 나무를 끌어안고 잠든다는 것은 이야기의 내적 정합성 면에서 약간 어색해 보이지만 '어머니 무덤에서 자란 나무'와 통하는 요소라는 것은 분명해 보인다. 동굴 축제 장면 역시 다른 판본들과 사뭇 다르다. 유럽 판본들에서는 축제에서 만난 남자와 결혼하는데 여기에서는 그렇지 않다. 그렇다면 이야기의 내적인 구조로 보면 굳이 축제 부분이 들어 있지 않아도 될지 모른다. 계모와 언니들의 죽음 장면도 전체 구조와 맞지 않는 부분이다. 이들이 죽어서 여자아이를 점지해 주는 신통력을 가지게 된 이유는 무엇일까?

가장 큰 차이를 보이는 점은 물고기뼈가 많은 재물을 준다는 점이다. 도대체 이것이 어떤 맥락에서 나온 것일까? 언뜻 이해가 되지 않는 부분이다. 이에 대한 설명을 구하기 전에 주목할 점은 〈섭한〉과 비슷한 요소들이 베트남 판본에서 많이 발견된다는 점이다.[5]

제2부에 수록된 베트남의 〈카종과 할록〉은 대단히 다양한 요소들을 포함한 아주 흥미진진한 이야기이다. 몇 가지 특징들을 거론해 보겠다.

첫째, 이미 이야기한 것처럼 물고기뼈가 재물을 가져다준다는 점은 중국 신데렐라와 같다.

둘째, 새가 신발을 물어다가 왕에게 떨어뜨린다는 것은 아주 일찍부터 널리 알려진 요소이다. 아마도 가장 일찍 기록된 것 중의 하나는 고대 이집트와 관련된 기록이다. 그리스 출신의 여자 노예인 로돕시스가 어느 날 강에서 목욕을 하는데 독수리 한 마리가 그녀의 황금 샌들 한 짝을 물어다가 몇백 킬로미터 떨어진 곳에 있던 파라오의 무릎에 떨어뜨린다. 파라오는 이 샌들의 주인공을 찾아내도록 하여 결국 그녀와 결혼한다. 이것은 그리스의 역사가이자 지리학자인 스트라본(기원전 64?~기원후 23?)이 기원전 6세기에 실제 일어났던 '역사 사실'이라며 기록한 내용이다. 새가 신발을 물어가서 그 인연으로 왕비가 된다는 이야기가 다른 곳에서도 발견되는 것으로 봐서 로돕시스 이야기 역시 실화가 아니고 전설이었을 것으로 생각된다. 하여튼 그것이 베트남의 이야기에서도 다시 발견된다는 것이 무척 흥미롭다.

셋째, 동물들이 '골라내기' 작업을 도와준다는 것은 그림 형제 판본에서 비둘기와 산새들이 재와 콩을 나누는 일을 도와주는 것과 유사하다.

넷째, 우리나라의 고소설(古小說)과 비슷한 요소들이 보인다. 박과 같은 종류의 열매에서 재물이 나온다는 것은, 약간 과도한 해석인지 모르겠지만, 〈흥부전〉과 통하는 점이다. 신부가 바뀌는 점, 그리고 나중에 처절한 복수 중에서도 압권인 사람 살로 젓갈을 담가서 어머니에게 먹도록 하는 점은 〈콩쥐 팥쥐〉와 유사하다.

〈콩쥐 팥쥐〉

우리나라의 신데렐라 이야기인 〈콩쥐 팥쥐〉는 중국이나 베트남의 신데렐라 이야기와도 다른 매우 흥미로운 사례이다. 이 이야기 중 몇 가지 주목할 만한 사실들을 추려보도록 하자.

최만춘이라는 퇴리(退吏)가 늘그막에 딸을 얻는다. 이 아이는 콩밭 뒤의 성황당에서 빌어서 얻은 아이라 하여 이름을 '콩'자 돌림으로 하고, 가고 오는 길에 콩을 한 알씩 '쥐'고 돌아왔다고 하여 콩쥐라고 이름했다. 그러나 부인은 산후에 몸져누웠다가 죽고 말았다. 그 후에 최만춘은 후처로 배씨를 들였는데 이 여자에게는 전 남편과의 사이에 팥쥐라는 아이가 딸려 있었다(팥쥐는 '팥자루에 돈을 물어다 놓은 복쥐'라는 뜻이다).

배씨 모녀는 성격이 아주 악하고 모질어서 콩쥐를 몹시 괴롭혔다. 이때 팥쥐의 생김새와 성질이 나쁘다는 사실을 보여주는 일화 중의 하나는 발이 크다는 것이다. 어느 날 팥쥐는 콩쥐의 버선을 빼앗아 신으려고 하는데 버선이 너무 작아서 억지로 발을 쑤셔넣었다가 뒤꿈치 볼이 찢어지고 만다. 팥쥐는 배씨에게 달려가서 콩쥐가 자기 발이 크다고 놀렸다며 고자질을 한다. 배씨 모녀는 팥쥐의 발이 크다는 사실에 대해 크게 분노한다.

발과 관련된 일화는 한 번 더 나온다. 어느 날 콩쥐가 물을 길어 물

독을 머리에 이고 들어오다가 마당에서 빨래를 걸고 있는 배씨 옆을 지날 때, 배씨 버선 위에 송충이가 기어가고 있는 것을 보고 소리를 질렀다. 배씨는 곧 송충이를 털고 밟아죽이고 나서는 콩쥐에게 이렇게 야단을 친다.

"요것아, 너는 들어올 때 나갈 때 남의 발등만 보느냐?"

"어머니, 송충이는 내가 그런 게 아니예요. 아마 뒷집 뜰에 소나무가 있으니, 그 집에서 기어온 건가 봐요."

"누가 송충이 얘기했느냐, 발등 얘기했지. 그래 내 발은 크다. 크니 어쩌란 말이냐. 그렇게도 구경거리냐?"

모녀는 모두 발이 크고 또 그것에 대해 심한 콤플렉스를 가지고 있는 게 분명하다.

콩쥐를 미워하는 배씨는 콩쥐에게 밭일을 시키는데, 쇠호미를 주지 않고 나무호미를 주고는 산비탈의 밭을 매게 했다. 곧 나무호미의 목이 부러지고 나니 손으로 흙과 돌을 파내다가 울고 앉았다. 이때 홀연 하늘에서 뿔이 세 개 돋친 검은 소가 내려와서 콩쥐에게 다정하게 말을 건다. 그리고 사정을 듣고는 콩쥐에게 쇠호미와 음식을 준다. 성정이 착하고 고운 콩쥐는 쇠호미 덕에 일을 일찍 끝내고는 그 하늘의 소가 준 음식을 하나도 먹지 않고 그대로 집으로 가지고 가서 팥쥐에게 먹인다. 결국 하늘의 음식들은 모두 배씨 모녀에게 빼앗기고 콩쥐는 다시 밥을 굶은 채 아궁이 앞에 주저앉아 울기만 한다.

5월 단오가 됐을 때, 콩쥐는 다른 아이들처럼 추천장(鞦韆場. 그네를 뛰는 곳)으로 가서 놀고 싶어했다. 배씨는 이것을 막기 위해 어려운 과제를 준다. 그것이 유명한 밑 빠진 독에 물붓기이다. 밑이 빠진 독을 주고는 거기에 물을 가득 채워야 그네를 타러 갈 수 있다고 한 것이다. 콩쥐가 미련하게 물을 계속 길어다 붓느라고 기진맥진했을 때 두

꺼비가 나타나서 독 밑을 받쳐주어서 그 과제를 마친다.

콩쥐의 외갓집에 잔치가 있는 날에도 배씨는 콩쥐가 가지 못하도록 어려운 과제를 준다. 이번에는 며칠 걸려야 짜는 베를 마저 짜고 말리던 겉피 석 섬을 쓸어놓는 일이다. 겉피 쓰는 일은 수백 마리의 새떼가 날아들어서 멍석 위의 곡식을 쪼아서 해결하고, 베 짜는 일은 직녀별이 몸소 내려와서 60척 한 필 베를 순식간에 짜서 해결해 주었다. 그뿐이랴, 이 직녀별은 고운 비단 치마저고리, 내의, 댕기, 버선과 예쁜 신까지 주었다. 이 꽃신이 문제의 '잃어버린 신발 한 짝'이 되리라는 것은 능히 짐작할 수 있다.

콩쥐는 신이 나서 외갓집을 향해 가고 있었다. 개울을 건너려는 참에 새 전라감사가 행차하고 있었다. 그 소리에 깜짝 놀라서 급히 개울을 건너다가 왼쪽 꽃신 하나를 물에 빠뜨린다. 이 전라감사가 바로 그녀와 한때 사랑에 빠졌던 김진사 댁 자제이다(옛날이야기는 이렇게 아귀가 척척 맞아떨어지는 것이 원래 묘미이다). 김도령은 개울에 오색 광채가 어려 있는 것을 보고 하리에게 분부해서 그 신을 가져오게 했는데 그 신은 물속에서 꺼내왔건만 물에 젖은 태가 하나도 없었다. 하늘에서 내린 신이니 어찌 방수 처리가 완벽하지 않겠는가. 게다가 버선발로 외갓집을 가는 콩쥐에게는 이상하게도 버선에 흙이 전혀 묻지 않는 것이었다! 하늘에서 내린 고귀한 신발이 땅이나 흙과 같은 천한 세계와는 아무런 접촉도 없다는 것은 예컨대 〈섭한〉의 신발이 "털처럼 가벼운데다가 돌을 밟아도 아무 소리가 나지 않았다"는 서술에서도 찾을 수 있다.

콩쥐가 외갓집에 가서 오랜만에 사람 대접받으며 한 상 잘 받아먹고 노는데 관가에서 사람이 신발 한 짝을 들고 와서 이 신이 발에 맞는 사람을 찾는다고 했다. 배씨가 먼저 나서서 신을 신어보겠다고 우기지만 발부리가 반도 들어가지 않았다. 팥쥐 역시 마찬가지였다. 모든 사람이 다 시도해도 들어가지 않던 신이 콩쥐의 발에는 쏙 들어간다. 콩쥐는 가마를 타고 관에 들어가고, 감사와 혼인을 해서 잘살았다.

이를 시기한 배씨는 자기 딸과 콩쥐를 바꿔치기하고 싶었다. 그래서 신통한 무당에게 찾아가서 팥쥐의 얼굴을 콩쥐와 비슷하게 만들었다. 팥쥐는 콩쥐를 찾아가서 연못으로 유인하여 물에 빠뜨려 죽이고 자기가 감사의 부인이 됐다. 그 후 콩쥐가 빠져 죽은 연못에는 커다란 연꽃이 피어났다(이 대목은 〈심청전〉에서 물속의 세계로 들어갔다가 꽃봉오리 속에 앉아서 이 세상으로 돌아오는 것을 연상시킨다). 그런데 팥쥐가 연못가에 가면 무언지 손 같은 것이 머리채를 잡아당기는 듯해서 돌아보면 길다란 손 그림자 하나가 얼른 연꽃 속으로 들어가는 것이었다. 기겁을 한 팥쥐는 하인을 시켜서 연꽃을 뽑아 아궁이에 태워버렸다.

감사댁 이웃에는 노상 불씨를 빌려가는 노파가 살고 있었는데, 이즈음에 불씨를 빌리러 와서 아궁이를 들여다보니 갑자기 아궁이에 불이 꺼지고 오색 구슬이 쏟아져 나왔다. 노파는 그 구슬을 치마폭에 싸서 자기 집 벽장에 넣어두었다. 그런데 벽장에서 "할멈, 할멈" 하고 부르는 소리가 들리지 않는가. 그러더니 콩쥐가 벽장에서 내려와서는 그간의 사정을 이야기했다.

콩쥐는 할멈에게 감사를 집에 초청하라고 했다. 감사가 자리에 앉으니 콩쥐는 일부러 젓가락 짝이 안 맞게 놓아서 감사의 주의를 끈 다음, 젓가락 바뀐 것은 알면서 부인 바뀐 것을 모르냐고 병풍 뒤에서 말하는 것이었다. 이렇게 해서 감사는 그간의 사정을 알게 됐다. 연못을 훑어 콩쥐 시체를 찾으니 콩쥐가 곧 소생했다. 남은 일은 팥쥐와 배씨를 처단하는 일이다. 팥쥐는 소 네 마리로 사지를 찢어 죽였다("콩쥐는 가엾다고 말렸으나 동리 사람들이 듣지를 않았다"는 것이다). 팥쥐의 시체는 젓갈을 담아 독에 넣고 기름종이로 봉해서 배씨에게 보냈다. 배씨가 노끈을 풀고 기름종이를 젖히니 편지가 나왔다. 그 편지에 이르기를, "착한 마음은 착한 마음으로 보답을 받고, 못된 마음은 못된 마음으로 보답을 받는 것이니, 사람을 죽인 자는 또한 스스로 이렇게 죽는 것이로다."

이런 선물과 편지를 받고 기절하여 죽지 않을 어미가 어디 있겠는가.

〈콩쥐 팥쥐〉는 정말로 온갖 상징의 종합판과도 같다. 세계 여러 지역의 신데렐라 이야기들에서 보이는 요소들이 대부분 등장하고 있는 것이다.

첫째, 콩이 아주 중요한 요소로 등장한다. 우선 주인공 이름 자체가 콩과 관련이 있다. 유럽의 판본에서 신데렐라에게 부과되는 과제 중의 하나가 재에서 콩을 골라내는 일이었다. 아래에서 소개할 러시아의 〈아름다운 바실리아〉에서도 콩을 골라내는 일이 등장한다. 재에서 콩을 골라내는 일이 선악의 구분을 상징한다는 베텔하임의 분석을 앞에서 언급한 적이 있다. 그러나 왜 하필 콩일까? 《문화상징사전》에서는 콩이 불사, 변형, 마력, 남근의 상징이며, 특히 게르만 세계에서는 호색, 성적 쾌락과 결부된다고 설명한다. 나카자와 신이치는 이에 대해 매우 흥미로운 설명을 하는데, 과연 그것이 맞는지 자신은 없지만 한번 경청해 볼 만하다고 보이므로 옮겨보도록 하겠다.[18]

콩은 중간매개의 상징이다. 남자의 성 기관 중에 가장 여성적인 것으로 보이는 고환이 외형적으로 콩과 비슷하며, 또 여성의 성 기관 중에 가장 남성적인 것으로 보이는 클리토리스(음핵) 역시 외형적으로 콩을 연상시킨다(속칭 '공알'이라고 하는 것이 사실 '콩알'이 아닐까?). 그래서 콩은 말하자면 단순히 성적인 측면을 가리키는 정도를 넘어서, 남녀간의 성적 '경계'상에 있는 중간적인 심벌이며, 따라서 대립하고 있는 것들을 중개하는 기능을 한다는 것이다.

둘째, 발과 신이 어김없이 나온다. 사실 이 요소가 없다면 신데렐라 이야기가 성립되기 힘들 정도로 이 요소는 신데렐라 사이클의 핵심을 이룬다. 신을 한 짝 잃어버리고 그것으로 주인공을 찾는 이야기는 아주 전형적이다. 그리고 발이 아주 작은 콩쥐만이 그 신발의 주인공이 될 수 있고, 이에 비해 팥쥐 모녀는 발이 아주 크다는 점에서 모멸을 당한다. 이는 전세계의 신데렐라 이야기에서 자주 발견되는 요소이다.[19]

셋째, 하늘의 소가 나온다. 소는 특히 젖을 주는 동물이라 그런지 흔히 어머니의 상징 동물로 표현되곤 했다(물론 우리나라처럼 우유를 마시는 것이 일반화되지 않은 경우에도 소가 어머니를 상징하는 것을 보면 꼭 우유 때문만은 아니다). 그리고 소뿔이 원래 풍요의 상징이었고(cornuco-pia) 그래서인지 소가 굶주림에 시달리는 아이에게 음식을 주는 에피소드들이 특히 중동 지역을 중심으로 많이 퍼져 있다. 〈콩쥐 팥쥐〉에도 하늘의 소가 주인공에게 하늘의 음식을 주는 장면이 있다. 또 한 가지 흥미로운 것은 나중에 소 네 마리로 팥쥐의 사지를 찢어서 죽이는데, 이는 어머니의 영혼을 상징하는 동물이 나중에 처벌까지 담당하는 것이다.

넷째, 곡물 골라내기의 에피소드가 보이고, 이것을 하늘의 새들이 내려와서 해결해 준다. 그림 형제의 판본에서도 하늘의 새가 콩 골라내기를 도와주는데 이때 새는 하늘나라에서 온 '높은' 존재를 상징하는 것으로 보인다. 〈콩쥐 팥쥐〉의 새 역시 그런 의미를 가진 것이 분명하다. 콩쥐는 정녕 '하늘이 낸' 소녀인지, 베짜기 과제는 아예 하늘의 직녀성이 내려와서 직접 해결해 준다(우리 민담의 호방한 스케일을 보라!).

다섯째, 콩쥐가 귀신이 되어 구슬 모양으로 나온 곳이 아궁이이다. 즉 저승에서 이승으로 나오는 통로가 아궁이인 셈이다. 그전에 콩쥐가 슬픔에 잠길 때에도 다름 아닌 아궁이 옆에 앉아서 운다. 서양 신데렐라들이 자리잡고 있는 곳 역시 바로 그곳이다. 아궁이는 어떤 곳인가? 한편으로 불과 재가 있는 곳으로서, 예로부터 뭔가 저 세상과 소통할 수 있어 보이는 곳, 금방 귀신이라도 나올 것처럼 컴컴한 곳이다. 그러나 동시에 옛날 우리나라 집의 구조에서 가장 아늑하고 따뜻한 곳이기도 하다. 힘든 노동으로 육신이 피곤할 때 아궁이 앞에 앉아 나뭇가지 한두 가닥 집어던지며 따뜻한 온기를 쬐고 불을 들여다보고 있노라면 마술적인 아늑함이 느껴지곤 한다. 가장 여성적인 공간이 바로 이곳이다. 신데렐라 혹은 콩쥐가 자리잡는 곳이 아궁이인 것은 이런 점에서 당연한 일이다.

여섯째, 신부 바꿔치기 요소가 있다. 팥쥐가 콩쥐를 죽인 다음 감쪽같이 콩쥐 얼굴로 바꾸고 감사의 부인 자리를 차지한다. 이 장면부터 나중에 팥쥐를 죽이고 그 살로 젓갈을 담가 팥쥐 어머니에게 보내는 장면까지는 베트남의 〈카종과 할록〉 이야기와 매우 비슷한 구조이다. 그것은 물에 빠져 죽은 주인공의 영혼이 다른 존재로 변신했다가 어떤 할멈의 도움을 받아 남편을 불러내서 사실을 알려주고, 그리하여 의붓언니(혹은 동생)를 잔혹하게 처벌하는 이야기로 되어 있다.

다만 여기에서 아주 중요한 한 가지 문제가 남아 있다. 〈콩쥐 팥쥐〉가 원래 우리나라에 존재하던 이야기인지 아니면 비교적 머지않은 과거에 수입된 요소들이 혼합된 것인지 불분명하다는 점이다. 국문학계에서는 1920~30년대에 전래의 계모 이야기와 수입된 신데렐라 이야기가 결합되어 나타난 작품이 아닌가 보고 있다고 한다.[20]

그렇다면 어디까지가 원래 우리 문화의 요소이고 어디서부터 수입된 요소인지 사실은 모호하다고 할 수 있다. 더 자세한 분석은 국문학계의 전문가들에게 맡기고, 여기에서는 다만 한국, 중국, 베트남, 일본 등 동아시아의 신데렐라 이야기들은 서로 유사한 요소들을 포함하고 있다는 점, 그리고 조금 더 일반적으로 말해서 동아시아, 유럽, 중동 등 각 지역마다 특징적인 구조를 가진 신데렐라 이야기들이 존재하리라는 점 등만을 우선 확인해 두도록 하자.

신데렐라 사이클의 구조

앞의 이야기를 조금 더 일반화하자면, 〈신데렐라〉 계열의 이야기들이 대단히 다양한 요소들을 가지고 있어서, 각 지역마다 이 요소들이 상이하게 조합되면서 지역권마다 특이한 신데렐라 이야기들의 변형(variation)이 만들어졌다고 할 수 있다. 신데렐라 사이클의 구조는 다음과 같다.

A. 어린 소녀가 구박을 받는다.
a1. 그녀에게 친절하지 않은 계모 혹은 의붓언니들이 구박한다.
a2. 그녀와 결혼하려는 아버지가 구박한다. 그녀는 옷을 선물받고 도주한다.
a3. 그녀가 소금 한 톨만큼 사랑한다고 말했다가 아버지가 그녀를 쫓아낸다.
a4. 온 가족이 그녀를 살해하려고 한다.

B. 집에서 혹은 타지에서 천한 일을 한다.

b1. 죽은 어머니, 혹은 죽은 어머니 무덤에서 자란 나무, 혹은 초자연적인 존재로부터 조언과 도움을 받고 음식이나 옷을 받는다.

b2. 새들의 도움을 받는다.

b3. 염소, 양, 암소의 도움을 받는다.

b4. 도움을 주던 동물이 죽었을 때 그 동물의 창자에서 선물을 주는 나무가 자라거나, 옷이 담긴 상자가 발견되거나, 혹은 동물의 뼈가 옷을 준다.

C. 그녀가 왕자를 만난다.

c1. 아름다운 옷으로 갈아입고 무도회에 가서 왕자와 여러 번 춤을 추는데, 왕자는 계속 그녀가 누구인지 알아내려고 시도하지만 실패하거나 혹은 그녀가 교회에 나가는 것을 본다.

c2. 가끔 그녀는 왕자에게 그녀가 당하고 있는 고통에 대해 힌트를 줌으로써 더욱 신비화하고 왕자를 자극한다.

c3. 가끔 왕자는 열쇠구멍으로 훔쳐보다가 그녀가 아름다운 옷을 입은 모습을 본다.

D. 그녀의 정체가 밝혀진다.

d1. 신발로 테스트한다.

d2. 왕자가 먹는 수프 혹은 빵에 반지를 넣어서 자신을 드러낸다.

d3. 황금 사과를 따는 것과 같은 어려운 과제를 그녀만이 해낸다.

E. 그녀가 왕자와 결혼한다.

F. 만일 그녀의 고통이 아버지에게 소금 한 톨만큼 사랑한다고 말했

기 때문이라면, 아버지에게 소금 없는 음식을 제공함으로써 소금이 인간의 행복에 얼마나 소중한지를 증명한다.

예컨대 유럽에서 가장 널리 퍼진 판본은 'a1-b1-c1-d1-e1'이고, 슬라브어권에서 널리 퍼져 있는 판본은 'a1-b3-b4-d3'이다. 앞의 것에서는 대모 요정과 같은 초자연적 존재가 등장하기 쉽고, 뒤의 것에서는 도움을 주는 동물이 자주 나타난다. 이런 식으로 체계적인 정리를 하고 나서 보면 예컨대 중국 판본과 베트남 판본에 대해서도 조금 더 세밀한 비교가 가능하다. 중국 판본에는 베트남 판본과 달리 무도회가 있고, '아버지'에 해당하는 초자연적 존재가 나오는데, 그런 점에서 보면 유럽 판본과 통하는 점이 있고, 그러면서도 도움을 주는 동물이 있다는 점, 축제에서 만난 사람과 결혼하지 않는다는 점에서는 슬라브 판본과도 통한다.

전파

이렇게 분류하고 나면 당연히 드는 의문은 여러 하위 집단들 간의 관계는 어떠했는가 하는 점이다. 어느 지방에 어떤 하위 계열이 퍼져 있는가? 또 그것들 간에 상호 어떤 영향을 주고 받았는가?

이에 대하여 중요한 연구를 한 사람은 안나 브리지타 루스(Anna Brigitta Rooth)이다. 그녀의 '지도 기획(Atlas Project)'은 구할 수 있는 모든 자료들을 수집한 다음 각각의 이야기들이 어떤 요소들을 포함하고 있는가를 분석하고 그것들의 지리적 분포를 지도상에 표시하며, 또 그것들이 시대순으로 어떻게 변화했는가를 추적하는 것이었다. 실로 거

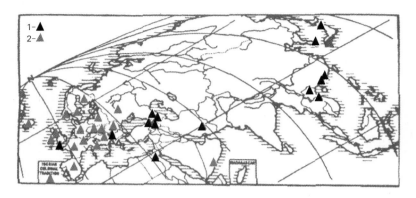

지도 A

1. 여주인공이 여성들만의 축제에 가다.
2. 여주인공과 왕자가 축제 혹은 교회에서 만나다.

대한 프로젝트라 하지 않을 수 없다.

　루스의 정리에 의하면 신데렐라 이야기의 요소들은 크게 중심 모티프와 구체적 모티프로 나누어진다.

　중심 모티프는 '고아(의붓딸)', '도움을 주는 동물', '도움을 주는 동물의 살해', '아름다운 옷', '곡물 골라내기', '잃어버린 신발' 등이다. 이것들은 〈신데렐라〉 계열을 구성하는 핵심 요소들이라 할 수 있다. 이것들은 유라시아 대륙 전체에서 골고루 발견된다. 같은 요소들이 그 넓은 지역에 걸쳐 존재한다는 의미는 곧 신데렐라 이야기가 유라시아 대륙 일반의 보편적 이야기라는 것을 말해 준다.

　구체적 모티프는 모두 다섯 개의 시리즈로 되어 있다. 이 모티프들은 유라시아 내의 일부 지역에서만 보이는 것들이다. 다섯 가지를 모두 살펴보는 것은 번거로우므로 그 가운데 한 예로서 '시리즈 1'을 보도록 하자. 지도 A와 B는 유럽과 아시아 각각에서 보이는 요소들을

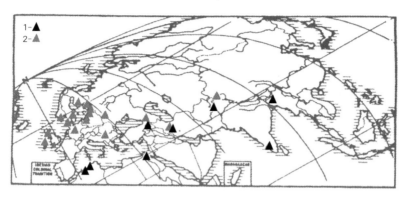

지도 B

1. 아시아형 스파이 모티프. 주인공을 염탐하는 형제들이 음식 맛을 보고 그 중 일부를 어머니에게 보여주는 내용.
2. 유럽형 스파이 모티프, 일명 〈한 눈, 두 눈, 세 눈〉 이야기. 세 번째 눈을 뜨고 있는 염탐꾼이 주인공이 동물에게서 음식을 받는 사실을 알게 되는 내용.

나타내고 있다. 지도 A의 모티프 1(▲)은 신데렐라가 여성 축제에 가는 것을, 모티프 2(▲)는 축제에서 혹은 교회에서 신데렐라가 왕자를 만나는 것을 나타낸다. 지도를 보면 유럽과 아시아 사이에 뚜렷한 차이가 있음을 알 수 있다. 지도 B의 모티프 1(▲)과 2(▲)는 각각 아시아와 유럽의 상이한 '스파이' 모티프(주인공이 도움을 주는 동물로부터 음식을 받아먹는다는 것을 눈치챈 계모가 친딸을 시켜서 이것을 염탐하는 내용)를 나타낸다. 이 역시 아시아와 유럽 사이에 뚜렷한 분포 차이를 보인다. 이상의 분석 내용을 통해 어떤 결론을 내릴 수 있을까? 아시아의 신데렐라 이야기는 상호 긴밀한 연관이 있으며 분명히 유럽의 이야기들과는 다르다. 그러므로 아시아와 유럽은 각각 상이한 신데렐라 이야기를 가지고 있다는 점을 확인할 수 있다. 이것은 우선 근대 이후에 유럽의 신데렐라 이야기들이 아시아로 보급되었으리라는 지난 시대의 가정이 틀렸음을 실증적으로 보여준다. 이것이 시리즈 1의 분석에서 얻은 결론이다.

나머지 시리즈들까지 포함한 루스 연구의 전체적 결론은 이렇다.

유라시아 대륙 내에 5개의 상이한 신데렐라 지역 — '극동', '근동', '동유럽', '남유럽', '북유럽' —이 존재한다. 이 5개의 지역들은 오랜 기간 동안 상호 소통하며 영향을 주었다. 이때의 상호 소통이라는 것은 대단히 오랜 기간 동안 이루어진 지속적인 교류이지, 어느 날 한두 명의 여행자가 나타나서 특정한 이야기들을 해주어서 그것들이 전파되는 식은 아니다. 루스는 이 지역들 간에 영향을 끼친 경로를 추적해 본 결과 잠정적으로 이런 결론을 내렸다. '근동'이 '남유럽'과 '동유럽'에 영향을 미쳤고, 다시 '동유럽'이 '북유럽'에 영향을 미쳤다. 결국 유럽에 널리 퍼진 이야기들의 원천 지역은 '근동'임이 분명하다. 그렇게 말할 수 있는 논리적 근거는 '동유럽' 혹은 '남유럽'에서 발견되는 요소들이 전부 '근동'에서 발견되지만, 그 반대는 성립되지 않는다는 것이다. 즉 '근동'에서 다른 지역들로 이야기가 수출됐다고 추론할 수 있다. 이상에서 설명한 지리적 관계는 적어도 1천 년 전에 고착됐다. 따라서 전파 과정은 그보다 더 이른 시기에 이루어졌음에 틀림없다.

이 결론에 대해 모든 연구자들이 동의하는 것은 물론 아니다. 그러나 그녀의 연구가 아주 중요한 준거점이 된 것은 분명하다. 세부적인 사실은 틀릴 수 있지만, 신데렐라 이야기가 대단히 오랜 문화적 교류 과정을 거쳐서 오늘날 그렇게 분포됐다는 점을 확인한 것은 아주 큰 성과이다.

그러나 우리의 입장에서 보면 그녀의 연구는 분명 아쉬운 점이 많다. 유럽과 그 이웃 지역에 대해서는 더 자세히 언급하는 반면, 아시아에 대해서는 너무 모호하고 불완전하게 취급한다. '근동'이라고 이름붙인 지역에 대해서만 자세히 이야기하고 그 너머의 동쪽을 '극동' 혹은 '인도'라는 극히 불명확한 이름 하나로 묶어놓는 것은 무책임한 일이다. 그 결과 인도, 중국, 중앙아시아, 한국, 일본에 이르는 이 거대한 지역이 뭉뚱그려져 있다. 게다가 우선 지리적 용어 자체가 '근동', '극동'과 같이 지난 식민주의 시대의 용어로 표현되어 있다는 점도 아쉬운 대목이다.

그러나 여기에서 이렇게 자문하지 않을 수 없다. 그것이 루스의 잘못인가? 그녀는 그녀의 관심사에 대해 연구했을 뿐이다. 그리고 거기에서 탁월한 연구 성과를 얻어냈다. 빈틈이 있다면 그것은 우리 쪽 연구자들이 메워야 할 일이다.

유라시아와 아프리카, 아메리카

이렇게 해서 신데렐라 이야기가 유라시아 대륙 전체에 존재한다는 것을 다시 확인했다. 여기에서 거시적으로 정말 중요한 하나의 문제가 제기된다.

"유라시아에 신데렐라 이야기가 존재한다." 이에 비해 "아프리카와 아메리카, 오스트레일리아에는 신데렐라 이야기가 존재하지 않는다."

만일 이것이 맞다면, 그리고 우리가 앞으로 설명하듯이 〈신데렐라〉계열의 이야기가 어떤 중요한 문화적 함의를 가지고 있다면, 신데렐라 이야기는 유라시아 대륙과 다른 대륙 사이의 심층적인 문화적 차이를 드러내는 한 징표가 된다. 긴즈부르그는 아주 먼 과거에 인류의 문명·문화가 진화해 가는 과정에서 어떤 분기점이 있었다고 추론한다. 인류의 초기 문화가 발전해 가다가 유라시아 대륙과 아프리카 대륙 사이에 분화가 일어났다는 것이다. 그것은 인간, 신, 동물을 아우르는 우주의 기본 관계를 해석하는 시각의 차이를 드러낸다. 이는 두 대륙에 있는 무당의 성격 차이에서 나타난다. 유라시아의 샤먼은 자신의 영혼이 빠져나가는 엑스타시(ecstasy) 유형이고 아프리카 무당은 다른 영혼이 자기 몸에 들어오는 포제션(possession) 유형이라는 것이다.[21]

이 논리를 더 진척시키기 전에 우선 사실 관계를 확인해 볼 필요가 있다.

아프리카에는 신데렐라 이야기가 없을까?

그렇다는 것이 현재까지의 정설이다.

아프리카의 민담에 대해서는 하우사 지역 민담을 수집한 프랑크 에드가(Frank Edgar)의 연구가 대표적이다.[22]

그런데 이 가운데 신데렐라와 비슷한 이야기가 있다. 이 책 제2부에 수록된 〈처녀와 개구리, 그리고 추장의 아들〉이 그것이다.[14] 그런데 우선 이 아프리카 이야기가 과연 〈신데렐라〉 계열에 속하는 것이라고 말할 수 있을지 분명치 않다. 직접 한번 읽어보고 판단해 보시라. 그리고 이 이야기가 설사 〈신데렐라〉 계열의 이야기에 속한다고 할지라도 과연 이것이 원래 이 지역에서 탄생한 것인지 근대에 들어와서 유럽인이 전해 준 이야기인지도 불명확하다. 이 이야기에는 푸라, 투오, 카우리 조개, 콜라너트, 밤바라 땅콩, 많은 부인들과 첩(concubine), 그

리고 이야기의 마지막 부분을 끝맺는 방식 등 아프리카 요소들이 눈에 띈다. [23]

그러나 아마도 유럽에서 수입된 이야기가 아닐까 하는 것이 연구자들의 추론이다. 가장 가능성이 높은 가설은 20세기 초 어쩌면 그 이전인 19세기에 선교사들이 전해 준 신데렐라 이야기가 번안되어 토착화됐으리라는 것이다.

많은 신데렐라 이야기들이 아프리카 문화 속으로 번안되어 들어갔다는 간접 증거가 하나 있다. 루스의 연구에서 아프리카 신데렐라로 소개된 이야기 중에 마다가스카르 지역에서 채록된 것이 있다. 여기에는 잔인한 의붓언니들, 쥐가 옷과 황금 신발을 제공하는 사실, 무도회를 세 번 방문하는 일화, 왕자가 여주인공하고만 춤을 춘다는 설정, 집에 급히 돌아가다가 신발을 떨어뜨리고 또 신발 테스트를 통해서 결혼에 이르는 내용 등이 모두 들어 있다. 그렇다면 이는 전형적인 신데렐라 이야기이다. 그런데 주인공 이름이 상드로이(Sandroy)라는 점이 문제이다. 이는 의심의 여지없이 프랑스의 신데렐라 발음인 '상드리용'의 변형이고, 따라서 프랑스인이 전해 준 이야기임에 틀림없다.

언젠가 아프리카 민담들이 훨씬 더 많이 수집되고 또 그 가운데 신데렐라 이야기들이 발견된다면 결론이 바뀔 가능성도 없지 않다. 그러나 현재로서는 그럴 가능성이 그리 크지는 않다.

오스트레일리아 및 오세아니아 지역에서도 사정이 비슷하다. 즉 〈신데렐라〉 계열의 이야기가 알려져 있긴 하지만 원래부터 있던 것이라기보다는 백인들과 접촉하는 과정에서 들었던 이야기가 번안된 것이라 할 수 있다. 필리핀의 이야기들이 그런 경우이다. 제2부에 수록된 필리핀 이야기는 아마도 스페인의 이야기가 칠레에 전해졌다가 다시 필리핀에까지 전해진 것으로 추정된다. [13]

아메리카 인디언 문화에 신데렐라 이야기가 원래 존재했는가는 더욱 논란이 분분한 문제이다. 인디언들로부터 채록한 이야기들 가운데 〈신데렐라〉 계열로 분류할 만한 것들이 분명 존재한다. 믹맥족, 주니족, 피간족, 오지브와족 등의 이야기들이 그런 것들이다. 그 중 어떤 것들은 백인들과 접촉하는 과정에서 들은 이야기들을 그들 나름대로 번안한 것이 분명하다고 밝혀졌지만, 유럽에서 수입된 것인지 아니면 원래부터 인디언들이 가지고 있던 이야기인지 명확하게 판단하기 힘든 사례들도 많다. 또 설사 인디언들이 원래부터 보유하고 있던 이야기가 맞다 하더라도 그것이 과연 〈신데렐라〉 계열에 속하는지 판단하기 힘든 경우도 있다. 대표적인 것이 〈칠면조 소녀〉이다.(12)

다른 사람의 칠면조를 돌보며 가난하게 살아가는 한 소녀가 있다. 그녀는 너무 가난해서 마을 축제에 갈 방법이 없었다. 이 사정을 알게 된 칠면조들이 마법의 힘을 이용해서 소녀를 치장해 주고 축제에 갈 수 있게 해준다. 그 대신 칠면조들은 가난했던 시절의 친구인 자신들을 잊어서는 안 되며 반드시 해가 지기 전에 돌아와서 자신들을 돌봐 주어야 한다고 말한다. 그러나 한번 부와 사치가 주는 쾌락을 맛본 소녀는 자기가 한 약속을 잊고 해가 져도 칠면조에게 돌아가지 않는다. 뒤늦게 자신의 과오를 깨닫고 칠면조 우리로 급히 돌아가 보았지만 칠면조들은 소녀의 마음이 변한 것을 알고는 이미 산 너머로 가버린 뒤였다. 결국 소녀는 옛날의 가난한 모습으로 돌아가고 만다.

이 이야기는 가난하고 순수한 인간의 심성과 그것으로부터 벗어난 부와 오만을 대조하고 있다. 칠면조로 상징되는 자연은 본연의 순수한 인간성을 간직한 사람에게는 마법의 힘을 허락해 주지만, 인간은 한번 부를 얻게 되면 원래의 순수함을 잃게 마련이며, 그러면 자연은 곧 그 마법을 거두어들인다. 먼 하늘을 날아가는 다른 새들과는 달리 칠면조는 지상의 인간과 가장 가까운 새이므로 하늘과 인간을 중개하는 기능을 맡은 것으로 설정된 듯하다. 그러나 한번 인간의 불성실함에 실망한 칠면조들은 산 너머 먼 곳으로 도망가 버린다.

이 정도의 이야기이면 〈신데렐라〉 계열에 속한다고 할 수 있을까? 그리고 인디언 문명은 유라시아 대륙과 비슷한 문화적 유산을 공유하는 것일까? 이에 대한 대답 역시 더 많은 연구 결과를 기다려야 할 듯하다.

민담의 근원?

우리는 신데렐라 이야기가 유라시아 대륙에 널리 퍼져 있고, 또 아주 오랜 세월을 거치면서 여러 지역권 간에 전파됐다는 점을 설명했다. 여기에서 다시 이런 의문이 든다. 아주 먼 옛날에는 신데렐라 이야기가 어떤 것이었을까? 어떤 '원형' 같은 것이 따로 존재했을까?

19세기 이래 줄곧 지속된 하나의 중요한 가설은 현재의 민담 혹은 옛이야기가 원래는 신화였으며, 또 그 신화는 어떤 의례와 관련이 있다는 것이다. 그 의례의 내용은 태양숭배 혹은 계절 변화와 관련됐으리라고 추정했다. 이 주장의 이면에 있는 전제는, 이 이야기들이 순전히 이야기로서만 존재하는 것이 아니라, 어떤 사건이나 관례처럼 구체적인 실재(實在)가 과거에 있었고 그것이 이야기에 반영됐다는 것이다.

태양숭배와 관련된 신화 및 의례라는 19세기의 주장은 이렇다.

신데렐라는 회색 및 검은색의 존재로서 태양과 멀리 떨어지면 완전히 무시당한다. 태양을 어둡게 가리고 막는 존재는 구름과 밤이다. 신데렐라의 언니들이 바로 이 구름을 상징하고 새어머니가 밤을 상징한다. 그렇다면 신데렐라는 오로라, 즉 새벽의 여신이다. 왕자는 아침 해를 나타내는데, 줄곧 오로라를 쫓아가며 그녀를 신부로 맞이하기를 원한다.

또 이것과 비슷한 것이 계절과 관련된 신화나 의례이다. "봄이 겨울의 구속으로부터 구원받고 태양은 밤의 어둠으로부터 풀려난다. 새벽은 서쪽세계에서 되돌아오며, 구름의 감옥으로부터 물이 해방된다."
　신화가 만들어지던 시기에 살던 사람들은 자연 현상을 이렇게 화려하고 웅장한 형식의 이야기로 만들어 표현했다는 것이 이런 학자들의 주장이다.
　문제는 이런 주장이 옳은지 그른지 직접 증명할 자료가 없다는 것이다. 이런 상황에서 자칫 위험한 이데올로기적 편향을 띨 위험이 있었다. 19세기 말 독일 학자들은 신데렐라와 같은 이야기는 아리안족만이 소유한 신화라고 강변했다. 물론 "아리안족의 피가 한 방울도 섞이지 않은 인종들이 가진 이야기들에서도 일부 유사한 에피소드들이 섞여 있을 수는 있지만 완전한 서술 구조를 갖춘 극적인 이야기는 오직 아리안족 조상만이 가지고 있었다"는 주장을 펼쳤다. 원시 종족들은 문화 종족으로부터 수입해야만 그런 이야기들을 누릴 수 있다는 것이다. 길게 보면 나치즘에까지 이르는 인종주의의 편견이 여기에 배태되어 있음을 감지할 수 있다.
　사회적 다위니즘이 풍미하던 시기에 모든 인간집단은 정해진 단계를 밟으며 진화해 간다고 보았고 민담 역시 그런 시각에서 해석됐다. 당시의 유행은 유럽의 문명·문화의 기원을 인도에서 찾으려는 것이었다. 인도유럽어족의 먼 기원은 인도라고 생각했기 때문이다. 그래서 원(原) 인도유럽어족 언어와 문화를 재구성하려는 시도가 많이 행해졌다. 신데렐라 이야기도 예외가 아니었다. 그림 형제 역시 이런 가정을 깔고 있었다. 민담은 아리안 신화의 변형체라는 생각을 했고, 이를 계승한 후대 연구자들 역시 〈신데렐라〉 같은 이야기들은 아리안족이 인도에 살고 있었을 때의 신화라고 보았다. 원래의 의미는 많이 잃어버렸으나, 불확실한 형태로나마 복구할 수 있다고 보는 것이 이들의 주장이었다. 그러다 보니 근거가 희박한 작위적인 주장을 많이 했다.

그런데 이러한 주장이 이데올로기적 위험성을 내포하고 있는 것은 분명하지만, 그렇다고 해서 그것이 전적으로 틀렸다고 할 수도 없다. 사실 이 주장을 뒷받침하는 무시하지 못할 증거들이 상당히 있다. 여기에서 몇 가지 사례들을 보도록 하자.

첫 번째는 《리그 베다》에 나오는 내용이다. '새벽'은 너무나도 경쾌한 걸음걸이로 도망가서 마치 신도 신지 않은 것으로 그려진다. 태양신인 미트라 왕자는 이 매력적이고 아름다운 소녀 뒤를 좇아가다가 슬리퍼 한 짝을 발견한다. 왕자는 그 신발을 가지고 그녀의 발 크기를 짐작하는데 그 발은 너무나도 작아서 다른 어떤 여자와도 비교할 수 없을 정도이다. 이를 보면 고대 종교의 내용이 신데렐라 민담의 원천이었을 가능성도 전혀 부인할 수는 없다.

두 번째로 민중들의 의례에 신데렐라 이야기를 연상시키는 것이 있다. 이는 생티브(Saintyve)라는 연구자가 소개한 내용이다. 동지 혹은 춘분 같은 시점에서 새 태양이 새 계절 혹은 새해를 뒤좇아가서 결혼한다는 내용의 의례가 유럽의 여러 지역에 존재한다. 여기에서 신데렐라는 겨울이 가고 봄이 오는 것을 재촉하는 존재이다. 이런 봄 축제는 고대에는 널리 행해졌던 제전이었으나, 유럽에 기독교가 들어온 이후 많이 쇠락하여 일부 잔재만 남아 있는 상태이다. 이 의례에서 부르던 노래나 이야기들이 떨어져 나와서 독립된 이야기로 전해진 것이 신데렐라 민담이라는 것이다.

이런 주장에서 대체로 신데렐라는 빛과 태양, 새로운 계절, 특히 봄과 관련이 있다. 그러고 보면 우리가 보았던 많은 신데렐라 이야기들은 모두 신데렐라가 어둡고 칙칙한 외관을 가지고 있으나 그 안에 아주 밝고 화려한 모습을 감추고 있다가 적당한 때가 되면 그것이 바깥으로 드러난다는 특징을 가지고 있다. 예컨대 〈금 옷, 은 옷, 별 옷〉 계열의 이야기를 보더라도, 신데렐라는 겉에는 짐승가죽 같은 것을 걸치지만 속으로는 화려한 옷을 숨겨가지고 있으며, 그 옷은 천체(해와 달과 별) 혹은 온갖 꽃과 나무와 새를 나타낸다.

그러나 이런 사례들을 제시한다고 해도 여전히 불명확한 점이 너무 많다. 우리에게 필요한 것은 명백한 증거이다. 아무리 논리적으로 개연성이 있다 한들 그것이 맞다는 것을 어떻게 알 수 있단 말인가? 과연 신데렐라는 고대의 종교와 신화, 의례 등과 연관이 있는 것일까?

그런데 이와 관련해서 대단히 흥미로운 사례가 하나 수집됐다. 아프가니스탄에서 인류학 현지조사를 하던 밀스(M. Mills)라는 미국의 학자가 그 지방의 종교의례를 연구하던 중에 신데렐라 이야기가 결부된 종교의례를 수집한 것이다.

아셰 비비 무라드(Ash-e Bibi Murad)라 불리는 이 의식은 음식을 준비해서 비비 파티메(무하마드의 딸)에게 바치는 이슬람 여성 의례이다. 이 의례는 참가자들 간에 주고받는 이야기를 중심으로 진행된다. 참가자들은 이야기를 따라가다가 중간에 정해진 시점에 질문에 답하면서 절을 한다.

그 이야기의 개요는 다음과 같다.[24]

한 상인이 자기 딸을 종교학교에 들여보냈다. 딸의 선생은 과부였는데, 이 딸에게 자신은 좋은 사람이고 너의 어머니는 나쁜 사람이라고 했다. 그리고 집 재산이 어느 정도인지 물어보고 집에는 어떤 물건이 많냐고 물었다. 딸은 식초가 많다고 답했다. 선생은 이 딸의 어머니에게 식초를 달라고 부탁을 해서 유인한 다음 식초 단지에 밀어넣어 죽였다. 그 후 아버지는 자기 외양간에 누런 소가 한 마리 있는 것을 발견했다. 곧 아버지와 선생은 결혼했다.

두 사람 사이에 새로 아기가 생긴 후 새어머니는 딸을 박대하여, 마른 빵 한 조각만 주고 풀밭에 나가서 소를 치게 했다. 그리고 소가 풀을 뜯는 동안 솜을 깨끗이 빨아서 옷감을 짜도록 시켰다. 딸은 이 일을 잘하지 못해서 울었다. 그러자 소가 무슨 일이냐고 묻고는 힘든 일을 자기가 대신 해주었다. 새어머니는 사흘 동안 계속 이 일을 시켰다. 사흘째 되던 날, 바람이 불어와서 옷감이 우물에 떨어졌다. 소녀가 그 안으로 들어가려고 하자 소가 이렇게 가르쳐주었다. "그 안에 들어가면 바르장기(barzangi. 마녀)라는 여자를 볼 것이다. 그 여자에게 '살람' 하고 인사를 하고, 또 그녀가 '머리에서 이를 잡아다오' 하고 말하면 '당신 머리는 내 머리보다 훨씬 더 깨끗해요' 하고 답하거라." 소녀는 시킨 대로 했다. 그러자 바르장기는 소녀에게 방에 들어가서 옷감을 가져가라고 말했다. 그 방에 들어가 보니 보석이 가득했다. 그렇지만 소녀는 정직하게 자기 옷감만 가지고 나와서 바르장기에게 인사를 하고는 사다리를 타고 우물 밖으로 나가려고 했다. 사다리 중간쯤 왔을 때 바르장기는 소녀가 보석을 훔쳤는지 보려고 사다리를 흔들어보았다. 그렇지만 보석이 하나도 떨어지지 않았다. 그러자 바르장기는 소녀의 이마에 달을 그렸다. 사다리의 꼭대기에 이르렀을 때 한 번 더 흔들어보더니 이번에는 소녀의 턱에 별을 그렸다. 소는 새어머니가 보지 못하도록 이마와 턱을 가리라고 말했다. 그러나 그날 밤 그녀가 잘 때 이마와 턱을 가린 천이 벗겨져서 새어머니는 모든 것을 알게 됐다.

새어머니는 다음날부터 자기 친딸을 들판으로 내보냈다. 사흘째 되던 날, 바람이 불어와서 옷감이 우물로 떨어졌다. 그녀는 우물로 들어갔다가 바르장기를 만났는데 "살람" 하는 인사를 하지 않고 바로 옷감을 달라고 말했다. 바르장기가 자기 머리가 어떠냐고 묻자 아주 더럽다고 대꾸했다. 방에 들어가서 옷감을 가져가라는 말을 듣고 그곳에 들어가보니 보석이 잔뜩 있었다. 그녀는 보석을 훔쳐 가지고 나왔다. 사다리를 올라가는데 바르장기가 흔들자 보석들이 땅으로 떨어졌다. 바르장기는 그녀의 이마에 당나귀 페니스를 그렸다. 사다리 꼭대기에 올라갔을 때 한 번 더 보석이 떨어졌고 그래서 이번에는 턱에 뱀을 그렸다. 그녀가 집에 오자 어머니는 이마와 턱의 그림을 칼로 벗겨내고 소금을 쳐서 지우려고 했지만 다음날 그 그림이 도로 생겼다.

이 모든 일에 암소가 관련이 있다고 생각한 그녀는 병을 가장해서 남편에게 쇠고기가 먹고 싶다고 했다. 사실 소녀의 어머니였던 암소는 소녀에게 이렇게 말했다. "그들이 나를 죽일 것이다. 그러면 고기를 먹지 말고 내 뼈를 모아서 가방에 넣은 다음 땅에 묻거라." 소녀는 암소가 시킨 대로 했다.

어느 날 이 집 식구들은 이웃 마을의 결혼 축하에 초대를 받았다. 새어머니는 친딸만 데리고 가고, 의붓딸에게는 조와 토구(작은 곡물 씨앗)를 섞은 다음 그것들을 다시 골라내라고 시키고, 또 커다란 웅덩이에 눈물을 가득 채우라고 시켰다. 모녀가 떠난 뒤 소녀가 혼자 남아 울고 있는데, 암탉이 수많은 병아리를 몰고 와서 곡식을 골라내고 웅덩이에는 물과 소금을 집어넣게 했다. 그리고는 말과 좋은 옷을 준비해서 소녀가 이웃 마을에 가게 했다. 그리고 이렇게 말했다. "오는 길에 네 신발 한 짝이 물에 빠질 거다. 그것을 집지 말고 그대로 놔두어라." 소녀는 황금 신발을 신고 잔치에 가서 춤을 추었다. 의붓어머니와 동생이 그것을 보았다. 소녀는 두 사람보다 먼저 집에 도착하기 위해 서둘러서 말을 몰아 집으로 갔다. 그러는 도중에 물에 황금 신발 한 짝을 떨어뜨렸다. 이틀 후 왕자가 물가로 말을 몰고 왔는데 말이 물을 마시려고 하지 않았다. 왕자가 물속을 들여다보다가 황금 신을 찾았다. 그는 왕에게 이 신발 주인공과 결혼하겠다고 했다. 왕궁의 재상은 전국의 사람들에게 신을 신겨보았으나 맞는 사람이 없었다. 그러다가 재상이 소녀의 집에까지 왔다. 의붓어머니는 친딸의 흉측한 그림을 감추기 위해 머리를 잘라내고, 신을 신겼으나 신이 들어가지 않았다. 이때 소녀는 오븐 속에 숨겨두었는데, 닭 한 마리가 큰소리로 울었다.

오븐 안에 달이 있어요.
머리가 그 안에 있어요, 쿠쿠.
유리 같은 발은 어디 있나요?
머리는 이 안에 있어요, 쿠쿠.

모녀는 그 닭을 잡으려고 했지만 그 닭은 그것을 피해 두 번 더 똑같이 울었다. 재상은 이상히 여겨서 오븐 속을 들여다보고 소녀를 찾아냈다. 그녀의 발이 신에 맞는 것을 보고 왕자와 결혼시켰다.

이 사례는 정말로 흥미로운 여러 요소들을 포함하고 있다. 그러나 무엇보다도 이 이야기에 주목하는 이유는 신데렐라 이야기가 종교의 례와 관련이 있을 수 있다는 중요한 방증이기 때문이다. 신데렐라 이야기는 오늘날에는 흥미 위주의 이야기로 가치가 절하됐고, 주로 세속적인 가치를 담고 있으나 과거에는 다른 차원의 것이었다. 고대의 맥락에서 이 이야기는 훨씬 더 심층적인 의미를 지니고 있었을 가능성이 크며, 그 의미는 우리에게 익숙한 것들과 대단히 다른 내용일 수 있다.

그런데 이 사례는 다른 면에서도 대단히 흥미롭다. 이 이야기를 처음 발굴하고 연구한 인류학자는 페미니즘의 입장에서 접근했다. 그점 역시 놓치면 안 될, 대단히 중요한 것이므로 여기에서 간략하게나마 언급하도록 하겠다.

이 이야기를 분석한 연구자는 이 신화와 의례의 특징을 이렇게 정리한다. 우선 이 의식이 여성들만의 의식이며 그 가운데 모녀간의 믿음과 불신, 계모와 딸들의 갈등 같은 것들이 중요한 주제이다. 이 이야기에서 착한 소녀는 여성의 아름다움을 나타내는 달과 별이 새겨진다. 이에 비해 사악한 소녀의 경우 이마에는 당나귀 페니스, 턱에는 뱀이 새겨지는데, 이는 분명 남성성의 상징이다. 여기에서 이 남성 상징은 극단적인 배척의 표시이다. 이는 어머니가 다른 여성들을 착취하려 하고, 공연히 남성성을 얻으려고 반사회적인 경쟁을 벌인 데 대한 징벌인 것이다.

저자는 남근 선망이 남성들 가운데에서는 높은 위치를 차지하는지 몰라도 여성들의 스토리에서는 결코 탐나는 것이 아니라는 주장을 편다. 사실 이마에 당나귀 불×이 새겨지면 그렇게 아름다운 표시일 수는 없다.

그런데 매우 흥미롭게도 이것과 아주 흡사한 이야기를 필리핀의 비사야 지역에서 찾을 수 있다. 그 개요는 다음과 같다.

한 고아 소녀가 숙모와 살고 있었다. 숙모는 조카를 매일 때리고 힘든 일(하얀 빨래는 까맣게 빨고 까만 빨래는 하얗게 빠는 일!)들을 시켰다. 소녀는 한 할머니의 도움으로 이런 일들을 해나갔다. 하루는 숙모가 소녀의 닭을 잡아먹었다. 할머니는 그 닭의 깃털을 잘 간수하라고 시켰다. 그 깃털은 큰 집으로 자라났다. 어느 날 일에 지친 소녀를 할머니가 위로하며 머리를 빗겨주었다. 그리고 이마를 만지자 거기에 별이 그려졌다. 배를 만지자 배에는 달이 그려졌다. 숙모는 다음 일요일에 자기 딸만 데리고 교회로 가고 소녀에게는 산더미처럼 많은 일들을 시켰다. 그러자 할머니는 그 일을 대신 해주겠다고 하고 소녀를 우물 속으로 뛰어들게 시켰다. 그러자 그 안에 있던 물고기가 그녀를 삼켰다가 뱉어냈는데, 그러자 소녀의 옷이 화려하게 됐다. 소녀는 교회에 갔다가 돌아오면서 할머니가 시킨 대로 신발 한 짝을 교회 문 옆에 두고 왔다. 이 신을 가지고 왕자가 그녀를 찾아서 결혼했다. 두 사람은 닭털로 된 집에 살았다. 계모는 이 집을 방문했다가 모든 이야기를 듣고는 자기 친딸에게도 똑같은 일을 해주고 싶었다. 그래서 친딸에게 힘든 일을 많이 시키고 매일 때렸다. 그때마다 이 딸은 어머니에게 욕을 해댔다. 어느 날 흰 빨래는 검게, 검은 빨래는 희게 빨라는 일을 시켰더니 딸은 욕을 해대며 강가로 갔다. 그녀가 잠깐 잠들었다가 눈을 떠보니 빨래가 없어졌다. 이때 할머니가 나타나자 그녀는 할머니가 빨래를 훔쳐갔다고 욕을 했다. 할머니는 빨래를 찾아주고는 소녀의 이마와 배를 만졌다. 그녀의 이마에는 여자 성기가 그려졌고 배에는 남자 성기가 그려졌다. 그것을 본 어머니는 창피해서 딸을 집에만 가두어두었다.

이 집에 딸이 있는 것을 안 사람들이 결혼을 시키기 위해서 남자를 데리고 찾아왔다. 딸은 옆방에 갇혀 있다가 남자가 어떻게 생겼는지 궁금해서 벽 위로 기어올라갔다. 그런데 그곳에서 졸음을 참지 못하고 잠이 들었고 곧 사람들이 있는 방으로 떨어졌다. 그리고는 많은 오줌이 이마에서 나왔다. 사람들은 다 도망갔고 이 딸은 결혼을 하지 못했다.

이 이야기에서도 착한 소녀와 사악한 소녀에 대한 보상과 처벌이 아프가니스탄의 경우와 흡사하다. 이외에도 필리핀 이야기로는 제2부에 수록된 민도로섬의 사례가 있다.[13] 이것들을 서로 비교해 보면 아주 흥미로울 것이다.

이처럼 하나의 사례에 대해서도 여러 방향으로 접근하여 다양한 의미들을 캐낼 수 있다.

의문들

우리는 신데렐라 이야기의 여러 다양한 측면들을 살펴보고자 했다. 가능한 한 많은 자료들을 동원해서 이 이야기의 의미 등에 대해 질문을 던지고 답을 찾아왔다. 그러나 이제 그렇게 하는 데에도 한계에 이른 느낌을 받는다. 그 이유는 더 이상 시대를 거슬러 올라갈 수 있도록 도와주는 자료가 없기 때문이다. 기록으로 남아 있는 가장 오래된 신데렐라 이야기인 중국의 〈섭한〉은 9세기에 씌어진 것이다. 그 이전 시기에 대해서는 직접적인 자료가 없다. 따라서 이제부터는 신데렐라와는 직접 관련이 없으나 간접적으로 내용을 보충해 줄 여러 문헌 자료들을 가지고 우리의 의문들을 풀어갈 수밖에 없다.

지금까지 살펴본 신데렐라 이야기에서 드는 의문점들은 이런 것들이다.

첫째, 〈신데렐라〉 계열 전체를 관통하는 핵심적인 특징은 신발 한 짝의 상실이다. 도대체 이 요소는 왜 그렇게 끈질기게 나타나는 것일까? 왜 신발을 잃어버리는 것이 그토록 결정적인 전환점이 되며, 왜 꼭 한 쪽 신발만 잃어버리는 것일까? 그 의미는 무엇일까?

둘째, 어머니의 죽음과 동물 혹은 식물이 어떤 관련이 있을까? 어머니의 무덤에서 개암나무가 솟아오르고, 어머니를 상징하는 소와 같은 동물들이 도움을 주기도 한다. 죽음과 동식물 간에 어떤 특별한 관련이 있는 것일까?

셋째, 뼈가 많은 재물을 주는 것은 어떤 의미일까? 소뼈, 때로는 물고기뼈가 도움을 준다는 것을 어떻게 이해해야 할까?

이런 요소들이 그토록 오랜 세월 동안 사람들의 마음속에 굳게 자리잡고 있었다면 신화의 세계에서도 유사한 내용을 찾을 수 있지 않겠는가? 또 그런 요소들이 역사적으로도 어떤 흔적을 남기지 않겠는가?

제3장

신화와 역사

오이디푸스와 페르세우스

신데렐라의 신발 문제는 더 큰 시각에서 볼 수 있다.

많은 신화학자, 민속학자들은 신화에 자주 나오는 '발의 변형' 혹은 '신발'과 관련된 요소들에 주목했다. 발을 다치거나 절거나 혹은 신발 한 짝을 잃어버리는 요소들은 전세계에 걸쳐서 아주 빈번하게 발견된다. 예컨대 레비-스트로스는 브라질의 테레노족을 연구하다가 담배의 기원에 관한 그들의 신화에 나오는 주인공이 부인의 마법 때문에 다리를 절게 된다는 이야기를 듣고 불현듯 이와 유사한 이야기들이 중국, 지중해 지역, 유럽 대륙 등지에 모두 존재한다는 것을 깨닫고 여기에 주목했다.

그리스 신화에서 그런 요소를 찾는다면 가장 먼저 머리에 떠오르는 신화의 주인공은 오이디푸스이다(이미 신데렐라의 내재적 의미를 찾는 과정에서 오이디푸스 콤플렉스를 언급한 적이 있다).

오이디푸스의 이야기는 잘 알려져 있다.

테베의 왕 라이오스는 아들을 낳을 수 없다는 신탁에도 불구하고 기어이 아들을 낳았다가 아폴론신의 미움을 받게 된다. 아들에 대한 신탁을 받아보니 이 아이는 장차 아버지를 죽이고 어머니와 결혼할 운명이라는 끔찍한 내용이다. 두려움에 빠진 라이오스는 목동을 불러서 이 아이를 산에다 갖다버려 죽이라고 명령한다. 이때 이 어린 아기의 발목을 꼬챙이로 꿰어서 발등이 부었기 때문에 이 아기의 이름이 오이디푸스(=부은 발등)가 된다. 그러나 오이디푸스를 불쌍히 여긴 이 목동이 아이를 죽이지 않고 이웃 나라 코린토스의 목동에게 건네주고, 또 이 목동은 아이를 왕실로 보내서 오이디푸스는 그곳에서 자란다. 출생의 비밀을 모르던 오이디푸스가 어느 날 신탁을 받아보니 자신이 아버지를 죽이고 어머니와 결혼하리라는 이야기를 듣는다. 이 예언을 피하기 위해 그는 코린토스 왕실을 나와 유랑한다. 그러던 중에 노상에서 어느 무리와 시비가 붙어 싸움을 하게 됐는데, 사실은 자신의 친아버지였던 라이오스를 칼로 찔러 살해한다. 그 후 그의 발길은 우연히도 자신의 출생지인 테베로 향했다. 이때 테베 앞에는 스핑크스라는 괴물이 길을 가로막고 사람들에게 수수께끼를 던지고 있었는데, 그 수수께끼를 맞히지 못하면 나그네를 잡아먹고 수수께끼를 맞히면 스핑크스가 사라지는 것이었다. 그 수수께끼는 "아침에는 네 발, 점심 때는 두 발, 저녁 때는 세 발로 걷는 동물"이 무엇이냐는 것이었다. 답은 물론 인간이다. 그것은 유년, 청년, 노년의 인간을 가리키기 때문이다. 오이디푸스는 이 수수께끼를 풀어서 스핑크스를 격퇴함으로써 괴물 때문에 고통받던 테베를 구출했다. 마침 전왕이 신탁을 받으러 나갔다가 '의문사'를 당해서 왕이 없던 터라 새로운 구세주 오이디푸스가 새 국왕이 됐고 관례대로 전왕의 부인과 결혼했다. 이렇게 해서 아폴론의 신탁은 정확하게 이루어졌다.

그러나 오이디푸스가 왕이 된 후 이 나라에 온갖 재앙이 끊이질 않는다. 그래서 오이디푸스는 아폴론의 신탁을 물어보는데, 그 대답은 이 나라에 선왕을 죽인 부정한 자가 있기 때문에 재앙이 일어난다는 것이었다. 오이디푸스는 만백성을 모아놓고 그 부정한 자를 찾아서 이 문제를 해결하겠다고 약속한다. 그러므로 오이디푸스는 자기 자신을 찾아내는 이야기가 된다. 소포클레스가 이 신화를 가지고 만든 희곡은 이 부분에서부터 결국 오이디푸스가 범인이 자신임을 자각하고 스스로의 눈을 파내 장님이 되어 테베를 떠나는 부분까지를 그리고 있다.

여기에서 무엇보다도 우리의 관심을 끄는 것은 오이디푸스의 발이다. 그의 이름 오이디푸스는 이미 말한 대로 '부은 발등'이고, 그의 할아버지 이름 랍다쿠스는 '절름발이'이다(오이디푸스의 아버지 이름인 라이오스는 명확하지는 않지만 '왼손잡이'일 것으로 추정된다).

이 신화에서 '발'과 관련된 것은 이외에도 여러 가지가 있다. 무엇보다도 스핑크스의 수수께끼가 다름 아닌 발과 관련된 것이다. 죽음의 괴물은 발을 다친 인간에게 발에 대한 수수께끼를 던진다. 그리고 이 점을 다시 상기시키는 것은 극의 중간에 나오는 테이레시아스이다. 그리스의 유명한 눈먼 예언자 테이레시아스가 등장하여 오만한 오이디푸스를 꾸짖는 장면이 있는데, 이를 한번 머릿속에 그려보자. 테이레시아스는 조그만 어린아이의 인도를 받아 지팡이를 짚고 등장하여 오이디푸스 앞에 선다. 무대 위에는 어린아이, 젊은이, 노인의 세 사람이 서 있다. 그렇다면 스핑크스가 물었던 수수께끼의 상황(유년, 청년, 노년 등 인간의 세 모습)이 모두 무대 위에 재현되고 있는 것이다. 사실 스핑크스의 수수께끼는 오이디푸스의 미래의 모습을 예언한 것과 다름없고, 그런 점에서 보면 오이디푸스의 마지막 모습은 테이레시아스처럼 된다. 그 역시 눈을 잃은 다음 지팡이를 짚은 모습으로 테베를 떠나게 된다. 테이레시아스가 그랬듯이 그 역시 육체의 눈을 잃은 대신 그동안 보지 못했던 신의 세계를 보게 될 것이다.

'발'과 관련되어 있으면서 동시에 자기 윗대의 죽음과 관련이 있는 인물은 오이디푸스만이 아니어서 그 외에도 많은 인물들이 그런 유형을 따른다. 또 하나의 사례로서 페르세우스를 들 수 있다.

페르세우스의 외할아버지인 아르고스의 왕 아크리시오스는 아들을 얻지 못해서 서운해 하고 있다가, 어떻게 하면 아들을 얻을 수 있는지 델포이의 신탁을 물었다. 언제나 그렇듯이 신탁은 애매하기 그지없는 답을 주었다. 묻는 질문에는 명확하게 답하지 않은 채, 그의 외손자가 그를 죽일 것이라고 알려준 것이다.

두려움을 느낀 그는 자기 딸 다나에가 아이를 낳지 못하도록 철저히 감시하고자 했다. 그래서 청동 지하감옥을 짓고 시녀 한 명을 붙여서 다나에를 그 안에 가두었다. 그러나 아무리 이렇게 가두어둔들 소용없었으니, 다름 아닌 제우스가 하늘에서 아름다운 다나에의 미모에 홀딱 반한 것이다. 제우스는 황금의 비로 변해서 그녀 곁에 스며들어 사랑을 했고 그녀는 임신했다(황금의 비가 되어 청동 감옥에 갇힌 미녀와 사랑을 나눈다는 이 이미지는 얼마나 고급스러운 색조의 조화를 보이는가! 이것은 혹시 해와 바다 사이의 사랑이 아니었을까).

이렇게 해서 태어난 아이가 페르세우스였다.

다나에는 아버지가 눈치채지 못하게 비밀리에 아이를 키웠으나, 세상에 아이 낳은 사실을 어찌 숨길 수 있겠는가. 옥에 갇힌 불쌍한 딸아이를 보려고 왔다가 튼튼한 아기의 우렁찬 울음소리를 들은 아크리시오스는 기겁을 했다. 딸에게 아이의 애비가 누구냐고 물었더니 딸

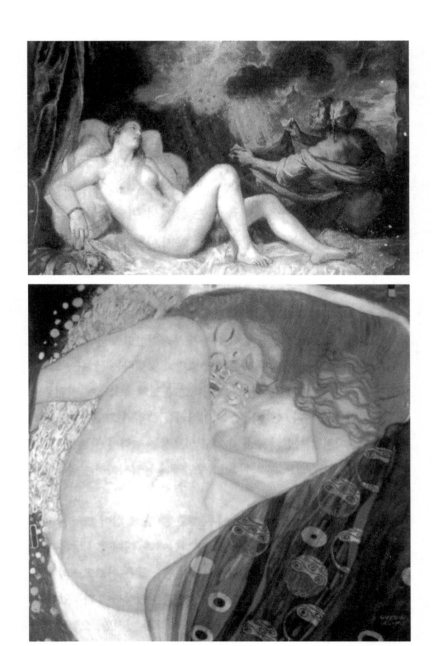

124 제1부 신데렐라의 시간여행

아이 하는 말이 아이 아빠가 제우스신이란다! 아마 처녀로 아이를 낳은 딸이 제멋대로 이야기하는 것으로 생각했을 것이다. 화가 치민 그는—자기 손으로 딸과 손자를 죽일 수는 없는 일이므로—나무 궤짝에 다나에와 페르세우스를 넣고 바다로 떠내려보냈다. 두 사람을 가둔 궤짝을 집어삼킬 듯이 몰아치는 파도 역시 또 다른 청동 감옥이었으리라.

이 불쌍한 모자를 발견한 사람은 딕티스라는 어부였다. 그는 모자를 잘 보살펴주었다. 그렇지만, 그의 형 폴리덱테스(그는 세리포스라는 나라의 왕이었다)가 아름다운 다나에와 사랑에 빠진 것이 문제였다. 그러나 왕이 다나에를 손에 넣고 싶더라도 이제 어른이 된 페르세우스가 어머니를 보호하고 있어서 그것이 쉬운 일이 아니었다. 왕은 페르세우스를 꼬임에 넘어가게 했다. 성대한 연회를 베풀면서 손님들에게 선물을 가져오라고 했는데, 사람들에게 강한 인상을 남기고 싶어하던 페르세우스는 남들처럼 말 한 마리가 아니라 괴물 고르곤의 머리를 가져오겠다고 호언장담했다. 고르곤은 세 자매로 이루어진 괴물인데, 그 중 둘은 불사신이고 유독 그 가운데 메두사만이 죽을 운명으로 태어났다. 이 괴물은 소름끼치도록 흉악한 모습에다가 사람을 얼어붙게 만드는 공포의 울부짖는 소리, 특히 무엇보다도 그들의 눈과 마주치면 사람이 모두 돌이 되어버리는 초강력 파워가 있었다.

이런 괴물을 찾아내서 무사히 머리를 베어오기까지에는 당연히 그를 지켜주는 신들의 도움이 컸다. 그는 제우스의 아들이 아닌가. 예컨

다나에를 소재로 그림을 그린 화가는 여럿 있다. 위쪽은 티치아노의 〈금비를 맞는 다나에〉, 아래쪽은 클림트의 〈다나에〉.

대 헤르메스의 것과 같은 날개 달린 샌들을 얻어서 자유롭게 날아다닐 수 있었다. 그는 흥겹게 연회를 벌이던 폴리덱테스 일행에게 메두사 머리를 보여줘서 그들을 모조리 돌로 만들어버렸다.

영웅이 된 페르세우스는 어머니 다나에, 중간에 그가 목숨을 구해 준 여인 안드로메다, 그리고 자신들을 잘 대해 주었던 딕티스를 데리고 아르고스로 돌아왔다. 외할아버지가 자신을 왜 그토록 죽이려고 했는지 다 이해하기 때문에 그까짓 일은 사내대장부답게 잊기로 마음먹고서……. 그렇지만 외할아버지 아크리시오스 자신은 외손자가 돌아온다는 말에 간이 콩알만해져서 급히 이웃 나라의 운동 경기에 참가한다는 핑계를 대고 도망가버렸다. 그러나 그리스 신화에서 운명의 힘은 결코 벗어날 수 없다. 이웃 나라 사람들이 힘 좋고 잘생긴 이 청년을 초대했으므로 페르세우스는 경기에 참가하여 원반던지기를 했다. 그가 힘차게 던진 원반은 멀리 날아가서 자기 외할아버지를 정확히 맞혔다. 어느 부위를 맞췄을까? 물론 '발'이다. 발에 치명상을 입은 아크리시오스는 그 상처로 인해 죽었다.

외할아버지가 죽었으므로 그 왕위를 이어받았지만, 자신이 할아버지를 죽이고 그 자리를 차지하는 것이 아무래도 느낌이 이상했던지 그는 참으로 희한한 제안을 한다. 죽은 외할아버지는 쌍둥이 동생 프로이토스와 언제나 갈등을 빚고 있었다(그 두 쌍둥이 형제는 어머니 뱃속에서도 서로 싸움질을 벌인 것으로 유명하다). 페르세우스는 작은 할아버지와 합의해서 나라를 서로 바꿔서 통치했다.

그리스 신화에서 아버지나 숙부, 장인 등을 살해 혹은 제거하는 이야기들은 비단 오이디푸스나 페르세우스만 해당되는 예외적인 일이 아니다. 간단히 그 사례들을 보자.

부친 살해 크로노스, 제우스, 오이디푸스, 테세우스.

숙부 살해 이아손, 아이기스투스, 텔레푸스, 페르세우스.

조부 살해 아이기스투스, 페르세우스.

장인 살해 펠롭스, 제우스.

그런데 이 유형의 인물들에게 공통적인 요소가 바로 '걸음걸이'와 관련된 특이 사항들이다. 오이디푸스는 이미 잘 알려진 바이고, 이아손은 자신의 왕위를 빼앗은 숙부를 피해서 멀리 떠나 있다가 귀환하는 중에 강을 건널 때 신발 한 짝을 잃어버려서 한쪽 발에만 신을 신고 있다(monosandalism). 페르세우스는 고르곤과 싸우기 전에 헤르메스로부터 샌들 한쪽을 받는다. 텔레푸스는 그의 삼촌인 알레우스의 아이들을 살해한 다음 아킬레스(아킬레스 자신도 발뒤꿈치에 약점이 있다)에게서 왼발을 다친다. 테세우스는 자신의 아버지가 남긴 물품인 칼과 신발을 찾아낸다. 제우스는 타이폰에게서 손과 발의 근육을 베인다.……

암만 해도 '발'과 '죽음' 사이에는 모종의 연관이 있다.

반쪽이

여러 신화상의 인물들을 살펴보았는데 이들끼리는 분명 여러 특징들을 공유해서 일종의 가족유사성(family resemblance)을 띤다. 그것들을 추려보면 이런 식이다.

이들은 우선 탄생에 대한 소문이 돈다. 그 아이는 그 지역의 왕이나 지배자에게 해를 끼칠 가능성이 있는 것으로 알려지는데 흔히 그들 자신이 바로 그 지배자와 친척관계에 있는 인물이다. 그래서 예언에 등장하는 어머니를 격리시키는 일이 일어난다(그리고 때로는 이 때문에 그 아이의 잉태가 신과 관계가 있는 것으로 알려진다). 지배자는 태어난 아이를 죽이려고 하든지, 황야나 그 밖에 위험한 곳에 방치한다. 이때 동물이나 양치기 같은 존재가 개입하여 아이를 보호하고 키워준다. 아이는 성장한 후 고향으로 돌아가는데 이때 큰 시련과 시험을 겪는다. 그 후 승리를 쟁취했다가 곧 운명이 역전되어서 결국 죽음으로 이어진다. 그리고 흔히 시체가 없어지는 일이 벌어지기도 한다.

그리스 신화의 오이디푸스, 테세우스, 텔레푸스 등이 이런 유형에 속하며, 그 외에도 모세, 로물루스, 그리고 어느 면에서는 예수의 생애도 이와 비슷하다.

우리는 상당히 먼 길을 돌아왔지만 다시 신데렐라와 통하는 지점으로 왔다. 신데렐라의 키워드는 '신발의 상실 – 여행 – 도움을 주는 동물 – 왕자와의 결혼' 같은 것이었다. 이것은 바로 앞에서 언급한 그리스 신화의 '운명적인 주인공'의 행적과 분명히 상통하는 측면이 있다. 그 키워드는 '발 다침 – 황야에 버려짐 – 동물 혹은 양치기 등의 도움 – 귀환과 왕국 획득'이다. 두 세트는 분명 서로 유사하다.

이제 지금까지 말한 내용을 한번 중간 정리해 보도록 하자.

첫째, 저승세계 혹은 저승여행의 요소가 감지된다.

둘째, 신계 · 인간계 · 동물계 간의 관계가 중요한 문제이다.

셋째, 이 사이를 소통하는 중간 존재들이 있다.

바로 이 중간매개자가 '신데렐라형 인물'인 것이다. 그 인물은 발을 다치든지 최소한 신발을 한 짝 잃어버려야 한다. 즉 걸음걸이의 균형이 깨진 존재여야 한다. 그는 이 세상의 평평한 길을 가는 자가 아니라 이승과 저승, 인간과 동물 사이, 신과 인간 사이를 오가는 불균등

한 세계의 길을 가야 하기 때문이다. 그러한 중간 존재의 특징은 '반쪽이'라는 것이다.

이 점을 보여주는 여러 사례들이 있다.

우선 시베리아의 사모예드족 신화에 나오는 네 번 죽었던 사나이 이야기를 보자. 주인공은 네 번이나 신비스러운 적에게 죽음을 당하는데, 그때마다 한 할머니가 그의 생명을 되돌려준다. 이 할머니는 한 다리, 한 손, 한 눈을 가지고 있으며, 해골들과 말없는 괴물들이 사는 지하세계로 가는 길을 알고 있다. 이곳에서 뼈 위에서 잠을 자게 함으로서 생명을 되찾게 해주는 것이다.

아서왕 이야기에도 이런 반쪽이 인물과 저승 관련 요소를 찾을 수 있다. 금과 보석들이 박힌 다리 하나만을 가진, 은으로 된 사나이가 화염에 싸인 성의 문턱에 조용히 앉아 있는데, 이 성안에는 오래 전에 죽은 사람들이 살고 있다고 한다.

우리나라에는 저 세계에서 이 세계로 찾아오는 존재로 도깨비가 있는데, 원래 도깨비는 다리가 하나인 괴물의 모습을 하고 있다. 도깨비라는 말 자체가 원래 '독각(獨脚)', 즉 외다리 존재이다(독각 → 독각이 → 도까비 → 도깨비로 음운변화를 했을 것이다).

인간의 기원에 관한 세람(몰루카)의 신화도 이런 내용을 담고 있다. 돌은 인간이 한 다리와 한 눈만 가지되 대신 영생하기를 바랐다. 이에 비해 바나나나무는 두 다리와 두 눈을 갖되 생멸(生滅)의 존재가 되기를 바랐다. 양자의 논쟁에서 결국 바나나나무가 이겼기 때문에 인간은 오늘날 우리의 모습이 됐고, 그래서 우리는 모두 죽음을 맞지만 죽기 전에 후손을 남기게 되어 있다.

이처럼 이 세상에서 살아가는 인간의 특징은 균형이고, 이승과 저승을 오가는 중간적 존재의 특징은 불균형이라는 이야기는 전세계에 널리 퍼져 있다. 그런데 이처럼 원래 '반쪽이'로 존재하는 수도 있지만, 멀쩡하던 몸이 분해됨으로써 균형이 깨지고 그래서 영혼 여행을 하게 되는 방식도 있다. 샤먼 후보자의 육신이 뼈 조각조각, 관절 마디마디가 분단되는 육신 분해(dismemberment)의 모티프는 시베리아 샤머니즘에서 흔히 발견된다. 야쿠트, 퉁구스, 브뤼야트 등의 종족에게서 보고된 사례에서 몸 조각내기와 뼈 조각내기는 타계(他界) 여행의 권능을 누리기 위한 전제가 된다. 샤먼은 "트랜스나 엑스터시에 함몰되어 있는 사이에 자신의 몸과 살과 뼈가 찢어지고 토막나고 피 흘리고 하다가 마침내 다시금 수합(收合)되어서 재결합하고 재구성되는 전과정을 몸소 환시(幻視)한다." 이는 환상이긴 하지만 아마도 인간이 겪는 가장 극심한 고통일 것이다. 이런 요소는 우리의 신화와 민담에서도 보인다. 그 대표적인 인물이라 할 수 있는 신라의 탈해왕은 사후에 시신의 뼈가 부서졌다가 다시 빚어져서 조상(彫像)이 되어 동악(東岳)의 신이 되었다. 뼈를 부수는 것은 재생의 전제조건이다. 그리고 이때 샤먼-국왕의 뼈는 공동체와의 긴밀한 혈연적 관계에 있다. 그의 뼈의 분단과 재결합이 공동체의 고난과 위기, 최종적인 극복과 깊은 관련을 가지는 것이다. 샤먼 스스로 병을 이기고 재생하는 것이 곧바로 공동체 전체의 재생과 연결되기 때문이다.

세계 각지에서 이처럼 유사한 요소들이 관찰되는 범지구적 보편성은 정말로 주목할 만하다. 마치 지역에 따라서 문화적 재료는 다르지만 그것을 주조하는 틀은 거의 비슷해서 이 틀 속에 다른 재료를 집어넣어 약간씩 다른 이야기들을 만들어내는 것처럼 보일 정도이다.

뼈와 불

지금까지 살펴본 여러 사례들을 가지고 원래의 출발점인 신데렐라 이야기로 되돌아가 보자.

신데렐라는 원래 무당이었다. 그녀는 저승세계로 갔다가 돌아오는 역할을 했던 것이다. 후대의 이야기에서는 신발 한 짝을 잃어버리는 것으로 변형되어 있지만 이는 원래 몸의 불균형, 특히 다리의 불균형을 상징적으로 나타내는 것으로서, 이것이 저승세계를 방문하는 자의 특징이다. 저 세상을 갔다오는 이유는 무엇일까? 가서 무엇을 가지고 오는 것일까?

신데렐라 이야기에 나오는 '선물'을 다시 생각해 보자. 후대에 많이 가필된 전형적인 사례인 페로 판본에서는 뜬금없이 대모 요정이 알아서 모든 것을 다 챙겨주지만, 다른 판본에서는 동물이나 식물, 계모가 죽인 동물의 뼈, 혹은 그것이 묻힌 무덤에서 자라난 마법의 나무가 선물을 주는 것을 이미 살펴보았다. 특히 '죽은 동물의 소생' 요소가 들어 있는 이야기가 〈신데렐라〉의 원형에 가까운 판본이다.

〈신데렐라〉의 이런 요소는 다른 신화나 민담 등에서도 재발견된다.

18세기 중엽에 덴마크의 전도사가 극지방의 라프족을 찾아간 적이 있다. 이때 라프족 샤먼은 이런 설명을 했다. 희생 동물의 뼈를 최대한 조심해서 모아서 도로 맞추어주어야 한다. 그러면 그 희생을 받은 호라갈레스신이 동물의 생명을 되돌려줄 뿐 아니라 이전보다도 더 강하게 부활시켜 준다. 이 호라갈레스신은 켈트-게르만 신화의 토르신에 해당한다.

《에다(Edda. 북유럽의 신화 및 영웅 전설의 가요 모음집)》에서 토르신이 도살당한 많은 수염소들의 뼈를 마법의 망치로 두드려서 부활시키는 대목이 있다. 그런데 그 중 한 마리가 다리를 저는 것이었다. 토르신이 조사해 보니 농부들이 염소뼈를 추릴 때 실수로 그 염소의 허벅지뼈(대퇴골)를 부러뜨렸던 것이다.[25]

여기에서도 이승과 저승 사이의 여행은 다리 절기와 연결되어 있다. 이처럼 저승을 오가는 데에는 뼈 하나의 부족과 같은 현상, 혹은 그와 연관되어 다리를 저는 현상이 자주 나타나곤 한다.

신데렐라 이야기 중에 동물의 뼈 혹은 물고기뼈가 많은 재물을 주는 것도 이와 관련이 있다. 여러 신화에 나오는 것처럼 뼈를 잘 묻어주고 물을 주는 행위는 뼈에 마법의 힘을 가하는 것에 해당한다. 죽은 동물의 뼈를 잘 맞추어준다는 것은 곧 이 세상에서 생명을 다하여 죽은 동물을 저 세상으로 보내서 새로운 생명을 받아 다시 부활하도록 한다는 의미이다. 이곳이 삶의 세계이고 저 세상이 죽음의 세계라고 하지만, 달리 생각하면 이곳의 삶은 유한하고 오히려 영원한 삶은 저 세상에 있다. 예를 들어 우리가 사냥하여 잡아먹은 사슴은 살이 모두 벗겨져서 이곳에서의 삶은 마쳤지만 영원한 삶의 기틀이 되는 뼈만 제대로 갖추어 저 세계로 돌려보내면 다시 삶을 얻어 귀환한다. 먼 옛날 우리 조상들은 지평선 너머에 나타나는 사슴들이 그렇게 생명을 다시 받아 돌아오는 것으로 생각했다. 유한한 생명을 누리는 이 세계는 결핍의 세계이고 영원한 생명이 있는 저 세계야말로 진정한 풍요의 세계이다. 우리가 먹는 사냥고기, 곡물 등은 모두 풍요로운 저 세상에서 우리에게 주는 선물과 같은 것이다. 이렇게 죽음을 맞이한 동물을 저 세상으로 돌려보내 다시 삶을 부여받도록 하는 존재가 신데렐라와 같은 존재이다. 신데렐라는 이런 의미에서 원래 동물의 여왕(mistress of animal)이었던 것이다.

신데렐라형 인물 가운데 지금 말한 저승여행의 요소가 비교적 뚜렷하게 드러나는 이야기로서는 러시아의 〈아름다운 바실리사〉가 있다.

이 이야기는 한 상인의 부인이 죽으면서 시작된다. 부인은 여덟 살인 딸 바실리사에게 인형을 하나 주면서 이 인형이 모든 것을 돌봐줄 것이라는 말을 남긴다.[26]

곧 못된 계모와 그 딸이 이 집에 들어와서 바실리사를 괴롭힌다. 그렇지만 어려울 때마다 바실리사는 인형의 도움을 받아서 잘 지낼 수 있었다.

바실리사가 커서 결혼할 나이가 됐을 때, 마침 아버지가 오래 집을 비운 사이 계모는 바바 야가(슬라브 신화의 마녀)가 사는 숲 근처로 이사를 가서 바실리사를 일부러 위험한 숲속으로 들여보냈다. 어느 가을날, 계모와 세 딸은 실수인 척 촛불을 꺼트린 다음 바실리사에게 바바 야가에게 가서 불을 얻어오라고 시킨다. 그녀는 인형과 함께 깊은 숲속으로 들어간다.

바실리사는 두려움에 벌벌 떨며 걸었습니다. 그런데 갑자기 말을 탄 남자가 바실리사의 옆을 지나쳤습니다. 그 남자의 얼굴은 희었고 그가 입은 옷도 흰색이었으며 말도 흰 말이었고 말의 마구도 역시 하얀색이었습니다. 숲에 새벽이 찾아왔습니다.

바실리사는 더 걸어갔고 이번에는 두 번째 말 탄 남자가 옆을 지나쳐갔습니다. 그는 온통 붉은색이었고 옷도 붉은색, 말도 붉은색이었습니다. 해가 막 솟아오르고 있었던 것입니다.

바실리사는 하루 밤과 하루 낮을 온통 걸었고 다음날 저녁이 되어서야 바바 야가의 오두막이 있는 숲속의 빈터에 도착했습니다. 오두막 주위의 울타리는 사람의 뼈로 되어 있었고 말뚝에는 노려보는 눈을 한 사람의 머리가 꽂혀 있었습니다. 문기둥은 사람의 다리였고 걸쇠는 사람의 손이었고, 날카로운 이가 난 입은 자물쇠 대신 채워져 있었습니다. 바실리사는 공포로 말문이 막혀 그 자리에 못박힌 듯 우뚝 서버렸습니다.

이때 갑자기 또 다른 남자가 지나갔습니다. 그는 온통 검은색이었고 옷도 검은색, 말도 검은색이었습니다. 남자는 바바 야가의 오두막 문으로 달려가더니 마치 땅이 올라와 집어삼키기라도 한 듯이 사라졌습니다. 이제 밤이 된 것입니다. 하지만 어둠은 그리 오래 지속되지 않았습니다. 울타리에 박혀 있던 모든 해골의 눈들이 반짝이기 시작하자 공터는 대낮처럼 환해졌습니다. 바실리사는 두려움으로 덜덜 떨렸지만 어디로 도망가야 할지 모른 채 그 자리에 그대로 서 있었습니다.

곧 무시무시한 소리가 숲 전체에 울려 퍼졌습니다. 나무들이 갈라지고 마른 잎들이 바스락거렸습니다. 숲에서 바바 야가가 절구를 탄 채 절구공이로 휘젓고 빗자루로 흔적을 쓸어버리며 나타났습니다.

바로 이곳이 저승세계이다. 나중에 바바 야가가 설명해 주듯이, 하얀 말을 탄 남자는 낮, 붉은 말을 탄 남자는 태양, 검은 말을 탄 남자는 밤이다.

바실리사는 바바 야가에게 자기가 불을 얻으러 왔다는 사실을 말했다. 바바 야가는 자기가 시킨 일을 하면 불을 주겠다는 약속을 하고, 다음날 바실리사가 해야 할 엄청나게 많은 일들을 설명하고는 잠이 들었다. 바실리사는 인형에게 먹을 것을 주고 이 일을 이야기한다. 그러자 인형은 아무 걱정 말라고 안심시킨다.

다음날 아침 일찍 바바 야가가 일어난 뒤에 창 밖을 보니 하얀 말을 탄 남자가 지나가고 다음에 붉은 말을 탄 남자가 지나갔다. 날이 밝고 해가 뜬 것이다. 바바 야가는 다시 절구공이를 타고 날아가버렸다. 저녁에 바바 야가가 돌아왔을 때에는 주어진 일을 인형이 말끔하게 다 마친 뒤였다. 다음날에는 콩에서 양귀비 씨를 골라내어 한알 한알 흙을 털어내는 일까지 더 부과됐다. 그렇지만 이번에도 바바 야가가 절구를 타고 날아간 뒤에 인형이 모든 일을 다 해주었다.

그날 저녁, 바바 야가는 바실리사에게 어떻게 일들을 잘 해냈는지 물었다. 바실리사가 자신은 돌아가신 어머니의 축복으로 도움을 받는 거라고 말하자 바바 야가는 축복받은 사람 따위는 필요 없다고 소리 지르며, 그녀를 대문 밖으로 밀어냈다. 그리고 울타리에서 타오르는 눈이 달린 해골을 막대기에 끼워주면서 집으로 돌아가도록 했다.

바실리사는 불을 가지고 집으로 돌아왔다. 바실리사를 본 계모와 언니들은 바실리사를 반겼다. 그동안 이 집에서는 불을 밝힐 수 없었다. 아무리 부싯돌을 부딪쳐도 불을 피울 수 없었고 이웃에서 얻어온 불은 집안에 들어서는 순간 꺼져버리는 것이었다.

그런데 해골을 방안으로 들여가자 해골의 두 눈이 계모와 의붓언니들을 노려보더니 그들을 벌겋게 태웠습니다. 그들은 숨으려고 애를 썼지만 그들이 어디로 가든지 해골의 눈이 집요하게 쫓아다녔습니다. 결국 아침 무렵이 되자 그들은 다 타서 한줌의 재가 되고 말았습니다. 오로지 바실리사만이 아무런 화상도 입지 않고 멀쩡했습니다.

그녀는 시내로 가서 자식이 없는 할머니에게 가서 묵었다. 그런데 할일이 없어서 심심해 하던 바실리사는 할머니에게 아마포를 사다 달라고 부탁한다. 이것을 가지고 물레질을 했는데 이번에도 역시 인형의 도움으로 세상에서 가장 질 좋은 아마포를 만들었다. 할머니는 이 옷감을 황제에게 바쳤다. 그런데 이 옷감이 어찌나 섬세하고 훌륭한

지 이 옷감을 가지고 일을 할 침모를 구할 수 없었다. 황제는 할머니를 불러서 이 옷감을 짠 사람에게 셔츠를 지으라고 시켰다. 바실리사는 쉬지 않고 바느질을 해서 열두 벌의 셔츠를 지어 바쳤고, 황제는 이렇게 훌륭한 일을 하는 사람을 직접 보고 싶다고 하여 바실리사를 만났다. 황제는 그녀를 본 순간 사랑에 빠져서 결국 두 사람은 결혼하여 궁정에서 살고 바실리사의 아버지와 그녀를 도와준 할머니도 궁정에서 잘살았다.

〈바실리사〉는 신발 테스트의 요소는 보이지 않지만, 그럼에도 불구하고 전체적인 틀은 〈신데렐라〉의 원형에 가깝다. 가난하고 핍박받는 소녀가 황제와의 결혼을 통해 신분상승을 하는 표면적인 이야기 아래 어린아이에서 성숙한 처녀로 성장해 가는 이야기, 그리고 더 아래에는 주인공이 저승세계에서 불씨를 가져오는 심층의 이야기가 있다. 〈바실리사〉에서 보이는 저승세계의 특징은 이곳이 뼈와 불의 세계라는 점이다.

다시 신화로……

원래 신데렐라 이야기들의 심층적 의미는 신계와 인간계, 동물계 사이의 기본적인 관계 설정과 관련이 있었던 것으로 보인다. 이번에는 다시 신데렐라 이야기의 해석을 가지고 관련 신화를 분석해 보도록 하자. 신과 인간 사이의 관계, 그리고 거기에 뼈와 불이 연관되는 대표적인 이야기가 프로메테우스 신화이다.

언젠가 신과 인간들은 여느 때처럼 한자리에 모여 있었다. 제우스는 음식의 배분을 프로메테우스에게 맡겼다. 그는 황소를 한 마리 끌고 와서 도살한 다음 가죽을 벗겨내고 토막을 냈다. 그리고 뼈에서 살점을 모두 발라내고는 두 개의 꾸러미를 준비했다. 하나는 뼈들을 모두 모은 다음 그 위에는 얇게 저민 흰 지방으로 쌌다. 다른 하나는 살코기들만 모은 다음 그것을 가죽으로 싸고 다시 그것을 소의 위장 속에 넣었다. 마치 겉에는 그럴듯한 상품으로 보이게 하고 속에 들어 있는 실제 내용은 빈약한 선물 꾸러미를 만들어 파는 상인들처럼 두 개의 꾸러미를 만든 것이다. 그리고는 제우스에게 두 가지 가운데 하나를 선택하라고 했다. 제우스는 뭔가 이상한 낌새를 눈치챘지만, 일단은 위에 먹음직스러운 지방이 얹어 있는 꾸러미를 골랐다. 그러나 그 꾸러미를 풀자 그 안에는 뼈만 잔뜩 들어 있었다. 제우스는 프로메테우스에게 속은 것을 알고는 길길이 뛰었다.

이렇게 해서 동물을 놓고 인간과 신이 차지하는 부분이 정해졌다. 사람들은 제단 위에 뼈를 올려놓고 향을 피우면서 신에게 제사를 지낸다. 그리고는 그 짐승의 고기와 간을 불에 구워서 사람들이 먹고 또 내장과 나머지 부위들은 솥에 넣고 삶아서 먹는다. 먹기 좋은 살코기와 내장을 인간에게 나누어주고 먹을 것 없는 뼈를 신에게 돌린 것은 프로메테우스가 제우스신을 보기 좋게 속인 것일까? 과연 신이 속은 것일까? 하긴 제우스가 길길이 뛰면서 화를 내고 그 바람에 프로메테우스가 제우스의 노여움을 사서 극심한 고통이 따르는 벌을 받았다고 기록되어 있으니까 그렇게 생각할 만도 하다.

그러나 그것은 어디까지나 우리 인간의 생각이다. 신의 입장에서 보면 사정은 다르다. 신들이 먹는 음식은 인간이 먹는 곡물이나 고기가 아니다. 그리스 신화에서 그것은 넥타와 암브로시아라고 되어 있다. 신들이 원하는 것은 이 세상에 존재했다가 썩어서 사라지는 것이 아니라, 영원한 생명의 정수와 같은 것이다. 그런 것이라면 살코기보다는 차라리 뼈이다. 뼈는 살에 비해 훨씬 더 오래간다. 따라서 신들은 속은 것이 아니라 속은 척했을 뿐, 사실은 제대로 고른 것이다. 인간은 고기를 받아서 먹지만, 이는 죽음을 면치 못하고 육신이 썩는 존재인 인간에게 더 맞는 부분이다.

제우스가 프로메테우스에게 화낸 것은―우리가 신의 그 깊은 뜻을 한번 헤아려보자면―속아서 그런 것이라기보다 프로메테우스가 감히 신을 속이려고 했다는 사실 그 자체 때문이 아니었을까?

하여튼 그 속임수 때문에 화가 난 제우스는 인간들에게 보복을 했으니, 지금까지 마음대로 사용하도록 허락했던 불과 씨앗을 더 이상 주지 않기로 한 것이다. 우선 불이 없으면 인간들은 음식을 익혀 먹을 수가 없으니, 이건 참 난감한 일이 아닐 수 없다. 이때에도 인간에게 도움을 준 것은 프로메테우스였다. 그는 정말로 무엄하게도 신들의 불씨를 훔쳐다가 인간들에게 주었다. 오직 신들의 전유물이었던 불을 사용함으로써 인간은 신과 비슷한 일들을 할 수 있었다. 예컨대 금속을 녹여서 예리한 무기나 여러 종류의 도구들을 만들게 됐다. 그러다 보면 신들처럼 원하는 대로 날아다니지는 못하더라도 그 비슷한 흉내를 내서 최소한 비행기를 타고 날아갈 수는 있듯이 인간은 다른 짐승들과는 분명 비교하기 힘든 질적 차이를 보이게 됐다.

그러나 신의 불과 인간이 가지게 된 불이 전적으로 같은 것은 아니다. 신의 불은 영원히 꺼지지 않고 활활 타지만 인간의 불은 그대로 놔두면 꺼져버리는 가짜 불이다. 그 불을 꺼뜨리지 않으려면 아주 세심한 주의가 필요하고 끊임없이 나무를 대주어야 하는데다가 자칫하면 모든 것을 태워버리는 위험성도 내포하고 있었다.

이는 인간의 기본 속성과도 통하는 것이다. '인간적인' 것은 대개 그런 면을 가지고 있다. 즉 내적으로 신에 가까운 측면도 가지고 있으나 그것은 신의 그림자 정도에 불과한 것이고, 일순간에 사라지거나 오히려 악마처럼 타락할 수 있다. 생명의 정수, 지극한 아름다움, 신성함 등은 오직 신에게만 속해 있다. 인간은 마치 육체 속에 영혼을 가지고 있듯이 겉과 속이 다른 존재, 속에 아름다움을 지니지만 불완전한 표피로 싸여 있다.

인간의 입장에서 보면 신들의 힘을 전해 준 프로메테우스가 은인이지만, 신들의 입장에서 보면 그는 용서하기 힘든 배신자이다. 그래서 그는 아주 끔찍한 형벌을 받는다. 코카서스산 중턱의 두 기둥 사이에 사슬에 묶인 그에게 매일 독수리(제우스신을 상징하는 새이다)가 날아와서 그의 살을 파먹는다. 특히 독수리는 그의 간을 쪼아 먹는데, 밤이 되면 간이 도로 자라나서 다음날 다시 독수리에게 먹힌다. 인간에게 고기와 간을 나누어준 죄로 그 자신의 고기와 간을 신의 사자에게 되돌려주어야 하는 것이다. 그가 묶여 있는 산 중턱은 하늘과 땅 사이의 중간 장소를 가리킨다. 즉 그가 신계와 인간계의 중간매개자임을 나타낸다. 그는 자신의 희생을 통해 인간에게 신의 선물을 전해 주는 것이다.

그런데 프로메테우스 이야기 중에 흔히 간과하고 언급하지 않는 것들이 있다. 앞에서 이미 밝혔지만, 제우스신이 인간에게 허락하지 않은 것 중에는 불 외에 곡물도 있는 것이다. 그 이전에는 대지에서 언제나 곡물이 저절로 풍부하게 자랐으므로 인간은 양식을 준비하기 위해 애써서 일하지 않아도 됐다. 인간은 신의 세계와 분리되기 전에는 신의 은덕을 풍부하게 입고 살았던 것이다. 그런데 이제 신의 분노 때문에 곡물은 땅속에 그대로 숨어 있게 됐다. 인간들이 살아가기 위해서는 그 씨앗이 땅속에 그대로 있지 않고 자라나도록 노동을 해야 한다.

제우스의 노여움을 사서 형벌을 받고 있는 모습을 그린 모로의 〈프로메테우스〉. 파리 귀스
타브 모로 미술관 소장.

저승세계로부터 받아오는 불씨와 씨앗. 그것을 무엇이라고 표현해야 할까? 그건 다름 아닌 '생명'이다. 이전에는 신이 생명의 정수를 인간에게 무상으로 주었지만, 어떤 이유에서든지 간에 신과 인간의 관계가 끊어지면서 인간들은 오직 신들의 생명의 파편만을 가까스로 얻게 된 것이다. 생명이 피어난 결과물인 곡물은 인간이 힘든 노동을 해서 땅속 세계로부터 이 세상으로 잘 자라나도록 경작해야 하고, 그렇게 얻은 것도 한번 먹고 나면 도로 저 세계로 돌아가므로, 다음해에 다시 같은 일을 반복해야 한다. 이처럼 신계와 인간계 사이에 생겨난 간극을 넘어 둘을 연결하고 '생명'을 얻어오는 존재가 신데렐라와 같은 무당이었다.

또 한 가지 프로메테우스 이야기에서 흥미로운 점은 짐승의 고기와 내장을 다루는 부분이다. 무심코 넘어갔을지 모르지만, 인간에게 돌려진 꾸러미를 설명하는 부분을 다시 보라. "고기와 내장을 가죽 안에 넣고 다시 그것을 소의 위장 안에 넣는다"라고 되어 있다. 사람들이 먹는 음식이나 제사음식을 이런 방식으로 조리하는 것은 그리스에는 없다고 한다. 이는 그리스인들이 볼 때 동쪽의 이민족들이 하는 방식이다. 헤로도토스가 기록한 스키타이인들의 조리법은 "고기를 소의 위에 넣고, 물과 섞은 다음 끓인다"라는 것이다. 이는 더 동쪽의 유목민들의 조리 습관과 유사하다. 예컨대 브뤼야트인들의 조리 방식은 "짐승의 고기를 그 짐승의 원래 가죽 안에 넣고 물로 끓인다"라고 되어 있다. 즉 프로메테우스 신화에 나오는 이 요리법은 '이방인'의 방식이다.

프로메테우스는 그리스 신화체계에서 무시할 수 없는 매우 중요한 역할을 하지만, 신들의 정통 계보에는 들지 못한다. 그는 아마도 유라시아 내륙 쪽의 유력한 신이었다가 그리스 신화 속에 들어온 것으로 신화학자들은 추론한다. 신계 · 동물계 · 인간계 사이를 조정하며 신들에게 속한 생명의 불씨를 인간에게 전해 준 프로메테우스는 유라시아 대륙의 가장 대표적인 샤먼이다.

미궁에 빠지다

지금까지 신데렐라의 원형에 가깝다고 생각되는 신화들을 몇 가지 살펴보았다. 그렇다면 이 신화들은 또 어디에서 유래한 것일까? 이 신화들의 기원은 무엇일까?

우리가 알고 있는 신화들은 모두 역사시대에 기록된 것이지만, 그 신화들이 담고 있는 내용은 아마도 훨씬 이전의 선사시대, 즉 신석기 시대 혹은 구석기 시대 사람들의 종교적 관념일 것이다. 이런 선사시대의 종교적 관념에까지 닿는 계보를 정확히 추론하는 것은 무리인 정도를 넘어 불가능한 일이다. 그렇더라도 여기에서 약간의 근거를 가지고 우리의 상상을 확장하여 앞에서 언급한 신데렐라형 신화가 배태된 선사시대 사람들의 심성을 더듬어보도록 하겠다.

한 가지 흥미로운 사례가 미궁이다.

미궁과 관련된 가장 유명한 이야기는 테세우스 신화이다. 이 이야기는 다양한 판본들이 있지만 일반적인 스토리라인을 정리하면 다음과 같다.

옛날 크레타섬에서 사람들이 왕을 뽑게 됐다. 여러 후보들이 왕이 되겠다고 나섰으므로, 사람들은 가장 큰 이적을 보이는 사람을 왕으로 선출하기로 했다. 이때 미노스라는 인물이 바다의 신 포세

이돈에게 기도를 드려서, 자신에게 이적을 보이는 힘을 주어서 왕이 되도록 해주면 멋진 수소 한 마리를 잡아 제사를 지내겠다고 약속했다. 포세이돈은 과연 그에게 놀라운 힘을 주어서 결국 그가 왕이 됐다. 그러나 왕이 된 후 미노스는 신에게 바치기로 한 수소가 아까워서 다른 소를 잡아서 제사를 지냈다. 분노한 포세이돈은 징벌을 내렸다. 왕비인 파시파에에게 이상한 힘을 불어넣어서 문제의 수소를 사랑하도록 만든 것이다. 수소에 대한 사랑을 이기지 못한 왕비는 이 나라의 재간둥이인 다이달로스에게 해결책을 부탁했다. 그는 나무와 가죽을 이용하여 완벽한 암소의 틀을 만들었다. 왕비는 이 틀 안에 들어가서 수소에게 접근하여 사랑을 나누었다.

이렇게 해서 왕비는 임신하고 아이를 낳았다. 그 아이는 몸은 사람인데 머리는 소 모양을 하고 있는데다가 식성도 이상하여 사람고기를 먹었다. 그를 미노타우로스('미노스의 소'라는 뜻)라고 한다. 미노스왕은 다이달로스를 시켜서 한번 들어가면 도저히 입구를 찾아 나오지 못할 정도로 복잡한 구조의 건물(Labyrinthos, 미궁)을 짓도록 한 다음 그 안에 미노타우로스를 넣었다. 그리고 그 당시 크레타의 속국이었던 아테네에 압력을 가하여 9년마다 선남선녀 7명씩을 보내도록 하고 그렇게 데려온 소년소녀를 미궁 속에 집어넣어서 미노타우로스의 먹이로 삼았다.

어느 해인가 다시 또 소년소녀들을 보내야 됐을 때 아테네의 왕자 테세우스는 스스로 그 희생자의 한 명이 되어 크레타로 갔다. 그는 떠나기 전 희생자들을 데리고 델포이로 가서 흰 양털을 감은 올리브 나뭇가지를 바치며 목숨을 보살펴 달라고 빌었다. 그러자 아폴론과 아프로디테가 길을 안내할 것이라는 신탁이 내려왔다. 그들은 암염소를 제물로 바치고 제사를 지냈다. 그러자 암염소가 갑자

테세우스가 미궁으로 들어가 미노타우로스를 죽이는 장면으로 기원전 6세기의 항아리에 그려진 그림이다. 파리 루브르 박물관 소장.

기 수컷으로 변하는 기적이 일어났다.

크레타에 도착했을 때 이 나라의 공주 아리아드네가 테세우스와 사랑에 빠졌다. 그녀는 미궁에서 입구를 찾아나오는 법, 즉 들어가는 입구에서 실타래를 풀며 들어갔다가 나중에 그 실을 따라 나오는 요령을 가르쳐주고, 또 미노타우로스를 처치할 수 있는 칼을 주었다. 그리하여 테세우스는 괴물을 죽이고 함께 왔던 아테네의 소년소녀들, 그리고 아리아드네를 데리고 급히 배를 저어 도망갔다.

이들이 미노스왕의 추격을 어느 정도 벗어났을 때 어느 섬에 들

다이달로스와 이카로스가 미궁을 빠져나오는 장면으로 이카로스는 태양에 가까이 다가가
날개의 밀랍이 녹아서 추락하고 있다. 17세기에 제작된 돋을새김.

러 밤을 지냈다. 이때 테세우스의 꿈에 아테네 여신이 나타나서, 그가 데리고 온 아리아드네는 아테네의 왕비가 될 운명이 아니므로 그녀를 섬에 남겨두고 서둘러 떠나라고 명령을 내렸다. 그 말대로 테세우스는 자기 동족만을 데리고 노를 저어 그곳을 떠났다. 섬에 남은 아리아드네는 이곳에서 바쿠스신을 모시는 신도와 결혼했다. 한편 서둘러서 도망가던 테세우스는 너무 마음이 급했던 나머지, 아테네를 떠날 때 자기 아버지인 아이게우스왕과 한 약속을 깜빡 잊고 말았다. 만일 그가 죽으면 배에 검은 돛을 달고 오고 살아서 돌아오면 흰 돛을 달고 오기로 했는데 그만 검은 돛을 단 채로 아테네 항구로 들어간 것이다. 언덕 위에서 바다를 바라보던 아이게우스왕은 검은 돛을 보고 아들이 죽은 줄로 알고 절벽에서 바다로 몸을 던져 자살했다. 그리하여 테세우스가 아테네의 왕이 됐다.

한편 크레타에서는 미노스왕이 이런 일들의 배후에 다이달로스가 있다고 여기고 모든 죄를 그에게 뒤집어씌웠다. 그래서 다이달로스와 그의 아들 이카로스를 미궁 속에 가두어버렸다. 다이달로스는 복잡한 길을 찾아 밖으로 나올 수는 없지만 대신 하늘을 날아서 빠져나올 수는 있다고 생각했다. 그래서 밀랍으로 날개를 만들어 달고 날아서 미궁을 탈출했다. 이때 그는 아들에게 만일 태양 가까이 날면 밀랍이 녹아버릴 우려가 있으므로 절대로 태양 가까이 다가가지 말라고 주의를 주었다. 그렇지만 호기심이 발동한 이카로스는 아버지의 주의에도 불구하고 태양 가까이 다가갔다가 밀랍이 녹아 바다로 추락하여 죽고 말았다. 그리하여 다이달로스만이 바다를 넘어 이탈리아 땅으로 갔다.

이 신화에 나오는 미노타우로스의 미궁(迷宮)의 실체는 무엇일까? 과연 크레타섬에는 복잡하기 이를 데 없는 건조물이 실제 있었던 것일까?

고고학자들은 이런 건조물의 흔적을 발굴하기 위해 그동안 지대한 노력을 기울였다. 에번스나 슐리만 같은 '낭만적인 고고학' 시대의 영웅들처럼 신화에 나오는 장소를 실제로 발굴해 이 세상에 멋지게 보여주고 싶은 욕망은 충분히 이해할 만한 일이다. 그런데 아무리 그런 흔적을 찾으려고 해도 크레타섬 어디에서도 그 비슷한 유적을 찾아내지 못했다. "고고학자들이 뒤지지 않은 땅은 이 섬에 1센티미터도 남아 있지 않을 것이다." 이제 학자들은 '한번 들어가면 빠져나오기 힘들 정도로 복잡한 구조를 가진 건물'이라는 의미의 미궁은 존재하지 않았으리라고 결론을 내렸다.

그런데 애초에 생각을 잘못했던 것은 아닐까?

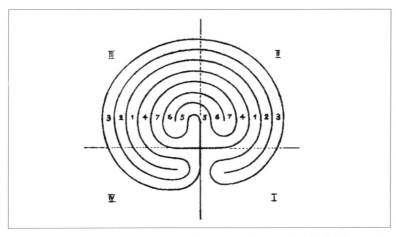

일곱 겹의 주회로를 가진 크레타형 미궁도. 번호는 미궁을 지나는 사람이 거쳐가는 주회로의 순서를 나타낸다.

사실 고대의 여러 기록들을 비교 조사해 보면 미궁의 개념에 무슨 혼동이 있었다는 것을 알 수 있다. 원래의 미궁은 위의 그림에서 보는 것처럼 여러 겹의 주회로(周回路)를 가진 도형으로서 오직 한 길만 나 있고 이를 따라가면 중앙에까지 도달하는 구조였다. 만일 미궁이 이 모양대로라면 길을 잃는 일은 없으므로 아리아드네의 실타래 이야기가 성립되지 않는다. '거대하고 복잡한 건물'이라는 개념은 나중에 형성되어 덧붙여졌을 것이다. 그러므로 여기에서 두 가지 용어 및 개념을 구분해야 한다. 복잡하여 길을 잃게 하는 구조는 '미로(maze)'이고, 위의 그림과 같이 중앙부까지 이어지는 외길이 여러 겹의 주회로를 이루는 구조가 '미궁(labyrinth)'이다.

미궁에도 여러 유형이 있지만 일곱 겹의 주회로를 가진 소위 '크레타형 미궁'이 고전적인 유형이다. 이 미궁을 자세히 살펴보라. 그리고 미궁의 입구에서 중앙부까지 들어갔다가 다시 나오는 경로를 손가락으로 짚어가며 확인해 보라. 매우 특이한 점들을 알게 될 것이다. 미궁의 최고 권위자인 헤르만 케른(Hermann Kern)은 미궁의 특징을 일곱 가지로 정리한 바 있다.

> 1. 통로가 교차하지 않는다.
> 2. 길의 방향에 선택의 여지가 없다.
> 3. 진자와 같은 방향 전환을 한다.
> 4. 미궁 내부 공간 중 어느 한 곳도 빠트리지 않고 통로가 나 있다.
> 5. 미궁을 걷는 자는 몇 번이고 중심 옆을 지나간다.
> 6. 통로는 외길이고 무조건 중심을 향해 나아간다.
> 7. 중심에서 외부로 나갈 때 들어왔던 통로를 다시 지나게 된다.

다시 확인하는 바이지만, 미궁은 그 안에 들어가면 길을 잃고 갈팡질팡하며 헤매는 곳과는 거리가 멀며, 오히려 고도의 계산과 이성을 통해 구성된 특이한 질서가 자리잡고 있는 곳이다. 유럽에서는 이 미궁 개념이 상당히 오래 보존되어서 로마 시대에 바닥이나 벽장식 무늬로 쓰였고 더 후대에 중세 교회에서 기독교 교리를 표현하는 상징으로도 사용됐다. 예를 들어 샤르트르 성당의 바닥에도 미궁이 그려져 있다.

흥미로운 점은 이 크레타형 미궁도가 지중해의 섬들에만 있는 것이 아니라 인도와 아메리카 등지에서도 발견된다는 점이다.

고대 인도에는 '파도마 바유하'라는 전설적인 전투 진형이 알려져 있다. '파도마'는 연꽃을 뜻하지만, 그 모양은 완벽한 크레타형 미궁이다. 이것은 미궁의 마술적 힘으로 적을 무찌른다는 의도이다. 이 진형

샤르트르 성당의 바닥에 그려진 미궁.

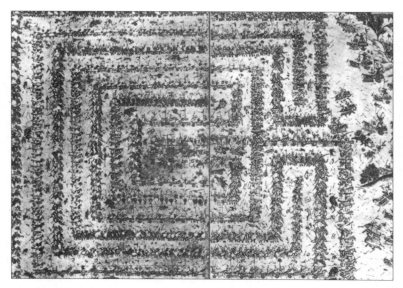

인도의 고대 서사시인 《마하 바라타》의 페르시아어 번역본에 그려진 파도마 바유하 진형 삽화. 고전적인 크레타형 미궁도 모양의 진형이 두 쪽에 걸쳐 그려져 있으며, 중앙에 주인공 아비마뉴가 화살을 맞고 쓰러져 있다.

은 인도의 고대 서사시 《마하 바라타》에 나온다. 이 서사시의 설명으로는 이 진형은 마술사 드로나가 카우라바족의 지휘관에게 가르쳐준 것인데, "그 진형 안에는 신들조차 들어올 수 없다." 이와 싸우는 상대편 판다바족은 이 진형에 뛰어들려고 했으나 번번이 실패했다. 그러자 판다바족의 왕 유디슈티라는 조카인 아비마뉴에게 이 진형을 깨뜨려달라고 부탁한다. 아비마뉴는 이렇게 답한다. "나는 아버지 아르주나에게 이 진형을 뚫고 들어가 적을 무찌를 방책을 배운 적이 있다. 그러나 거기서 탈출하는 방책은 배우지 못했다." 그럼에도 그는 적의 미궁 진형에 돌입해서 많은 적을 죽이고 전쟁에서 승리했지만 자신은 사방에서 날아오는 화살을 맞고 사망했다. 그는 어떻게 하다가 미궁

호피족의 미궁도. 호피족 인디언인 오스왈드 백콤 프레데릭스가 그린 정방형의 이 미궁도는 '어머니-대지'를 나타낸다. 미궁의 중심 수직선 중 안쪽으로 뻗친 선은 태아이고, 바깥쪽으로 뻗은 선은 탯줄이다. 이 그림은 영혼의 재탄생을 상징한다.

에 들어가는 것만 배우고 빠져나오는 법은 배우지 못했을까? 그의 어머니가 임신했을 때 아버지가 그녀에게 설명을 해주었는데, 그녀는 미궁으로 뛰어드는 앞부분은 들었지만 탈출하는 뒷부분은 조는 바람에 듣지 못해서 태아였던 아비마뉴 역시 뒷부분은 깨우치지 못했다는 것이다. 여기에서 미궁은 마술적 힘을 가진 장소임에 틀림없다.

　인도에서는 미궁이 그 외에도 여러 상징적 쓰임새를 가지는데 그 중 하나는 출산을 돕는다는 것이다. 북동인도의 출산 주술은 다음과 같다.

　　노란 물감에 갠지스강의 물을 섞어 청동 접시에 파도마 바유하를 그린다. 그리고 이것을 갠지스 강물로 씻어내고 그 물을 아이를 낳는 부인에게 먹인다. 그러면 이윽고 출산이 시작되면서 진통이 잦아든다.

　이때 파도마 바유하, 즉 미궁 형상은 자궁을 의미한다. 미궁의 주술적 힘에다가 갠지스 강물의 법력을 더해서 진통을 줄이려고 한 것이다.
　미궁 형상은 북아메리카 대륙의 인디언 문화에서도 찾을 수 있다. 특히 호피족에게 전형적인 크레타형 미궁이 전승되고 있고, 나바호족과 푸에블로족에서도 비슷한 도형이 전승된다. 이 형상을 인디언들은 '투츠후키'라고 부르는데, 이는 신화적 영웅 투츠후가 사는 집을 가리킨다.

테세우스 신화만이 아니라 인도와 아메리카 인디언 문화 모두에서 미궁은 삶과 죽음을 넘나드는 영웅과 관련이 있어 보인다. 거기에는 죽음과 재생의 드라마가 엿보인다. 흔히 미궁이 통과의례용으로 쓰이는 것이 이와 관련이 있다. 미궁에 들어가면 계속 방향을 전환하며 나아간다. 이때 좌선회는 태양의 반대 방향, 즉 죽음의 방향이고, 우선회는 태양의 방향, 즉 생명의 방향이다. 이때 지나가는 길은 마치 자신의 과거와 마주하는 것과 같다. 그리고 그 중심에서 괴물과 마주친다. 괴물은 무엇일까? 자기 자신 안의 괴물성을 스스로 마주하여 그를 죽이고 새로운 자아로 거듭 나는 것일까? 혹은 어떤 신적 원리와의 조우일까? 이렇게 성숙의 경험을 한 이후 중심부에서 바깥으로 나올 때에는 정반대로 방향전환을 한다. 이제 과거를 한 걸음씩 되새기며 마침내 다시 이 세상으로 나오는 것이다. 이런 점들을 놓고 보면 미궁은 죽음과 재탄생, 즉 재생의 상징으로 보인다.

미궁의 형성

미궁이 어떻게 형성됐는지는 수수께끼이다. 그 복잡한 모양을 처음에 어떻게 고안해 냈으며, 또 그것이 어떻게 세계의 여러 지역에 공통으로 존재하게 됐는가?

이 수수께끼를 푸는 단서는 암각화에서 찾을 수 있다. '돌의 웅변'을 읽어내는 학자들의 도움을 받아 그 의미를 추적해 보도록 하자.

영국 노섬버랜드의 웨트우드 무어에 있는 성혈도. 기원전 2000∼1500년경 정도로 추정된다.

미궁도의 시작은 위의 사진에서 보는 신석기 시대의 암각화로 판단된다. 가운데를 원형으로 깊이 파고 그 둘레에 동심원들을 새긴 이 암각화를 성혈(性穴. cup-and-ring mark)이라 한다. 이것은 어떤 의미를 가졌던 것일까?

선사시대의 문양을 연구한 아리엘 골란에 의하면 뒤쪽(154쪽)의 그림에서처럼 겹쳐진 여러 개의 동심원들은 하늘을 가리킨다고 한다. 바위에 이런 문양을 가득 새겨놓은 것은 우선 하늘에 대한 숭배라는 원시종교의 흔적으로 보인다. 그렇지만 단순히 하늘 숭배라고 말하고 그칠 일은 아니다. 위의 성혈도의 사진 속 성혈들을 잘 보면 동심원들을 가로지르는 흔적들, 즉 하늘의 중앙을 향해 길이 나 있음을 알게된다. 뒤쪽 암각화들에는 그것이 더 분명하게 나타나 있다. 그러니까이 문양들은 단순히 하늘이 아니라 하늘 끝으로 가는 통로, 혹은 하늘

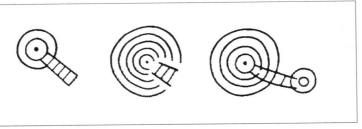

입구가 있는 하늘을 상징적으로 표현한 영국의 암각화들. 기원전 2000년경.

로 가는 입구를 그린 것이다.

하늘 끝에는 무엇이 있을까? 하늘 끝으로 통로가 나 있는 이유는 무엇일까?

선사시대의 문양들은 단순한 해석을 거부한다. 같은 문양이라도 몇백 년 혹은 몇천 년의 세월 동안 다양한 관념들이 섞이고 변화를 거치면서 그 의미가 변화하고 발전해 갔을 터이다. 그러니 '이 무늬는 이런 뜻'이라고 기계적으로 대응시킬 수는 없다. 그런 만큼 신중한 비교연구가 필요하다고 할 것이다.

성혈이 미궁도로 발전하는 과정과 연관된 문양이 몇 가지 있다. 예컨대 혼란스러운 통로 모양의 복잡한 그림이 그것이다. 다음쪽(155쪽)의 신석기 시대의 그림들은 덫을 나타낸다. 이 덫은 그 안에 빠지면 길을 잃고 헤맨다는 의미를 나타낸다. 그 안에 빠진 것은 죽은 영혼이다. 덫에 걸린 짐승이 빠져나가지 못하듯이 죽은 영혼은 이곳에 빠져서 통로를 찾아나가지 못한다.

골란의 말을 직접 인용하자면, "신석기 시대에 출구 없는 저승세계에 대한 관념과 하늘과 덫에 대한 관념 사이에 접촉이 있었다. 이러한 접촉을 토대로 (동심원 모양의) 하늘, (메안드르 모양의) 덫, (상호 침투하

메안드르 모양의 혼란스러운 통로를 그린 암각화들. ① 중부 유럽, 기원전 3000년경. ② 고대 그리스. ③ 소아시아, 기원전 6000년경. ④ 유고슬라비아, 기원전 5000년경. ⑤ 고대 크레타.

는 복잡한 선들로 이루어진) 출구 없는 길 등의 표현들이 혼합됐고, 그 결과 둥근 윤곽과 메안드르 모양의 상호 침투하는 선들로 이루어진 그림이 나타난 것이다. 그리고 동심원에서 나선으로 이행하는 그래픽 기법도 함께 작용했을 것이다. 그러나 그 문자소의 변형에서 결정적인 요인은 하늘의 상징을 구성하는 동심원의 의미 변화일 것이다. 처음에는 그 원들이 구름 모양을 나타내다가, 나중에 구름 기호가 하늘의 상징으로 바뀌면서 원래의 의미는 소멸됐고, 수천 년이 지난 후에는 완전히 잊혀지고 말았다. 하늘을 뜻하던 동심원 그림은 저승세계의 통로를 의미하는 것으로 이해됐다. 그 통로는 출구가 없다고 이해됐기 때문에 모양이 원에서 혼란스러운 모습으로 바뀌게 된 것이다……." [27]

오랜 기간을 거치면서 상징과 의미가 혼합 · 변형되면서 하늘, 덫, 혼란스러운 통로 등이 모두 저승이라는 동일한 의미를 지니게 됐다. 그 저승은 이제 하늘보다는 땅속에 있는 것으로 생각됐다. '하늘'의 표시가 극적으로 바뀌어서 '땅속'을 나타내게 된 것이다. 미궁의 원형에 해당하는 이 문양들은 지신(地神)의 거처를 나타내게 됐고, 농경문화 중심의 신석기 시대에는 이 지신이 숭배 대상이었던 것으로 보인다.

그런데 청동기 시대에 들어와서 다시 한 번 아주 중요한 의미 변화가 일어났다.

> 초기 농경시대의 종교적 관념을 반영하는 신석기 시대의 상징체계에서 지신의 상징이었던 +자와 卍자 기호가 신석기 시대의 미궁 그림에 표현되어 있다면, 이는 미궁이 지신의 처소라는 관념을 반영하는 것이다. 그러나 청동기 시대부터는 그러한 구도가 태양이 지하세계에 있다는 관념을 반영하는 것으로 이해됐다.[28]

숭배 대상이었던 '지신'이 점차 부정적인 '지옥신'으로 변화한 것이다. 그리고 지옥신의 거처가 된 미궁(지하 요새 혹은 감옥)에는 무엇인가가 갇혀 있는 것으로 됐고, 그것을 구출하는 이야기 요소가 더해졌다. 땅속에 갇힌 존재 가운데 가장 중요한 것은 태양일 것이다. 태양이 땅속에 갇혀 있다가 구출되어 다시 세상에 나오도록 하는 것, 이것만큼 중요한 일이 어디 있겠는가? 그래야 밤이 지나 아침이 오고, 겨울이 지나고 봄이 찾아와서 생명이 다시 싹트게 된다. 갇힌 자를 구출하는 요소는 '괴물에게 잡혀 있는 여성을 구출하는 기사' 이야기로 최종 발전해 갈 것이다. 그 과정에서 '괴물'과 사로잡힌 '여성'과 '구출자'라는 세 요소가 정형화되어 간다. 이전에 숭배 대상이었던 지신은 괴물화되고 대신 구출자가 숭배의 대상이 됐다. 구출자는 갇힌 여자를 구해내고 그 후 둘이 결혼하는 것으로 정식화됐다. 이런 극적인 변화는 저절로 일어난 것이 아니고 치열한 이데올로기 투쟁의 결과였을

태양을 운반하는 우주 사슴.

것이다. 유럽에서는 지신을 숭배하는 기존 선주민들과 새로 이주해 들어온 하늘과 태양을 숭배하는 인도유럽어족 사이의 갈등이 그렇게 신화 속에 번역됐을 것으로 생각된다.

옆의 그림처럼 땅속에 사로잡힌 태양을 구원하는 존재는 흔히 사슴이었지만 이것이 차츰 말로 변화해 갔고, 더 나아가서 말을 탄 기사가 됐다. 이즈음이면 '말 탄 기사'가 구해 주는 대상은 '여성'이고 그 여성을 사로잡고 있던 괴물은 '용'이 된다. 신화에 무수히 많이 나오는 여성 구출 영웅담의 모태가 이것이 아니었을까?

전세계에는 지하로 들어가 뱀이나 용에게 사로잡힌 처녀를 구출하는 유형의 이야기들이 아주 많다. 러시아의 민담을 연구한 프로프는 자신이 다룬 모든 러시아 민담은 '악마에게 잡혀간 공주를 되찾아오는 일'이라고 정리했을 정도이다. 이런 이야기들의 시초에는 죽음과 질병, 생명의 부재와 같은 어떤 '부족함'이 뚜렷하고, 주인공이 그것을 바로잡아준다. 그러므로 '잡혀간 것의 원상회복'이 중요한 주제라는 것은 공동체 전체의 결손 상황을 해결하여 건강성을 되찾아주는 것이 핵심 요소라는 뜻이 된다. 구원을 받는 여주인공이 대체로 어둠 속에 숨어 있다가 환하게 되살아나는 존재이며, 따라서 태양을 연상시킨다는 점도 분명 생명의 회복이라는 큰 주제와 관련하여 주목할 만한 점이다. 태양과의 연관은 주인공들의 이름에서 간접적으로 알 수 있다. 예컨대 테세우스 신화에 나오는 아리아드네(Ariadne)도 어원

적으로 '빛'과 관련이 있다. 신석기 시대와 청동기 시대에 걸쳐 일어
난 종교적·신화적 관념의 변화과정에서 우리가 앞에서 살펴본 신데
렐라 유형의 존재의 출현을 명확하게 짚어내는 것은 불가능한 일이
다. 그렇지만 재, 나무등걸, 짐승가죽처럼 어둠 속에 숨어 있다가 자
신의 찬란한 모습을 드러내는 신데렐라의 중요한 속성이 이런 큰 흐
름 속에서 가지를 쳐서 발전했던 것은 아니었을까?

춤과 놀이

선사시대의 종교적 관념에서 시작하여 여러 신화와 전승 등에 이르
기까지 우리가 훑어보고 있는 여러 다양한 요소 가운데 공통적으로
자주 나오는 것이 춤과 놀이이다.

다시 테세우스 신화로 돌아가보면 미노타우로스를 해치우고 아리
아드네를 구출한 테세우스는 제라노스라는 춤(학춤)을 추는 것으로
그려져 있다. 이 춤에 대한 묘사는 이렇게 되어 있다.

크레타로 돌아오는 길에 테세우스는 델로스섬에 들러 신에게 제사
를 드리고 아리아드네로부터 받은 아프로디테의 조각상을 바쳤다. 그
리고 젊은이들과 춤을 추며 기도를 했는데, 이 춤은 그 후 델로스섬의
전통이 됐다. 그들이 추었던 춤은 미궁의 꼬불꼬불한 길을 빠져나오는
동작을 되풀이하는 것인데 델로스섬 사람들은 이 춤을 '학의 춤'이라
고 불렀다. 테세우스는 이 춤을 케라톤이라는 제단 둘레에서 추었다.

미궁의 모험을 상징하는 이 춤은 여러 사람이 손을 잡든지 혹은 밧

줄을 잡고 길게 줄을 이루어 추는 윤무였다. 사람들이 춤추며 만드는 형태가 복잡한 형상을 이루어 이 자체가 미궁을 형상화하고 있는 것이다.[29]

테세우스의 춤과 연관이 있어 보이는 사례는 베르길리우스가 묘사한 로마 시대의 트로이아 유희이다. 아우구스투스 황제 시대에는 이 유희가 7~17세의 귀족 자제들이 참여하여 얼마나 말과 무기를 잘 다루는지 여러 사람 앞에서 시범을 보이는 기회로 이용됐다. 《아에네이스》에 나와 있는 관련 부분을 보면 다음과 같다.[30]

세 부대는 이제 다시 두 부대로 나뉘어
명령이 떨어지자 빙빙 돌며 서로 창을 겨누었다.
다음에 이들은 새로 방향을 바꾸고 또 반대로 방향 전환을 하며
기마부대의 묘기라 할 수 있는 선회운동을 했다.
그들은 등을 돌려 후퇴하는가 하면, 혹은 창을 가지고 돌며 찌르고,
또 평화스럽게 대열을 정돈하여 행진하기도 했다.
그것은 마치 많은 산이 있는 크레타에 세워진
전설적인 라비린토스 같았다.
그곳은 수많은 골목이 있어서 침입자가 어림잡고
가면 계속 함정에 빠지는 미궁이라 그 미궁 속으로 가며
올바른 길을 찾는다는 것은 불가능한 곳이었다.
소년들의 복잡한 회전운동도 이와 같아서
이들이 모의 후퇴, 혹은 모의 대결을 하며 움직여가는데
이것은 마치 돌고래가 물결 사이로 뛰놀며 헤엄쳐서
카르파티아와 리비아해에서 쾌활하게 돌아다니는 것과 같았다.

트랄리아텔라 와인 단지. 기원
전 620년경에 만들어진 것으로
추정된다.

이 시에서 분명히 밝히고 있지만, 이 유
희의 기원은 분명히 미궁과 어떤 관련이
있다. 그 의미는 아마도 통과의례였을 것이
다. 앞에서 설명한 것처럼, 미궁 안에서 움
직이는 것은 삶의 방향과 죽음의 방향
을 따라 교대로 방향전환을 하고 그런
가운데 점차 깊은 심연으로 들어가서
괴물을 처치하며 성숙의 과정을 거친 다
음 다시 부활하여 나오는 의미를 띠기 때
문이다. 물론 로마 시대의 이 기록을 보
면 이 의례가 귀족들의 화려한 잔치라는
인상을 주기에 충분하지만, 이렇게 세속
화되기 이전에는 훨씬 더 심원한 의미가
있지 않았을까 생각된다.

미궁 개념이 이런 의미의 춤 혹은 유희와 관련이 있으리라는 추론
을 뒷받침하는 물적 증거는 없을까?

대단히 중요한 자료 중 하나가 트랄리아텔라의 와인 단지이다. 이

트랄리아텔라 와인 단지의 몸체에 그려진 그림.

단지는 에트루리아 시대(그러니까 로마가 아직 조그만 폴리스에 불과했던 초창기, 주변의 강국인 에트루리아의 압박을 받고 살던 시대이다)인 기원전 620년경에 만들어진 것으로 추정된다. 이 단지 표면에 정말로 흥미로운 그림이 그려져 있어서 연구자들을 흥분케 했다.

이 단지의 몸체의 그림에는 전형적인 미궁도가 그려져 있고 여기에 'Truia(트루이아)'라는 글씨가 새겨져 있다. 미궁에서 왼쪽 방향으로 기마전사 두 명이 나오는 모습이 보인다. 그 옆으로는 지팡이를 짚은 남성, 도보 전사 7명이 차례로 그려져 있고, 다시 그 옆에 남성 한 명, 큰 여성, 작은 여성이 모여 있는데, 이들이 서로 대화를 나눈다. 다만 거기에 씌어진 글들은 아직 명확하게 해석되지 않았다. 한편 미궁도 오른쪽에는 교합하는 두 쌍이 있고, 다시 그 옆에 여성의 모습이 보인다.

이 그림의 내용에 대해서는 여러 해석들이 엇갈리지만 테세우스 신화를 나타낸다는 것이 정설이다. 이는 단지의 목 부분에 그려진 그림을 근거로 한 것인데, 이는 테세우스가 크레타로 가기 전에 델포이에서 제사를 지냈을 때 암염소가 숫염소로 바뀌는 장면과 아리아드네를 만나는 장면으로 해석된다. 그렇다면 단지의 몸체에 그려진 세 남녀는 테세우스와 아리아드네, 유모가 만나서 실타래를 주는 장면이고, 남녀 교합 장면은 두 주인공의 신성 결혼을 나타낸다고 해석할 수 있

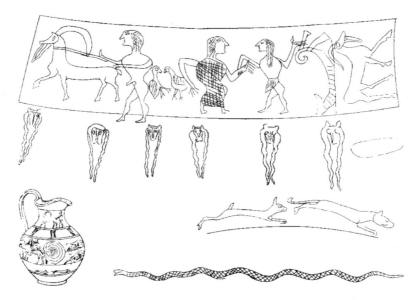

트랄리아텔라 와인 단지의 목 부분에 그려진 그림. 테세우스가 크레타로 가기 전 델포이에서 제사지내는 장면으로 추정된다.

다. 그렇지만 이 그림의 주제가 테세우스 신화라면 여러 의문이 든다. 무엇보다도 미노타우로스 이야기가 전혀 없는 것을 어떻게 설명할 것인가? 아마도 미노타우로스는 나중에 덧붙여진 요소이고, 원래의 미궁 신화 요소만 그려져 있는 것일까?

　무엇보다 주목할 점은 미궁도에 씌어진 '트로이아'라는 단어이다. 이것과 연관지어 생각해 볼 것은 북유럽에 많이 발견되는 치석미궁(置石迷宮)이다. 치석미궁이란 사람 머리만한 돌들을 간격을 두고 놓아서 만든 미궁이다. 주회로는 7, 9, 10, 11, 14, 15 등 여러 종류가 있지만 그 중 일곱 겹의 크레타형 미궁도가 많다. 이 치석미궁이 발견되는 지역에서는 거의 예외 없이 이것을 트로야(Troya) 혹은 그 비슷한 이름

스칸디나비아 지역의 치석미궁.

으로 부른다고 한다. 치석미궁이 특히 많은 스칸디나비아 지역에서는 이것이 흔히 다양한 민간전승, 춤, 의례의 장소로 쓰인다. 대표적인 것이 젊은이들의 구애와 관련이 있는 재미있는 관습이다. 처녀가 이 '성' 제일 한가운데에 가서 서 있으면 구애를 하는 총각이 구불구불한 길을 따라 찾아들어가서 처녀를 안고 다시 바깥으로 나온다. '구출자' 가 '지하'에 갇혀 있는 '여성'을 구출하는 민담을 연상케 하는 이 놀이 는 아마도 통과의례와 풍요의례의 한 형태일 것이다.

그런데 치석미궁의 이름인 '트로야'에 대해 19세기 말의 크라우제 (Krause)라는 연구자는 대단히 흥미로운 설명을 제시했다. 그는 고대 슬라브족의 신 트로얀을 거명하며, 트로얀은 지옥의 악마이고, 따라 서 미궁은 지옥의 악마의 요새라고 본다. 고대 슬라브의 이야기에서 트로얀은 태양의 적으로서 세 개의 머리와 날개를 가졌다고 한다. 이는 곧 트로얀이 삼두사(三頭蛇)임을 말해 준다. 그런데 이는 페르시아의 삼두 드라오가(Draogha) 또는 드루야(Druya)에 상응하는 것이다. 더 나아가서 그는 트로얀이 드래곤(Dragon)과도 같은 성격의 존재라고 주장한다.

이런 점들을 정리해 보면, 미궁은 땅속의 요새, 지옥, 저승세계 등과 관련이 있어 보인다. 그리고 그곳에 들어갔다가 나오는 그 행위는 물론 아주 특별한 의미를 띠게 된다. 죽음의 세계를 찾아갔다가 생명을 안고 나오는 그 일은 신성한 춤이 되지 않을 수 없다.

그 춤은 어떤 춤이었을까?

예컨대 미궁 모험을 재현하는 테세우스의 춤은 왜 '학춤'일까? 상징적으로 죽음의 세계로 들어갔다가 지옥신과 대면하여 그를 죽이고 아리아드네를 구출한 그 행위가 왜 학춤일까? 학의 어떤 모습과 연관된 것일까? 고대의 기록에는 춤을 추는 사람들의 모습과 학이 한 다리로 서 있는 모습이 연관 있다고 한다. 한쪽 다리로 뛰는 독특한 행위는 아리아드네가 결혼한 디오니소스신(술의 신, 초목의 신, 해방의 신, 그리고 부활의 신)과도 깊은 관련이 있다. 그를 추모하는 축제인 아스콜리아스모스에서 참여자들은 모두 한쪽 발로 깡총거리며 뛰는 행위를 하는 것으로 알려져 있다.[31]

죽음의 세계를 오가는 행위는 균형을 상실한 한쪽 발만의 행위라는 것이 여기에서도 다시 짐작된다.

우리는 미궁을 하나의 예로 들어서 신데렐라형 신화를 배태했음직한 선사시대의 기본 관념들을 추적해 보았다. 그런 과정에서 상당히 복잡한 여러 요소들을 제시하게 됐다. 이것들 간에 하나의 일관된 연결고리를 깔끔하게 정리하는 것은 불가능해 보인다. 부족한 근거를 상상력으로 메워서 억지로 설명을 찾아내는 것은 위험한 일이다. 다만 이 시기의 종교적 관념의 형성과 변화를 어렴풋이나마 정리해 보는 중에 이승과 저승 사이를 오가는 중간매개의 존재에 대한 관념이 이런 식으로 만들어지지 않았을까 추리해 보게 된다. 이때 형성된 관념은 앞으로 오랜 기간 동안 사람들의 사고의 기본 패턴으로 작용하게 될 원형적 사고의 기틀이 아닐까? 이처럼 신데렐라의 먼 조상뻘 되는 '무당'과 관련된 내용들은 아주 먼 과거의 종교였을 수도 있고, 적어도 고대의 중요한 문화 요소였으리라고 짐작된다. 그리고 신데렐라 같은 이야기들은 아마도 그런 종교적 내용이 탈각된 후 옛날이야기의 형태로 후대에 전승됐으리라고 생각해 볼 수 있다.

역사 속으로 : 베난단테

우리는 이승과 저승을 오가며 중개하는 중간매개 존재의 기원을 찾아 가능한 멀리까지 시간을 거슬러 올라가는 여행을 했다. 이제 방향을 바꾸어 이런 문화 요소가 근대사에서 어떻게 나타나는지를 보도록 하자. 그토록 오랜 기간 동안 중요한 의미를 가졌던 문화 요소라면 단지 이야기로서만 남아 있기보다 더 구체적으로 인간의 실제 삶에 더 밀착된 형태로는 존재하지 않았을까?

근대 초 민간신앙을 연구한 역사가는 놀랍게도 이런 신데렐라형 무당이 유럽에서 근대 초까지 살아 있었음을 명백하게 밝혔다. 그것도 먼 과거의 아스라한 흔적 정도가 아니라 적어도 그 당시에는 생생하게 '살아 있는' 신앙의 형태로 존재했다. 긴즈부르그의 베난단테(복수형은 베난단티) 연구가 대표적이다.

16세기 이탈리아 프리울리 지방의 종교재판 기록에는 아주 특이한 형태의 '마술사'들에 관련된 사건들이 많이 나온다. 예컨대 1575년에 마술사 혐의로 종교재판에 회부되어 조사를 받은 파올로 가스파루토라는 사람의 경우를 보면 이렇다.

어느 마을의 방앗간지기의 아들이 시름시름 앓으며 죽어갔다. 그 방앗간지기는 이웃 마을에 사는 파올로 가스파루토라는 사람이 병을 고치는 능력이 있다는 이야기를 듣고 그를 불렀다. 가스파루토는 마귀 들린 사람을 치료하고 밤이면 마녀, 마귀와 돌아다닌다는 풍문이 돌고 있었다. 병든 아이를 본 가스파루토는 곧바로 이렇게 선언했다.

"이 아이에게는 마녀가 들렸소. 하지만 마녀에게 들렸을 때 '부랑자(베난단테를 의미)'들이 마녀의 손에서 아이를 빼앗아왔지요. 그렇지 않았더라면 이 아이는 죽었을 거요." 그리고는 아이를 살릴 수 있는 부적을 주었다.

우연한 기회에 이 마을 사제의 귀에 이 이야기가 들어갔다. 그는 가스파루토를 만나 과연 그것이 사실이냐고 캐물었다. 그러자 가스파루토는 이렇게 대답했다.

"사계재일(교회력에서 정한 사흘씩의 단식 기간으로서 철마다 한 번씩 모두 1년에 네 번 있다) 목요일마다 '부랑자'들은 코르몬스, 이아시코의 성당 앞마당 같은 곳은 물론 베로나 교외까지 마녀들과 함께 가야 했습니다. 거기에서 그들은 싸우고, 놀고, 날뛰고, 여러 짐승에 올라타고, 자기들끼리 온갖 일들을 벌였지요. 여자들은 수숫대로 같이 있는 남자들을 때렸지만, 남자들은 회향 다발밖에 없었습니다.……마녀, 마법사, 부랑자들이 뜨겁게 달아오를 만큼 지쳐 이 놀이를 끝내고 돌아오면서 집 앞을 지날 때 통 속에 차고 맑은 물이 있으면 마시지만, 만일 그렇지 않으면 지하실로 가서 그곳에 보관되어 있는 포도주를 모조리 뒤집어놓든지 오줌을 누어서 망쳐놓습니다."

도대체 이게 무슨 말일까? 아이의 병을 낫게 하는 능력을 가진 마술사로 알려진 이 사람은 1년에 몇 번씩 밤에 들판으로 나가서 마녀들과 싸움을 벌인다는 것이다. 사제가 그의 말을 믿지 않으려 하자, 다음번 모임에 데려가겠다고까지 제안하는 것이었다.

낌새가 이상하다고 느낀 사제는 이단 심문관과 주교 대리에게 이 사실을 보고했다. 그리하여 가스파루토는 이단 재판소로 끌려와서 심문을 받게 됐고 그 결과 그에 관한 기록이 제법 자세하게 남았다. 우선 그 재판기록의 일부를 직접 보도록 하자. [32]

질문 : 누가 당신을 이 베난단테 부대로 인도했습니까? 그가 대답했다.

신의 천사입니다.

질문 : 언제 이 천사가 당신 앞에 나타났습니까? 그가 대답했다.

밤중에 내 집에서 아마도 네 시쯤 첫잠이 들었을 때였습니다.

질문 : 어떻게 나타났습니까? 그가 대답했다.

제단에 있는 것처럼 금으로 된 천사가 제 앞에 나타나 저를 불렀고, 제 영혼이 나갔습니다.

질문을 받자 그가 말했다.

그는 제 이름을 부르면서 이렇게 말했습니다. "파올로, 나는 너를 베난단테로 파견하니, 수확물을 위해 싸워야 할 것이다."

질문을 받자 그가 말했다.

저는 대답했습니다. "가겠습니다. 저는 순종합니다."

질문 : 천사는 당신한테 무얼 약속했소? 여자, 음식, 춤, 그리고 또 뭐가 있지요? 그가 말했다.

천사는 제게 아무것도 약속하지 않았습니다. 그렇지만 다른 자들은 춤추고 날뛰었습니다. 우리가 그들과 싸웠기 때문에 저는 그것을 봤습니다.

질문 : 천사가 당신을 소환했을 때 당신의 영혼은 어디로 갔습니까? 그가 대답했다.

영혼은 육체 안에서 말을 하지 못하기 때문에 나왔습니다.

질문 : 영혼이 천사와 말을 하려면 나와야 한다고 말을 한 사람은 누구입니까? 그가 대답했다.

천사가 직접 제게 말했습니다.

질문 : 이 천사를 몇 번이나 봤습니까? 그가 대답했다.

갈 때마다 봤습니다. 언제나 저와 함께 갔으니까요.

이런 황당한 주장을 어떻게 받아들여야 할까?

가스파루토처럼 종교재판소에 끌려온 사람들의 주장에 따르면 자신들은 베난단테라고 불리는데 이는 말하자면 선량한 마법사이다. 1년 중 정해진 날 밤에 대장이 나타나 모든 베난단테들을 소집하면 이들은 다 함께 벌판에 나가서 싸워야 한다. 대장이 어떻게 생겼느냐는 질문에 어떤 사람은 금빛 천사의 모습을 하고 있다고도 하고 어떤 사람은 수염 난 독일인의 모습을 하고 있다고도 한다. 베난단테들이 밤의 전투 모임에 나간다는 것은 영혼이 몸 밖으로 빠져나와 그곳으로 간다는 것을 뜻한다. 이때 몸은 마비 상태에 빠져서 도로 영혼이 들어올 때까지 움직이지 않는다. 혹시 이때 누군가가 몸을 뒤집어놓으면 불쌍한 영혼은 몸속으로 들어가지 못하므로 원래 자기 몸이 죽는 날까지 떠돌아다니게 되며 그러면 이는 악한 마법사 편으로 돌아선다. 몸 밖으로 나온 영혼은 닭, 고양이, 산토끼 같은 동물을 타고서, 혹은 아예 그들의 영혼이 그런 동물의 모습이 되어 정해진 벌판으로 간다. 그곳에서 베난단테들은 마녀들과 한판 싸움을 벌인다. 이때 선량한 마법사들(베난단테)들은 회향풀을 들고 싸우고 악한 마법사(말란단테. malandante)들은 수숫가지를 들고 싸운다.

영혼이 동물의 모습이 되어서 돌아다닌다는 것은 아주 널리 퍼져 있는 요소이다. 우리나라의 옛이야기에 이를 연상시키는 부분이 있어서 비교해 봄직하다.[33]

옛날 안동에 한 부부가 살았는데 불행히도 남편은 도둑이었다. 아내는 남편의 마음을 돌려보려고 무진 애를 썼지만 쉽지 않았다. 어느 날 아내는 남편에게 술을 많이 먹여서 도둑질을 하러 나가지 못하게 했다. 그러고도 불안해서 남편 머리맡에 쪼그리고 앉아서 지키고 있었다. 그런데 밤이 깊어지자 남편 콧구멍에서 각기 흰 쥐 두 마리와 검은 쥐 한 마리가 나와서는 어디론가 사라졌다. 아내는 잠을 자지 못하고 계속 지키고 있노라니 흰 쥐 두 마리가 돌아와서 남편 코로 다시 들어갔다. 아내는 "옳거니. 저게 남편 혼이로구나. 한데 흰 쥐는 상서롭지만 아무래도 검은 쥐가 수상해. 필시 저 검은 쥐 탓에 남편이 도둑질을 하는 것 같애." 이렇게 생각하고는 뒤이어 나타난 검은 쥐를 후려쳐서 잡았다. 그 이후 남편은 도둑질을 나가지 않게 되었다.

사람의 넋이 동물의 모습으로 변하여 몸 밖으로 나다니는 이야기는 사실 그 외에도 여러 지역에서 찾을 수 있다.

다시 이탈리아의 베난단테 이야기로 돌아가자.

여기에서 아주 중요한 대목은 베난단테들이 싸우는 이유가 수확물을 지키기 위해서라는 것이다. 이는 여러 기록에 공통적으로 나오는 핵심적인 내용이다. 이 싸움의 승패에 따라 그해의 농사가 결정된다. 베난단테들이 이기면 풍년이 들고 지면 흉년이 든다. 다시 말해서 이

'밤의 전투'는 다름 아닌 풍요제이며, 베난단테들은 앞에서 언급한 이 승과 저승의 매개자로서 생명의 씨앗을 가져오고 지켜내는 무당인 셈 이다.

베난단테의 모임이 농경과 관련 있다는 것은 그 외에도 여러 사실 로 확인할 수 있다. 우선 이들의 영혼이 빠져나간다는 사계재일이 원 래 고대에 농업상의 계절 변화, 즉 파종, 추수, 포도수확 등과 관련된 날이라는 점을 주목할 필요가 있다. 이렇게 계절이 바뀌는 때는 중요 하고도 위험한 시기로서, 이때에 무당들이 땅의 풍요를 위협하는 세 력으로부터 대지의 산물을 지키기 위해 싸우는 것이다. 수숫대와 회 향풀의 싸움은 불명확하지만 아마도 겨울과 여름의 상징물이 아닐까 추정된다.

그렇다면 누가 베난단테가 되는가?

이에 대한 가장 분명한 기준은, 그들이 양막(羊膜)을 두르고 태어난 사람들이라는 것이다. 당시 양막이나 태반에는 여러 종류의 미신이 결부되어 있었다. 군인들이 총알에 맞지 않게 하거나 변호사들이 재 판에 이기게 해준다고 믿기도 했다! 그러므로 아이가 양막을 두르고 태어나면 어머니는 아이의 미래를 예상했고 또 아이에게 장차 베난단 테가 되리라는 암시를 해주었음에 틀림없다. 그리하여 어떤 사람은 자기의 양막을 잘 보관하고 심지어 교회에 가지고 나가 신부의 축성 을 여러 차례 받아두기도 하는 것이다.

그런데 이 사람들 자신은 과연 이런 내용을 있는 그대로 믿었던 것 일까?

재판 기록에 나타난 이 농민-무당들의 언사를 보면 이들은 자신들 의 영혼이 여행을 하고 왔다는 사실에 대해 추호도 의심을 품지 않았 다. 흥미로운 점은 심지어 재판 결과도 그들이 밤의 전투에 나갔다고

'믿은' 데 대해 처벌한 것이 아니라 그들이 밤의 전투에 '참여한' 데 대해 처벌했다는 점이다. 그런 걸로 보면 재판관 역시 이들의 주장을 받아들이고 믿고 있었다. 다만 그것이 베난단테 자신의 주장대로 선한 마법이 아니라 악마의 마법이라고 보았다는 것이 다를 뿐이다.

한편, 프리울리에서 발견되는 민중신앙은 농업적 성격만 있는 것은 아니었다. 가스파루토가 병든 아이를 치료할 부적을 만들어준 사실에서도 이미 이 점을 짐작할 수 있다. 재판 기록상에 보이는 다른 혐의자들의 증언을 보면 이들은 죽은 자들과 소통하는 능력도 가지고 있었다. 안나라는 여인이 재판에서 이야기한 바에 따르면, 죽은 영혼들은 정해진 때에 자기 집으로 돌아와서 이전에 자신이 쓰던 침대에 누워 쉰다고 한다. 보통 사람들의 눈에는 이렇게 저승에서 돌아오는 영혼들이 보이지 않지만 자신에게는 이들이 보이며, 더 나아가서 그들에게서 많은 비밀들을 듣는다는 것이다. 어떤 사람들의 눈에 죽은 영혼들이 보이는가? 대답은 '양막을 두르고 태어난 사람'이다. 다시 말해서 베난단테들이 그런 능력을 가지고 있는 것이다.

죽은 자들을 보는 정도가 아니라 때로는 베난단테의 영혼이 자기 몸에서 빠져나와서 죽은 자들의 행렬에 가담하기도 한다. 죽은 자들 여럿이 행진해서 마을로 들어오는 때는 11월 2일 밤이다. 그들은 아주 긴 줄을 이루어서 손에 촛불을 들고 마을을 가로질러 들어와서 자기 집으로 들어간다. 산 사람들은 이들을 맞이하기 위해 맑은 물(죽은 자들은 늘 목마르다!)과 음식을 준비해야 하고 그들이 생전에 쓰던 침대를 깨끗이 정리해 놓아야 한다. 베난단테는 죽은 영혼과 교류하면서 때로 사람들의 병을 고쳐주기도 하고, 죽은 자들의 억울한 사연을 풀어주기도 하며, 때로는 이승에 남아 있는 가족들에게 죽은 조상의 소식을 들려주기도 한다.

농업적인 무당과 죽은 자를 만나는 무당은 같은 기원에서 나왔을 것으로 짐작된다. 둘 다 '생명'과 관련이 있기 때문이다. 이 유한한 세계 너머에 영원한 생명의 세계가 있다. 죽은 영혼들은 모두 그곳으로 돌아간다. 죽은 자들을 만나는 것은 그곳과 소통할 수 있는 매개자만이 할 수 있는 일이다. 농사도 마찬가지이다. 곡물을 기르는 것도 그곳에서 생명을 받아와서 이곳에 싹 틔우는 일이기 때문이다.

리보니아의 늑대인간

만일 베난단테의 사례가 오직 프리울리 지방에서만 발견된다면 이는 이탈리아의 외진 산골 지방에만 한정된 예외적인 사건이라고 할 수 있을지 모른다. 그런데 긴즈부르그는 시공간적으로 완전히 동떨어진 데에서 거의 똑같은 성격의 사례를 발견하여 우리에게 제시한다. 1692년 리보니아의 위르겐스부르크에서 있었던 늑대인간에 대한 재판이 그것이다.

티스라는 한 80대 노인이 이상한 혐의를 받고 재판관 앞에 끌려왔다. 그 앞에서 이 노인은 자신이 늑대인간이라고 자백했다. 그의 자백 내용은 이러하다.

그는 고인이 된 스카이스탄이라는 농부와 예전에 싸우다가 코가 깨지게 맞은 적이 있다. 그런데 이 스카이스탄은 마법사로서 곡식 종자를 훔쳐서 지옥으로 감으로써 농사를 망치는 자이다. 그래서 자신과 다른 늑대인간들이 바다 끝에 있는 지옥으로 찾아가서 스카이스탄과 싸워서 곡물 종자를 찾아와야 했다. 그들 선한 늑대인간들은 쇠채찍을 가지고 싸우고 악마 편의 마술사들은 말총으로 감싼 빗자루를 가지고 싸운다. 바로 이때 스카이스탄이 자신의 코를 때렸다는 것이다. 지옥으로 가서 싸우는 일은 1년에 세 번, 즉 크리스마스 이전 성 루치아 축일, 성령강림 축일, 성 요한 축일에 일어난다. 그렇게 함으로써 악마 측이 훔쳐간 가축과 곡식, 과일을 도로 찾아오게 된다. 지난해에는 이 일을 너무 늦게 한 나머지 지옥의 문이 닫히는 바람에 종자를 되찾아오지 못해서 흉년이 들었다. 그러나 걱정 마시라, 올해에는 늑대인간들의 노력 덕분에 물고기도 많이 잡히고 보리와 호밀 농사도 풍년이 들 것이다!

재판관들은 이런 '자백'을 듣고 꽤나 놀란 모양이다. 그래서 늑대인간의 정체에 대해 이것저것 질문을 던졌다. 할아버지가 대답하기를, 늑대인간이 죽으면 육신은 땅에 묻히지만 영혼은 천국으로 가며, 사악한 마법사의 영혼은 물론 악마가 거두어간다. 혹시 늑대인간도 악마를 따르는 것이 아니냐는 질문에 이 할아버지는 단호히 대답한다. 늑대인간은 결코 악마의 하수인이 아니며, '신의 사냥개'로서 악마를 세상 끝까지 추격하여 싸우는 존재이다. 그들은 세상의 곡물과 과일을 지킴으로써 인류를 위해 봉사하는 자들이라는 것이다. 물론 리보니아에는 리보니아의 늑대인간들이 있고 독일에는 독일의 늑대인간, 러시아에는 러시아의 늑대인간들이 존재하며, 이들이 각각 자기 나라에서 농사를 지키고 있다.

재판관들은 혹시 이 할아버지가 악마와 계약을 맺은 것이 아닌가 의심하고 그쪽으로 집요하게 질문을 던졌다. 그러나 이 할아버지는 끝까지 자신은 신의 사냥개이며 악마의 적으로서 풍년을 지켜내는 일을 한다고 고집을 피웠다. 피고에 대한 최종 판결로서 미신을 믿고 우상을 숭배한다는 이유로 채찍질 10대의 처벌이 내려졌다.

이것은 북유럽의 어느 외딴 지역에 사는 정신이 약간 이상한 할아버지가 노망을 부린 이야기였을까? 그렇게 생각하고 말면 편하겠지만, 문제는 이 늑대인간 할아버지가 말하는 내용이 한 세기 전 프리울리의 베난단테와 너무나도 똑같다는 것이다. 약간의 디테일들에서 차이가 나기는 해도 이야기의 큰 틀과 많은 내용이 놀라울 정도로 같다. 따라서 이것은 티스 할아버지 개인의 창작이 아니라 공통적인 문화 내용의 일부분이라고 보아야 한다.

이제 이 두 가지 사례를 두고 어떤 결론을 내릴 수 있을까?

물론 파편과도 같은 몇 가지 사례들만으로 모든 것을 단정할 수는 없을 것이다. 그렇다 하더라도 시공간적으로 이렇게 멀리 떨어진 두 곳에서 같은 내용의 증언이 발견된 것으로 보건대, 이런 농업적인 성격의 민중신앙이 유럽의 광범위한 지역에 걸쳐 퍼져 있었던 것으로 해석할 수 있다. 표면적으로 유럽은 기독교가 완전히 지배·장악한 것으로 보이지만 그 내면적으로는 이런 고대적인 이교 신앙이 오랫동안 살아남아 있었던 것이다.

탄압

베난단테에 대해 기독교 교회 측은 우선 이들이 악마에 홀린 마녀 혹은 마술사라는 의심을 품었다. 베난단테들이 밤에 모여서 춤추고 놀며 싸운다는 점을 두고 전통적으로 전해오는 소위 사바트, 즉 악마연회를 바로 연상하는 것은 어쩌면 당연한 일이다. 이미 15세기부터 기독교 교회는 악마연회 개념을 준비해 왔다. 그 정형화된 서술은, 밤에 마녀들이 마술 지팡이를 타든가 혹은 그 외의 다른 마술적인 방식으로 벌판에 모여들어 악마의 주재 아래 방탕한 연회를 한다는 것이다. 이때 십자가를 모독하고, 악마의 엉덩이에 키스를 함으로써 악마에게 충성서약을 하며, 동시에 살인과 같은 범죄 행위가 일어나고, 대개는 난교 파티와 같은 음탕한 성격을 띤다고 교회는 주장한다. 이런 혐의를 씌워서 수많은 무고한 사람들을 잔인하게 처형했음은 잘 알려진 사실이다.

프리울리 지방의 교회 역시 베난단테들에 대한 재판에서 바로 이런 의심을 했다. 앞에서 인용한 재판기록을 보면 재판관이 "천사는 당신한테 무얼 약속했소? 여자, 음식, 춤, 그리고 또 뭐가 있지요?" 하는 질문을 하고 있다. 재판관은 이미 베난단테의 모임에서 여자가 나오고 음탕한 일이 이루어졌으리라고 지레 짐작하고 있는 것이다. 또 베난단테들이 말하는 그 "금빛 천사"가 도대체 어떤 존재인지 캐묻지 않을 수 없었다. 재판관들의 질문과 그에 대한 대답은 이런 식으로 계속 된다.

질문 : 천사가 당신 앞에 나타나거나 떠날 때 당신에게 두려움을 줍니까? 그가 대답했다.

그는 결코 우리를 두렵게 하지 않습니다. 다만 우리가 헤어질 때 축도를 해줄 뿐입니다.

질문 : 이 천사는 찬미받기를 요구합니까? 그가 대답했다.

네, 우리는 교회에서 우리 주 예수를 찬미하듯 그를 찬미합니다. 하지만 많은 천사가 아니라 우리 부대를 이끄는 단 한 천사만을 찬미합니다.

질문 : 이 천사가 당신 앞에 나타날 때 앉아 있었습니까? 그가 대답했다.

우리는 모두 함께 나타났고, 그는 깃발 옆에 손수 서 있었습니다.

질문 : 이 천사는 아름다운 왕좌에 앉아 있는 다른 천사에게 당신을 데려갔습니까? 그가 대답했다.

하지만 그는 우리의 부대가 아닙니다. 우리가 그 그릇된 적과 연관되다니!

그리고 그는 덧붙였다. 아름다운 왕좌를 가진 자는 마녀들입니다.

질문 : 그 아름다운 왕좌 옆에서 마녀를 본 적이 있습니까? 그는 손을 내저으면서 대답했다.

아니요, 수도사님, 우리는 싸웠을 뿐입니다.

질문 : 어느 쪽이 더 아름다운 천사요? 당신들의 천사요, 아니면 아름다운 왕좌에 앉은 천사요? 그가 대답했다.

그런 왕좌를 본 적이 없다고 말씀드리지 않았습니까?

그리고 덧붙였다. 우리 천사는 아름답고 하얀 반면, 그들의 천사는 검고 악마입니다.

재판관들은 베난단테들의 모임이 악마연회일 것으로 단정하고 일종의 유도심문을 하는 중이다. 질문을 하는 사람이 교묘하고도 집요하게 물고 늘어지는 것은 그 모임에 있는 존재('천사들')가 사바트에서 묘사되는 악마가 아니냐는 것이다. 그런데 이런 질문에 대해 베난단테들은 아주 강력하게 반발했다. 우선 그들 자신이 교회에 열심히 나가는 신심 깊은 사람들일 뿐더러, 그들이 마녀이기는커녕 바로 그 마녀들과 싸우는 투사라는 주장을 하는 것이다. 말하자면 베난단테들은 그들 자신의 주장에 의하면 '신앙의 옹호자'로서 공동체의 복리(풍년)를 위해 싸우는 사람인 것이다. 재판관들은 이런 주장을 접하고 꽤나 당황했을 것이다.

그러나 결국은 교회와 국가의 공격적인 대응이 민간신앙을 눌러 이기는 방향으로 나아갔다. 사실 프리울리의 종교재판 기록은 베난단테 신앙의 형태가 세상에 처음 알려진 기록이면서 동시에 그것이 어떻게 최후를 맞이하는지 보여주는 기록이기도 하다. 처음 재판소에 끌려온 사람들은 재판관들에게 자신들의 신앙이 절대로 악마와는 관련이 없으며 오직 농사를 지키는 성격의 것이고, 그것도 하느님과 천사의 힘을 빌려 그렇게 하는 것이라고 강하게 주장했다. 그러나 아무리 그들이 기독교적인 외피를 둘러쓰려고 해도 그것이 기독교와 무관하다는 것을 교회 인사들과 재판관들이 모를 리 없었다. 이 지방의 재판관들은 피고들을 잔인하게 고문하고 화형에 처하는 식의 야만적인 행위를 하지는 않았지만, 어쨌든 피고들을 윽박지르고 위협했다. 그들이 주장하는 바는 베난단테 신앙이 결국 악마적인 내용이라는 것이다. 어느 사회에나 미신 혹은 비정통적인 종교 행위들이 존재하지만, 그것을 '악마'와 결부시키는 것은 기독교 유럽 문명만의 특이한 현상이다. 옥에 갇힌 채 위협과 회유를 받은 베난단테들은 곧 그들의 생각을 바꾸었다. 가스파루토 역시 나중에는 이렇게 진술했다.

"저는 그 천사의 환영이 실로 저를 유혹하는 악마였다고 믿습니다. 악마가 천사로 둔갑할 수 있다고 당신이 말씀해 주셨기 때문이지요."

베난단테에 대한 '악마화'는 급속하게, 또 철저하게 진행됐다. 가스파루토에 대한 재판 이후 40년이 채 안 되는 해인 1618년에 있었던 마리아 판초나의 재판을 보면 그 성격이 어떻게 변했는지 쉽게 알 수 있다. 그녀는 그 지역에 있는 마녀들에 대해 말하라는 재판관들의 요구에 서슴지 않고 대답했다. 그녀는 '비안단티(biandanti, 베난단테의 변형)'인데, 자신은 검은 고양이로 둔갑하고 알로이시아라는 다른 여자는 흰 고양이로 둔갑하여 벌판으로 달려갔다. 알로이시아는 사람의 피, 특히 어린아이의 피를 즐겨 빨아먹는다. 그들이 달려간 곳에는 수녀원장이라고 불리는 여인이 있어서 밤의 모임을 주도했는데, 바로 이 여자가 악마라는 것이다.

마녀가 되기를 원하는 사람들은 밤에 사바트에 갑니다. 거기에서 그들은 세 번 제비를 넘습니다. 하지만 먼저 그들은 악마를 불러내어 스스로를 바칩니다. 그들은 하느님에 대한 신앙을 포기한다고 세 번 선언하고 손에 침을 뱉습니다. 손을 세 번 문지른 뒤 그들은 영적으로 악마에 이끌려갑니다. 몸은 창백하게 죽은 것처럼 남아 있다가 악마가 영혼을 되돌려주면 살아납니다.

재판관들이 원했던 바대로 베난단테를 마녀와 동일시하고, 밤의 전투 의식을 교회법학자들이 만들어낸 사바트로 만드는 것이 완성 단계에 들어갔음을 알 수 있다. 얼마나 오랜 시간 동안 존속해 온 것인지 모를 농경의식 혹은 풍요제는 단 30~40년 동안에 교회와 국가의 공격을 받아 사라졌다.

약간 표현이 어색할지 모르지만 유럽이 본격적으로 '기독교화'된 것은 사실 이때부터라고 할 수도 있다. 무슨 말이냐면, 이 시기까지 교회는 농민들의 심성을 완전히 장악하지 못했던 것이다. 우리는 흔히 고대 말부터 혹은 적어도 중세부터 유럽은 기독교가 지배적인 사회였다고 생각한다. 아닌게아니라 이때 유럽인들 누구를 붙들고 물어보아도 자신은 기독교도라고 대답했을 것이다. 그러나 그렇게 교회를 다니는 것이 중요한 게 아니라 이들 농민들이 과연 어느 정도 기독교 교리를 이해하고 또 그것을 따르고 있었느냐를 따져보아야 한다. 그런 관점에서 보면 기독교는 사람들의 마음을 전적으로 지배한 것이 결코 아니었다. 농민들은 수없이 많은 '미신'을 좇고 있었다. 미신이란 알고 보면 '과거의 종교'인 경우가 많다. 베난단테처럼 농업을 수호하고 병을 고쳐주는 신앙이 대표적이다. 그리고 어떤 의미에서는 자신의 생계와 직접 연관된 이런 종류의 믿음이 자신의 삶에 더 깊은 관련을 가지고 또 생생한 의미를 가지는지도 모른다. 표면적으로는 기독교 신앙을 가지고 있다고 하지만 그 아래 이런 고대적인 믿음이 면면히 이어져왔을 가능성이 크다.

16세기 이후 종교개혁과 또 그에 대한 반응으로 카톨릭 종교개혁이 일어났다. 이때야말로 기독교 신앙이 새롭게 불붙은 시대였다. 신교든 구교든 교회 측은 지금까지 느슨하게 남겨두었던 사람들의 종교 행태를 강력하게 통제하려고 했다. 그들이 보기에 농민들은 온갖 '미신'에 뒤범벅이 된 상태이므로 이들을 바른 길로 이끌어야 했다.

이와 연관된 중요한 일이 근대적인 왕조국가의 강화이다. 국가 전체를 중앙의 왕조가 강력하게 통제하려는 시대에 종교는 오늘날처럼 개인의 내적인 양심에만 맡겨두어도 좋을 사안이 아니었다. 국왕은 카톨릭 신도인데, 신민들 중에는 캘빈파도 있고 루터파도 있고 유대인도 있는 식이면 곤란한 일이다. 국가란 모든 신민이 한 가지 신앙으로 하느님의 지상대리인인 국왕의 뜻을 받드는 곳이어야 한다. 국왕은 균질한 영혼들을 지배하고자 했고, 교회가 여기에 적극 협조했다.

마녀재판은 이런 맥락에서 나온 것이다. 흔히 마녀재판이 가장 심했던 때는 중세 암흑기이고, 근대에 들어와 사람들의 의식이 깨면서 급속하게 사라졌으리라고 생각하지만 실제로는 정반대이다. 마녀재판은 중세의 상징이 아니라 오히려 근대 초의 전형적인 사건이었다. 마녀재판이 가장 극성을 부리던 시기는 다름 아닌 16세기 후반이었다. 그것은 새롭게 각성하여 힘을 더하려는 교회, 그리고 자신의 권력 기반을 신민들의 정신 자세로부터 새롭게 확보하려는 국가가 공모하여 일으킨 일이다. 마녀재판의 역사적 성격은 국가와 교회가 원하는 바대로 똑같은 생각과 믿음을 가지기를 거부하는 모든 사람들을 '마녀'로 몰아 공격한 것이었다. 이처럼 '근대적 기관들'이 영혼을 강력하게 다리미질하는 시대에 이승과 저승 사이를 오가며 생명의 씨앗을 전해 주는 고대적 존재들은 사라져갔다.

신데렐라형 존재는 어쩌면 인류 문화 형성의 초창기인 신석기 시대에 형성된 원초적인 종교 개념으로까지 거슬러 올라갈 수 있을 듯하다. 그것은 우리가 사는 이 세계와 저승세계 사이를 오가는 중간매개 기능을 하는 존재였다. 그 이후 이 기본틀은 오랜 시간을 거쳐 전승되면서 유라시아 대륙 여러 지역의 사회와 문화를 담아내고 해석해 주었다. 그것은 인간의 내면적 성숙을 이야기하는 진지한 메시지를 전해 주는 역할로부터 우주의 기본 구조에 대한 해석을 제시하는 역할까지 실로 다양한 양상을 띠며 우리에게 전해졌다. 지하수처럼 면면히 이어져온 이 기본틀은 때로는 베난단테 신앙처럼 생생한 종교적 형태로서 역사의 표면 위에 솟아오르기도 하고, 때로는 그 모든 진지한 내용을 망각하고 다만 여성들의 신속한 신분상승을 거론하는 흥미로운 이야기로 축소되기도 했다. 신데렐라는 이제는 거의 '옛이야기' 속에서만 흔적을 남기고 있지만, 여전히 저 먼 과거 문명이 우리에게 전하려는 복합적이고 중층적인 메시지를 해독하는 열쇠를 그 안에 숨겨가지고 있다.

제2부

세계의 신데렐라

상드리용 혹은 작은 유리구두

• 프랑스 •

• 샤를 페로(1628~1703)의 콩트집(*Histoires ou Contes du Temps Passé. Avec des Moralité : Contes de Ma Mère l'Oye*)에 나오는 〈상드리용(Cendrillon)〉은 아마도 가장 널리 알려진 신데렐라 이야기일 것이다. 이제 대부분의 사람들은 '신데렐라'라고 하면 대모 요정이 나타나 호박을 마차로 바꾸고 생쥐로 말을 만들어주며, 12시가 되기 직전 서둘러 무도회장을 뛰어나오다가 유리구두를 떨어뜨리는 장면을 바로 연상할 것이다. 그러나 호박 마차, 유리구두 등은 다른 신데렐라 이야기에서는 거의 찾아볼 수 없는 예외에 속하는 내용으로서, 아마도 페로의 창안일 가능성이 높다. 이 이야기는 1697년에 출판된 다섯 번째 콩트집에 처음 나오는데, 이때 이 책의 저자는 그가 아니라 그의 18세 된 아들 피에르 다르망쿠르(Pierre Darmancourt)로 되어 있었다. 아마도 페로는 자신이 다소 유치한 글을 쓴다고 스스로 생각했던 것 같다. 페로가 이 이야기를 어디에서 채록했는지는 분명치 않으나 구술로 전해지던 이야기를 듣고 자신의 문체로 번안한 것으로 보인다. 번안 과정에서 그의 신데렐라 이야기는 다른 어느 판본보다도 세속적인 성공, 결혼을 통한 신분상승의 성격을 강하게 띠게 됐다. 특히 그의 판본을 기본으로 해서 디즈니사가 만화영화를 만든 이후 이런 경향은 더욱 강화됐다.

어느 한 신사가 재혼을 했는데 그 상대는 여태껏 세상에서 볼 수 없었던 가장 오만한 여인이었다. 전 남편과의 사이에 태어난 두 딸 역시 그녀와 성질이 비슷하고 모든 면에서 그녀와 완전히 똑같았다. 한편 이 신사는 전 부인과의 사이에서 낳은 딸이 하나 있었는데, 이 딸은 세상에서 가장 착한 사람이었던 죽은 어머니를 닮아서 비할 데 없이 착하고 부드러운 소녀였다.

결혼식이 끝나자마자 계모는 본색을 드러냈다. 그녀는 의붓딸의 착한 성격을 참을 수 없었다. 무엇보다도 자기 친딸들이 그 때문에 더 밉살스러워 보이기 때문이었다. 그래서 소녀에게 집안일 가운데 가장 천한 일들을 시켰다. 소녀는 접시 닦기와 식탁 치우기, 그리고 계모 방과 의붓언니들의 방 청소를 해야 했다. 그녀는 초라한 다락방에서 형편없는 밀짚 침대에서 잤지만 의붓언니들은 무늬목으로 치장한 좋은 방에서 최신 유행의 침대에서 잤고 게다가 머리부터 발끝까지 전신을 비쳐볼 수 있을 만큼 큰 거울까지 가지고 있었다.

불쌍한 소녀는 이 모든 일들을 끈기 있게 참고 아버지께는 아무 말도 하지 않았다. 사실 말을 해봐야 아버지는 새어머니에게 완전히 매여 있었기 때문에 그녀를 야단치기만 했을 것이다. 그녀는 일을 마치고 나면 아궁이 가까이에 가서 재 위에 앉아 있었기 때문에 '재투성이 하녀'라고 불렸다. 그러나 두 언니 가운데 둘째는 그나마 첫째만큼 못되고 무례하지는 않았기 때문에 그녀를 신데렐라(상드리용)라고 불렀다. 신데렐라는 비록 남루한 옷을 입고 있었지만 늘 멋진 옷을 입고 있던 언니들보다 백배는 더 예뻤다.

어느 날 이 나라의 왕자가 무도회를 열고 모든 사교계 사람들을 초대했다. 우리의 이 집 딸들도 사교계에서 두각을 나타내고 있었기 때문에 초대를 받았다. 그들은 이 초대에 크게 기뻐하고, 자신들에게 어울릴 가운, 페티코트, 머리장식을 고르느라고 여념이 없었다. 이것은 신데렐라에게 새로운 일거리를 안겨주었다. 왜냐하면 언니들의 옷을 다리미질하고 주름장식을 만들어야 했기 때문이다. 언니들은 하루 종일 어떻게 옷을 입어야 할지에 대해서만 이야기했다.

"난 프랑스식 장식을 단 빨간 벨벳 드레스를 입을 거야" 하고 언니가 말하면 "나는 보통 때 입던 페티코트를 입겠지만 그 대신 황금 꽃 장식이 있는 외투랑 다이아몬드 달린 가슴받침을 입을 거야. 그러면 다른 사람들과는 달라 보이겠지" 하고 동생이 말했다.

그들은 구할 수 있는 한 가장 솜씨 좋은 사람을 불러다가 머리장식을 꾸미고 두건을 손보았으며, 마드모아젤 드 라 포슈에게서 붉은 브러시와 장식용 애교점을 구했다.

신데렐라는 이런 일에 매우 재주가 좋았기 때문에 도움을 주기 위해 불려왔다. 그녀는 최선을 다해 조언을 했다. 아니 그 정도를 넘어서 언니들이 신데렐라가 직접 해주었으면 하고 바랐기 때문에 그들의 머리를 매만져주었다. 그때 언니들은 신데렐라에게 물었다.

"신데렐라야, 너도 무도회에 가면 기쁘지 않겠니?"

"언니들은 나를 놀리는 거유? 나는 그런 데에 갈 형편이 못 되잖아."

"너도 거기 갈 자격이 있단다. 재투성이 하녀가 무도회에 간 걸 사람들이 보면 정말로 많이 웃을 거니까" 하고 언니들이 말했다.

신데렐라가 아닌 다른 사람이 했더라면 그녀들의 머리가 헝클어졌을 것이다. 신데렐라는 워낙 착하기 때문에 언니들의 머리 모양새를 완벽하게 꾸며주었다. 그들은 너무나 기쁜 마음에 거의 이틀 동안이나 식사를 하지 않았다. 그리고 날씬하게 보이기 위해서 레이스를 꽉 올려 조이느라고 레이스를 십여 벌이나 망쳐놓았다. 그러면서 계속 거울만 들여다보았다. 마침내 그 행복한 날이 왔다. 언니들은 궁정으로 향해 갔지만 신데렐라는 단지 눈으로만 언니들을 지켜보았다. 그리고 언니들이 사라지자 눈물을 떨구었다.

신데렐라가 눈물을 흘리는 모습을 지켜본 대모(代母)는 무슨 일이냐고 물었다.

"나도 갈 수만 있다면……."

그녀는 울음 때문에 더 이상 말을 할 수 없었다.

사실은 요정이었던 이 대모는 신데렐라에게 이렇게 말했다.

"무도회에 갈 수 있으면 좋겠다는 말이지?"

"네" 하고 신데렐라는 크게 한숨을 쉬며 대답했다.

"그래, 네가 착한 아이라면 무도회에 갈 수 있도록 해보도록 하지."

이렇게 말하며 그녀는 신데렐라를 방으로 데리고 갔다.

"정원에서 호박을 하나 가져와라."

신데렐라는 얼른 정원으로 가서 가장 잘 익은 호박을 따가지고 왔지만 속으로는 이것으로 어떻게 무도회에 갈 수 있게 해준다는 건지 모르겠다고 생각했다. 대모는 껍질만 남기고 호박 속을 국자로 모두 파냈다. 그러고 나서 마술 지팡이로 호박을 두드리자 호박은 곧 금박을 입힌 훌륭한 마차가 됐다.

그리고 대모는 쥐덫을 보러 갔다. 거기에는 생쥐 여섯 마리가 아직 산 채로 잡혀 있었다. 그녀는 신데렐라에게 쥐덫의 문을 살짝 올리게 해서 쥐가 한 마리씩 나오게 했다. 그리고 한 마리가 나올 때마다 마술 지팡이로 두드리자 생쥐들은 모두 여섯 마리의 쥐색 얼룩무늬 말이 됐다. 그러나 마차꾼이 아직 없었다.

"제가 가서 큰 쥐가 잡혀 있나 보고 올 게요. 그걸로 마차꾼을 만들 수 있을 거예요."

"네 말이 맞다. 가서 보려무나."

신데렐라는 가서 쥐덫을 가지고 왔는데 그 안에는 아주 큰 쥐들이 있었다. 대모는 그 가운데 수염이 가장 긴 쥐를 골라서 마술 지팡이를 이용하여 뚱뚱하고 쾌활한 마차꾼으로 만들었는데, 그는 이 세상에서 가장 멋진 구레나룻을 가지고 있었다. 그리고는 다시 신데렐라에게 말했다.

"정원에 다시 가보면 물조리개 뒤에 도마뱀 여섯 마리가 있을 거다. 그놈들을 가져오너라."

신데렐라가 도마뱀을 가져오자 대모는 곧 이들을 하인으로 만들었다. 이들은 금은으로 장식한 하인 정복을 입고 마차 뒤에 가서 서로 바짝 붙어서 섰는데 마치 평생 동안 이 일말고는 아무 일도 하지 않은 것 같았다. 그리고 대모 요정은 신데렐라에게 말했다.

"이 마차와 하인들을 데리고 무도회에 갈 만할 게다. 마음에 드니?"

"네, 물론이죠. 그렇지만 이 누더기 옷을 걸친 채로 가야 하나요?"

대모는 마술 지팡이로 그녀를 살짝 건드렸다. 그러자 곧 그녀의 옷은 보석 치장이 달린 금은 드레스가 됐다. 그리고는 신데렐라에게 세상에서 가장 작은 유리구두 한 켤레를 주었다. 이제 신데렐라는 마차 안으로 들어가서 앉았다. 대모는 절대로 자정을 넘긴 시간까지 머물러서는 안 된다고 주의를 주었다. 조금이라도 늦는다면 마차는 도로 호박이 되고 말은 생쥐로, 마차꾼은 큰 쥐로, 하인들은 도마뱀으로 변하고 그녀의 옷도 이전 상태로 되돌아간다고 말했다.

신데렐라는 대모에게 자정 넘어서까지는 결코 머무르지 않겠다고 약속했다. 그런 다음 너무나 큰 기쁨을 주체하지 못한 채 마차를 타고 무도회장으로 갔다. 왕자는 처음 보는 공주가 도착했다는 말을 듣고 그녀를 맞이하기 위해 달려나왔다. 그녀가 마차에서 내릴 때 왕자는 그녀에게 손을 내밀었다. 그리고 그녀를 모든 손님들이 있는 홀로 안내했다. 곧 장내에는 깊은 정적이 감돌았다. 사람들은 춤을 멈추었고 바이올린도 연주를 중단했다. 모든 사람들은 이 알려지지 않은 새 손님의 특별한 아름다움을 주의깊게 지켜보았다. 단지 "아, 정말로 아름답구나! 정말로 아름답구나" 하는 당황한 목소리만이 들렸다.

왕은 비록 늙었지만 그녀를 지켜보지 않을 수 없었다. 그리고 왕비에게 저렇게 아름답고 사랑스러운 소녀는 정말로 오랜만에 본다고 부드럽게 말했다.

모든 여인네들은 그녀의 옷과 머리장식을 유심히 보면서, 저것과 똑같이 훌륭한 재료와 솜씨 좋은 사람만 구하면 다음날 똑같이 만들어야지 하는 생각을 했다.

왕자는 그녀를 가장 명예로운 자리로 모신 다음, 자기와 춤을 추자고 손을 내밀었다. 그녀는 너무나도 우아하게 춤을 추었기 때문에 사람들은 점점 더 그녀를 찬미했다. 맛있는 음식이 나왔지만 왕자는 그녀를 바라보느라고 한 입도 먹지 않았다.

신데렐라는 천번 만번 예의를 지키며 자기 언니들 옆에 앉아서 왕자가 그녀에게 주었던 귤과 레몬 조각을 나누어주었다. 그러나 언니들이 그녀를 알아보지 못했기 때문에 아주 놀랐다. 어느새 시계가 11시 45분을 알렸다. 그러자 그녀는 곧 손님들에게 인사를 하고 급히 서둘러서 무도회장을 빠져나왔다.

신데렐라는 집에 오자마자 대모에게 가서 고맙다고 한 뒤 왕자가 자신을 너무나도 원하기 때문에 다음날에도 무도회에 꼭 가고 싶다고 말했다.

그녀가 대모에게 그날 무도회에서 있었던 일을 열심히 설명하는데, 두 언니가 문을 두드렸다. 신데렐라는 달려가서 문을 열었다.

"이렇게 오래 머물렀어!" 신데렐라는 이렇게 말하며, 마치 지금 막 잠에서 깬 것처럼 하품을 하고 눈을 비볐다. 물론 신데렐라는 언니들이 집을 떠난 이후부터 전혀 잠을 자지 않았지만 말이다.

"네가 무도회에 갔더라면 정말 재미있었을 거야. 거기에 세상에서 가장 아름다운 공주가 왔거든. 그 공주는 우리한테 아주 예의바르게 대하면서 귤과 레몬 조각을 주기도 했단다."

신데렐라는 거기에 대해 무관심한 척했다. 그러면서도 그 공주의 이름이 무엇이냐고 물었다. 그렇지만 언니들은 모른다고 대답하면서 왕자가 그 때문에 마음아파하고 있고 또 어떻게 해서든지 그 공주가 누군지 알고 싶어한다고 말했다. 그러자 신데렐라는 이렇게 답했다.

"그 공주는 대단히 아름다웠을 거야. 언니들은 아주 행복했겠네. 내가 그녀를 보았더라면 얼마나 좋을까? 샤를롯 언니, 언니가 매일 입는 그 노란색 옷을 내일 나한테 빌려줄 수 있어?"

"이런! 내 옷을 더러운 재투성이 하녀에게 빌려주라고? 내가 바보인 줄 아니?" 하고 샤를롯은 대꾸했다.

신데렐라는 그 대답을 듣고 안도했다. 만일 자기가 농담으로 요구한 것을 언니가 진짜로 알아들어서 그 옷을 빌려준다면 할 수 없이 그 옷을 입어야만 했기 때문이다.

다음날 두 언니들이 무도회에 갔다. 신데렐라 역시 어제보다 더 훌륭한 옷을 입고 무도회에 갔다. 왕자는 항상 그녀 옆에 가까이 있으면서 칭찬과 다정한 말을 건넸다. 신데렐라는 이런 것이 전혀 지루하지 않았기 때문에 대모가 그녀에게 말했던 것을 잊어먹었다. 그래서 아직 11시라고 생각하고 있었는데 시계가 12시를 쳤다. 그녀는 깜짝 놀라서 벌떡 일어나서 노루처럼 뛰어나갔다. 왕자가 그 뒤를 좇아갔지만 따라잡을 수 없었다. 그녀는 유리구두 한 짝을 떨구어놓고 갔다.

왕자는 그것을 아주 소중하게 집어들었다. 신데렐라는 숨이 차서 집에 도착했는데 이때에는 화려한 옷은 온데간데없고 이전의 낡은 옷을 걸치고 있었다. 다만 유리구두 한 짝만 남아 있었다. 왕자가 왕궁을 지키는 간수들에게 혹시 공주가 나가는 것을 보았냐고 물었더니, 그들은 어린 소녀 한 명이 나가는 것을 보았는데 아주 초라한 행색이어서 귀부인이라기보다는 시골 하녀 같았다고 대답했다.

두 언니가 무도회에서 돌아오자 신데렐라는 재미있었느냐, 또 귀부인이 왔느냐고 물었다.

언니들은 그 귀부인이 왔지만 12시가 됐을 때 급히 나갔으며 너무 서둘러서 나가는 바람에 세상에서 가장 예쁜 유리구두 한 짝을 떨구어놓았고 왕자가 그것을 집어들었다고 말했다. 그리고 무도회에서 왕자가 그녀만을 지켜보았는데 아마도 왕자는 그 유리구두의 주인공을 깊이 사랑하는 것 같다는 말도 덧붙였다.

그 말은 사실이었다. 며칠 뒤 왕자는 그 유리구두가 발에 꼭 맞는 사람과 결혼하겠다는 사실을 트럼펫 연주와 함께 공고했다. 왕자의 명령을 받은 사람들이 유리구두를 가지고 공주들, 귀족 자제들, 그리고 궁정의 모든 사람들에게 신겨보았다. 그러나 누구도 맞지 않았다. 드디어 신데렐라의 두 언니들에게까지 사람들이 찾아왔다. 두 언니는 그 신발 속에 자기 발을 밀어넣기 위해 온갖 노력을 다했지만 소용이 없었다. 이것을 지켜보던 신데렐라는 그 유리구두를 잘 알고 있었기 때문에 웃으면서 말했다.

"구두가 내 발에 맞는지 신어보게 해주세요."

두 언니는 웃음을 터뜨리고 그녀를 놀려댔다. 그러나 구두를 신겨보는 일을 맡은 사람은 신데렐라를 보고 그녀가 아주 잘생겼다는 것을 깨닫고는 그녀가 구두를 신어보는 것이 타당하며 또 자신은 모든 사람이 구두를 신어보게 하라는 명령을 받았다고 말했다.

그는 신데렐라에게 앉으라고 말한 뒤 구두를 그녀 발에 가까이 가져갔다. 그 구두가 쉽게 발에 들어가더니 마치 왁스로 만든 것처럼 그 발에 꼭 맞았다. 두 언니는 깜짝 놀랐지만, 신데렐라가 자기 주머니에서 나머지 한 짝을 꺼내서 신는 것을 보고는 더 크게 놀랐다. 그러자 대모가 들어와서 마술 지팡이로 신데렐라의 옷을 건드렸다. 그러자 이전보다도 더 아름답고 훌륭한 옷으로 변했다.

이제 언니들은 신데렐라가 무도회에서 본 바로 그 아름다운 귀부인이라는 것을 깨달았다. 두 언니는 신데렐라 발밑에 엎드려서 그동안 그녀에게 못된 일을 한 데 대해 용서를 빌었다. 신데렐라는 언니들을 일으켜 세워서 안고는 마음으로부터 언니들을 용서하며 언제까지나 자기를 사랑해 달라고 빌었다.

신데렐라는 훌륭한 옷을 입은 채 왕자에게 인도됐다. 왕자는 그녀가 이전보다도 더 아름답다고 생각했다. 그리고 며칠 뒤 두 사람은 결혼식을 올렸다. 신데렐라는 아름답기만 한 것이 아니라 착했기 때문에 두 언니에게 왕궁 안에 집을 마련해 주고 같은 날 두 궁정 귀족과 결혼을 시켰다.

교훈

여성의 아름다움은 아주 귀한 보물
우리는 결코 거기에 물리지 않는다.
그러나 그보다 더 귀한 것, 무한한 가치의 즐거움은
우리 모두 찬미하는 매력이다.

현명한 교사인 대모는
신데렐라를 왕비처럼 꾸며주면서
다른 사람을 매혹하는 힘을 주었다.
이 이야기의 의미는 그것이다.

아가씨들이여, 머리를 빗어올리는 것보다
더 중요한 것은 마음을 사로잡고, 무도회를 휘어잡는 것.
매력이야말로 요정의 진짜 선물
매력 없이는 아무것도 아니요, 매력이 있으면 귀부인.

또 다른 교훈

약삭빠르고 재치 있고 용기 있는 것
좋은 집에서 태어나는 것
그 외에도 하늘이 당신 몫으로 준
모든 종류의 재주들을 가졌다면
아마도 큰 보탬이 되리라.
그러나 그런 것들이 있든 없든
당신의 재주를 더욱 뛰어나게 펼치고
당신이 앞으로 나아가기 위해서는
당신을 도와줄 대모나 대부가 있어야 하리.

재투성이 소녀

· 독일 ·

• 야콥 그림(1785~1863)과 빌헬름 그림(1786~1859) 두 형제는 독일의 민속과 언어 연구에 지대한 공헌을 한 학자이다. 두 형제는 구술 민담들을 광범위하게 수집하여 글로 다듬어서 《그림 동화》를 출판했다(1812~14). 이 책은 곧바로 유럽 전역에 폭발적인 영향을 미쳤고, 곧 각국의 유사 연구들을 촉발시켰다. 그림 형제는 민담을 그들이 수집한 그대로 출판하는 것을 원칙으로 한다고 주장했으나, 실제로는 많은 가필과 수정을 했다. 그래서 같은 이야기가 판이 바뀔 때 더 확장되어 있든지 혹은 성과 폭력의 요소가 다소 완화되는 변형이 이루어지기도 했다. 그럼에도 불구하고 페로 판본에 비하면 오히려 후대에 나온 그림 판본의 이야기가 원래 민담의 특징들을 더 잘 보존하고 있다. 후반부에 보이는 가혹한 처벌 장면도 그 중의 하나이다. 그림 형제의 신데렐라(재투성이 소녀)는 샤를 페로의 것 다음으로 세계에서 가장 널리 알려진 판본이 됐다. 그러나 그토록 유명하다고는 하나 실제로는 얼마나 많은 사람들이 이 이야기를 직접 읽어보았을까 싶다.

한 부자의 아내가 병들어 죽음이 가까웠다는 것을 알게 됐다. 그래서 외동딸을 불러서 마지막 말을 남겼다.

"얘야, 신앙심을 잃지 말고 착하게 살도록 해라. 그러면 하느님께서 늘 너와 함께 하실 거야. 그리고 나도 하늘에서 너를 내려다보며 네 곁에 가까이 있을 거다."

그렇게 말한 후 어머니는 세상을 떠났다. 소녀는 매일 어머니의 무덤에 가서 슬피 울었다. 그렇지만 소녀는 어머니의 당부대로 신앙심을 잃지 않고 착하게 살았다. 겨울이 오자 무덤에는 하얀 담요처럼 눈이 덮였다. 봄이 와서 태양이 그 담요를 걷어갈 무렵 아버지는 재혼을 했다.

계모는 친딸을 둘 데리고 왔는데, 이 딸들은 얼굴은 예쁘장하고 희었지만 마음은 심술궂고 어두웠다. 이제 소녀에게는 험한 앞날이 기다리고 있었다. "저 멍청한 아이가 우리와 함께 방에 앉아 있는 거야? 밥을 먹으려면 일을 해야지. 당장 나가라, 이 부엌데기야" 하고 두 딸이 말했다. 그리고 소녀의 옷을 빼앗고 그 대신 낡은 회색 누더기를 입히고 나무 신발을 신겼다. "저 거만한 공주님 좀 봐! 저 옷 입은 꼴이라니" 하면서 그들은 깔깔대며 웃더니 소녀를 부엌으로 내몰았다. 소녀는 아침부터 밤까지 고된 일을 해야만 했다. 해뜨기 전에 일어나서 물을 길어오고 불을 때고 밥 짓고 청소를 해야 했다. 여기에 더해서 언니들은 온갖 방법으로 소녀를 괴롭히고 놀렸다. 아궁이의 재 속에다가 콩을 잔뜩 쏟아놓고는 소녀가 그것을 하나하나씩 도로 주워 담도록 시켰다. 밤이 되어 지쳐 나가떨어졌을 때에도 소녀는 침대에서 자지 못하고 아궁이 옆의 잿더미 위에 누워서 자야만 했다. 그래서 소녀는 언제나 재 투성이에다가 더러웠기 때문에 '재투성이 소녀'라고 불렸다.

어느 날 아버지는 장에 가면서 딸들에게 어떤 선물을 원하는지 물었다. 첫째 딸은 "아름다운 옷이요", 둘째 딸은 "진주와 보석이요" 하고 말했다. "너는 뭘 원하니?" 아버지는 '재투성이 소녀'에게도 물었다. "집으로 돌아오실 때 아버지의 모자를 스치는 첫 번째 나뭇가지를 꺾어다주세요." 장에 간 아버지가 위의 두 딸에게 줄 옷과 진주, 보석을 사가지고 집으로 돌아오는데 개암나무 가지가 모자를 건드려서 모자가 땅에 떨어졌다. 그래서 아버지는 그 나뭇가지를 꺾어가지고 왔다. 집에 와서 두 딸에게는 그들이 부탁했던 것을 주었고, '재투성이 소녀'에게는 개암나무 가지를 주었다. '재투성이 소녀'는 아버지에게 고맙다는 말을 하고는 그 나뭇가지를 어머니의 무덤가에 심으면서 슬피 울었다. 그녀의 눈물이 흘러서 나무에 떨어졌다. 그 후 나무는 쑥쑥 자라났다. '재투성이 소녀'는 하루에 세 번씩 나무에 가서 울며 기도를 했는데 그때마다 하얀 작은 새가 날아왔다. 그리고 '재투성이 소녀'가 소원을 말할 때마다 원하는 것을 가져다주었다.

어느 날 이 나라의 왕이 왕자의 신붓감을 고르기 위해 나라 안의 모든 소녀들을 불러서 사흘 동안이나 계속될 큰 잔치를 벌이기로 했다. '재투성이 소녀'의 두 언니들도 왕궁으로 오라는 소식을 들었기 때문에 기분이 들떠 있었다. 그들은 '재투성이 소녀'에게 부탁을 했다. "우리 머리를 빗겨주고 구두도 손질해 줘. 허리띠도 꼭 매줘야 해. 우리는 왕궁으로 가야 하거든."

'재투성이 소녀'는 언니들의 말대로 해주었으나 자신도 왕궁에 가고 싶었기 때문에 몹시 슬펐다. 그래서 계모에게 자기도 왕궁에 가게 해달라고 간청했다.

"너는 온통 재 투성이인데 어떻게 잔치에 가겠다는 거냐? 게다가 너는 옷도 없고 구두도 없는데 어떻게 춤을 추겠니?" 하면서 계모는

'재투성이 소녀'의 간청을 무시했다. 그래도 '재투성이 소녀'가 계속 애원을 하자 마침내 이렇게 말했다.

"내가 재 속에 콩을 한 접시 쏟아놓겠다. 두 시간 안에 그 콩들을 모두 골라낸다면 잔치에 가도록 해주마."

소녀는 뒷문을 열고 마당으로 나가서 큰소리로 외쳤다.

"착한 비둘기들아, 산비둘기들아, 그리고 하늘 아래 모든 새들아, 와서 도와주렴.

좋은 콩은 단지 안에 주고,

나쁜 콩은 너희들이 먹어다오."

그러자 비둘기 두 마리가 부엌 창문으로 날아왔고 다음에 산비둘기들이 날아왔다. 그리고 하늘 아래 모든 새들이 부엌 안으로 날아들어 왔다. 비둘기들이 머리를 까딱이고 구구 소리를 내며 쪼아대자 다른 새들도 따라서 쪼면서 콩들을 단지 안에 모아놓았다. 한 시간이 채 안 되어서 모든 콩들을 골라 단지 안에 넣은 다음 새들은 날아가버렸다. '재투성이 소녀'는 계모가 이제 잔치에 보내줄 것으로 믿고 기쁜 마음으로 계모에게 갔다.

"안 된다. 너는 옷도 없고 춤추는 법도 모르지 않니. 사람들이 너를 보고 모두 웃을 거다."

'재투성이 소녀'가 울기 시작하자 계모가 다시 이렇게 말했다.

"재 안에 콩 두 접시를 넣을 테니 한 시간 안에 그것들을 모두 골라 내면 잔치에 가게 해주겠다." 계모는 '재투성이 소녀'가 그 일을 도저히 할 수 없으리라고 생각했던 것이다.

계모가 콩 두 접시를 재 속에 집어넣자 '재투성이 소녀'는 뒷문을 통해서 마당으로 나가서 소리쳤다.

"착한 비둘기들아, 산비둘기들아, 그리고 하늘 아래 모든 새들아,

와서 도와주렴.

　좋은 콩은 단지 안에 주고

　나쁜 콩은 너희들이 먹어다오."

　그러자 비둘기 두 마리가 부엌 창문으로 날아왔고 다음에 산비둘기
들이 날아왔다. 그리고 하늘 아래 모든 새들이 부엌 안으로 잔뜩 날아
들었다. 비둘기들이 머리를 까딱이고 구구구구 소리를 내며 쪼아대자
다른 새들도 따라서 쪼면서 콩들을 단지 안에 모아놓았다. 30분이 채
안 되어서 모든 콩들을 골라 단지 안에 넣은 다음 새들은 다시 날아가
버렸다. '재투성이 소녀'는 계모가 이번에는 허락할 줄 알고 기쁜 마
음으로 단지를 가지고 계모에게 갔다. 그러나 계모는 이번에도 허락
하지 않았다.

　"아무리 그래도 소용없다. 넌 옷도 없고 춤추는 법도 모르지 않니.
너 때문에 우리만 창피를 당할 거야." 이렇게 말한 뒤 계모는 두 딸을
데리고 서둘러서 왕궁으로 갔다. 그들이 떠나자 '재투성이 소녀'는 어
머니 무덤가의 개암나무에 가서 울면서 말했다.

　"작은 나무야, 네 몸을 흔들어다오.

　그래서 내 몸에 금과 은을 쏟아부어다오."

　그러자 새가 날아와서 금실과 은실로 짠 드레스 한 벌과 은으로 수
를 놓은 비단 신발을 떨어뜨려주었다. '재투성이 소녀'는 서둘러 그것
을 입고 왕궁으로 갔다. 눈부신 옷을 입은 그녀를 보고 계모와 언니들
은 그것이 '재투성이 소녀'라는 것을 알아보지 못하고 다른 나라에서
온 공주이겠거니 생각했다. 그들은 '재투성이 소녀'가 지금쯤 재 위에
앉아서 콩을 골라내고 있을 것으로 생각했기 때문이다. 왕자는 그녀
에게 다가가서 춤을 청했다. 왕자는 다른 소녀와는 한번도 춤을 추지
않고 오직 이 소녀와만 계속 춤을 추려 했다. 심지어는 다른 젊은이들

이 다가와서 이 소녀와 춤을 추려고 하자 "이 소녀는 내 파트너입니다" 하고 말했다.

'재투성이 소녀'는 저녁 늦게까지 춤을 추다가 집에 가려고 했다. 왕자는 "당신을 집에 바래다 드리겠소" 하고 말했다. 왕자는 이 소녀가 어느 집 출신인지 알고 싶었기 때문이다. 그러나 소녀는 슬쩍 도망쳐 나와서 재빨리 비둘기장 속으로 도망쳐 들어갔다. 왕자는 그녀의 아버지가 올 때까지 기다렸다가 어떤 소녀가 비둘기장으로 도망쳐 들어갔다고 말했다. 그러자 아버지는 "그게 설마 '재투성이 소녀'는 아니겠지?" 하면서 도끼를 왕자에게 주어서 비둘기장을 부수라고 말했다. 왕자가 비둘기장을 부수었지만 그 안에는 아무도 없었다. 그들이 집안에 들어가보니 '재투성이 소녀'는 더러운 옷을 걸치고 재 위에 누워 있었다. 그리고 아궁이 안의 기름 램프가 희미한 빛을 비추고 있었다. 사실 '재투성이 소녀'는 재빨리 비둘기장 뒷문으로 빠져나와서 개암나무로 달려갔던 것이다. 거기에서 입고 있던 옷을 벗어서 무덤 위에 놓자 새가 그것을 물어갔고 그 후 그녀는 얼른 집으로 돌아와서 회색 누더기를 도로 걸쳤던 것이다.

다음날 잔치가 다시 열리자 계모와 두 딸은 다시 왕궁으로 갔다. 그들이 떠나자 '재투성이 소녀'는 개암나무로 가서 소리쳤다.

"작은 나무야, 네 몸을 흔들어다오.

그래서 내 몸에 금과 은을 쏟아부어다오."

그러자 새가 날아와서 전날보다도 더 아름다운 옷을 떨구어주었다. 그녀가 왕궁에 나타나자 사람들은 그녀의 아름다움에 모두 넋이 나간 표정이었다. 그녀를 기다리던 왕자는 곧 그녀의 손을 잡더니 다른 여자들은 쳐다보지도 않고 그녀하고만 춤을 추었다. 그리고 다른 젊은 이들이 다가와서 이 소녀와 춤을 추려고 하자 "이 소녀는 내 파트너입니다" 하고 말했다.

저녁이 되자 그녀는 떠나야 했다. 왕자는 그녀가 어느 집으로 가는지 보고 싶었기 때문에 그녀를 따라갔다. 그러나 그녀는 이번에도 살짝 왕자에게서 벗어나서 정원 속으로 사라졌다. 거기에는 탐스러운 배들이 주렁주렁 열려 있는 큰 나무가 한 그루 서 있었다. 소녀는 다람쥐처럼 그 나무 위로 올라가서 나뭇가지 사이에 몸을 숨겼다. 왕자는 소녀가 어디로 사라졌는지 알 수 없었기 때문에 집주인이 오기를 기다렸다. 집주인이 오자 "어떤 소녀가 달아나버렸는데 아마 이 나무 위에 숨은 것 같소" 하고 말했다. 그러자 소녀의 아버지는 '그게 설마 '재투성이 소녀'는 아니겠지?' 하고 생각하면서 도끼를 왕자에게 주고 그 배나무를 찍어 넘기라고 말했다. 그러나 거기에는 아무도 없었다. 그들이 집안에 들어가보니 '재투성이 소녀'는 평소처럼 재 위에 누워 있었다. 사실 그녀는 재빨리 배나무 뒤로 뛰어내린 다음 입고 있던 아름다운 옷을 새에게 주고 자신은 이전의 더러운 누더기 옷으로 갈아입었던 것이다.

셋째 날, 계모와 두 딸이 왕궁으로 가버리자 그녀는 다시 어머니의 무덤에 가서 개암나무에다 대고 소리쳤다.

"작은 나무야, 네 몸을 흔들어다오.

그래서 내 몸에 금과 은을 쏟아부어다오."

그러자 새가 날아와서 여태까지 누구도 보지 못했던 찬란하고 아름다운 옷과 황금 슬리퍼를 주었다. 그녀가 이 옷을 입고 왕궁에 나타나자 사람들은 그녀의 아름다움에 모두 넋이 나간 표정이었다. 그녀를 기다리던 왕자는 곧 그녀의 손을 잡더니 다른 여자들은 쳐다보지도 않고 그녀하고만 춤을 추었다. 그리고 다른 젊은이들이 다가와서 이 소녀와 춤을 추려고 하자 "이 소녀는 내 파트너입니다" 하고 말했다.

저녁이 되자 그녀는 떠나야 했고 왕자는 그녀를 바래다주고 싶어했다. 그러나 그녀가 너무 급하게 왕자에게서 도망갔기 때문에 왕자는 그녀를 따라갈 수 없었다. 그러나 이번에는 왕자가 속임수를 썼다. 계단에 송진을 발라두었던 것이다. 그래서 소녀의 왼쪽 신발이 계단에 달라붙었다. 왕자가 그 신을 집어보니 그것은 작고 우아한 황금 신발이었다. 다음날 왕자는 신발을 가지고 왕에게 가서 이렇게 여쭈었다. "이 황금 신발에 발이 꼭 맞는 여자하고만 결혼을 하겠습니다."

두 언니는 이 말을 듣고 매우 기뻐했다. 그들은 아주 예쁜 발을 가지고 있었기 때문이다. 첫째 언니가 신발을 신어보았다. 계모도 그 옆에서 이를 지켜보았다. 그런데 신이 너무 작아서 발가락이 들어가지 않았다. 계모는 칼을 건네주며 이렇게 말했다.

"엄지발가락을 잘라버려라. 왕비가 되고 나면 걸어다닐 필요가 없을 테니까."

큰딸은 자기 엄지발가락을 잘라버리고 아픔을 참으며 신발에 발을 우겨넣은 다음 왕자에게로 갔다. 왕자는 그녀가 자기 신붓감이라고 생각하고 말을 타고 왕궁으로 향했다. 그런데 '재투성이 소녀'의 어머니 무덤을 지나갈 때 개암나무 가지에 앉아 있던 비둘기 두 마리가 울어댔다.

"저기를 보세요!
신발 안이 피투성이예요.
저 아이 발에는 신이 너무 작아요.
진짜 신부는 아직 집에 있어요."

왕자가 그녀의 발을 보자 신에서 피가 새어나오고 있었다. 왕자는 말머리를 돌려서 가짜 신부를 도로 집으로 데리고 갔다. 그리고 이 여자는 진짜 신부가 아니므로 동생이 신발을 신어보아야 한다고 말했다. 이번에는 둘째가 방에 들어가서 신발을 신어보았다. 그런데 발가락은 겨우 들어갔지만 발꿈치가 너무 커서 들어가지 않았다. 그러자 계모는 칼을 건네주며 이렇게 말했다.

"발꿈치를 잘라버려라. 왕비가 되고 나면 걸어다닐 필요가 없을 테니까."

둘째 딸은 자기 발뒤꿈치를 잘라버리고 아픔을 참으며 신발에 발을 우겨넣은 다음 왕자에게로 갔다. 왕자는 그녀가 자기 신붓감이라고 생각하고 말을 타고 왕궁으로 향했다. 그런데 '재투성이 소녀'의 어머니 무덤을 지나갈 때 개암나무 가지에 앉아 있던 비둘기 두 마리가 울어댔다.

"저기를 보세요!
신발 안이 피투성이예요.
저 아이 발에는 신이 너무 작아요.
진짜 신부는 아직 집에 있어요."

왕자가 그녀의 발을 보자 신에서 피가 새어나와서 하얀 양말을 빨갛게 물들이고 있었다. 왕자는 말머리를 돌려 집으로 돌아가서 이 여자는 진짜 신부가 아니라고 말했다. 그리고 다른 딸이 없느냐고 물었다. 그러자 아버지가 이렇게 대답했다.

"없어요. 제 전처가 낳은 '재투성이 소녀'가 있긴 하지만 그녀는 너무 못생겨서 왕자님의 신부가 될 수는 없을 겁니다." 그러나 왕자는 그녀를 불러오라고 시켰다. 그러자 계모가 말했다.

"오, 안 돼요. 그애는 너무나 더러워서 절대로 보셔서는 안 돼요."

그렇지만 왕자는 그녀를 불러오도록 했다. 그녀는 손과 얼굴을 깨끗이 씻고 왕자에게 나아가서 단정하게 절을 했다. 왕자가 황금 신발을 주자 그녀는 의자에 앉은 다음 나무 신발에서 발을 꺼내 황금 신발을 신었다. 그 신발은 그녀에게 꼭 맞았다. 그녀가 일어서자 왕자는 그녀의 얼굴을 자세히 들여다보았다. 그러자 그녀가 바로 자신과 춤을 추었던 바로 그 소녀라는 것을 깨달았다. "이 여자가 바로 내 신부입니다" 하고 왕자는 소리쳤다. 계모와 두 딸은 너무나 두려워서 얼굴이 하얗게 질렸다. 왕자는 '재투성이 소녀'를 말에 태우고 왕궁으로 떠났다. 그들이 개암나무 곁을 지나갈 때 하얀 비둘기 두 마리가 소리쳤다.

"저기를 보세요!

신 안에 피가 나오지 않아요.

신발이 꼭 맞아요.

왕자님은 진짜 신부를 데리고 가는 중이에요."

이렇게 말하고 비둘기 두 마리는 '재투성이 소녀'의 어깨 위로 날아와 앉았다. 한 마리는 그녀의 오른쪽 어깨에, 다른 한 마리는 왼쪽 어깨에 앉았다.

두 사람의 결혼식 날, 두 언니는 '재투성이 소녀'에게 아첨을 해서 행운을 나누어 가져보려고 마음먹었다. 신랑과 신부가 교회를 향해 갈 때, 큰언니는 오른쪽에, 둘째 언니는 왼쪽에 서서 걸었다. 그때 비둘기들이 날아와서 두 사람의 눈을 하나씩 쪼았다. 신랑과 신부가 교회에서 나갈 때, 큰언니는 왼쪽에, 둘째 언니는 오른쪽에 서서 걸었다. 그때 비둘기들이 날아와서 다시 두 사람의 남은 눈을 마저 쪼았다. 그래서 두 언니는 그들의 못된 마음씨와 속임수에 대한 벌로 평생 장님으로 살아야 했다.

[3]

고양이 신데렐라

• 이탈리아 •

• 1634~36년에 출판된 지암바티스타 바질레(Giambattista Basile)의 《일 펜타메로네》는 유럽에서 구술 민담들을 정리하여 출판한 책 가운데 가장 이른 시기에 나온 것 중의 하나이다. 원래의 제목은 《이야기 중의 이야기》이다. 이 책은 다섯 세트로 구분되어 있고 각 세트는 10편의 이야기로 구성되어 있는데 이 한 세트가 하루에 해당한다. 이는 분명 《데카메론》을 의식한 구성 같다. 이 가운데 첫째 날 여섯 번째 이야기가 〈고양이 신데렐라〉이다. 이것은 유럽에서 문자로 기록된 신데렐라 이야기 가운데 가장 이른 시기의 것이다. 바질레는 나폴리에서 이야기들을 듣고 그 지방 언어로 책을 출판했다. 그 때문에 같은 이탈리아라 하더라도 다른 지방 사람들에게는 알려지지 않다가, 1742년에 볼로냐 지방어로, 그리고 1747년에 이탈리아 표준어로 번역됐다. 그리고 1846년에 독일어로 번역 출판됐는데, 그림 형제는 이 책을 보고 자신들이 수집한 민담들이 이미 200년 전에 이탈리아에 존재했다는 사실에 매우 놀랐다고 한다. 바질레의 이야기들은 비록 문자화됐지만 구술문화 단계의 유려한 말솜씨가 많이 살아 있는 흥미로운 사례이다.

옛날에 홀아비가 된 공작이 있었다. 그에게는 제졸라라는 딸이 하나 있었는데 그 딸을 너무 사랑하여 하루 종일 이 딸만 쳐다 볼 정도였다. 딸에게 카르모시나라는 가정교사를 붙여주었더니 이 가 정교사는 바느질을 가르쳐줄 뿐 아니라 말로 다할 수 없을 정도로 그 녀를 사랑했다. 얼마 후 공작이 재혼을 했다. 새엄마는 사악하고 사납 고 성질이 나빠서 곧 의붓딸을 미워했으며, 이 딸에게 차가운 표정, 찡그린 얼굴, 노려보는 눈길을 주곤 하여 딸은 두려움에 펄쩍 뛸 정도 였다.

불쌍한 아이는 새어머니가 자신을 학대하는 것을 늘 자기 가정교사 에게 불만으로 털어놓았다. 그리고 마지막에 가서는 꼭 "오, 하느님, 나에게 너무나도 친절하고 사랑을 베풀어주는 이 가정교사가 내 엄마 였다면 얼마나 좋을까요" 하는 말로 끝맺었다. 이 말을 노래하듯이 너 무 자주 하므로 가정교사는 자기 귀에 말벌을 집어넣을 정도였다. 끝 내 가정교사는 악마의 유혹을 받아서 "만일 네가 내 황당한 생각을 그 대로 따라준다면 내가 진짜 너의 엄마가 되고 너는 내 눈동자처럼 소 중한 아이가 될 거야" 하고 말했다. 가정교사가 자꾸 뜸을 들이자 제 졸라는 답답한 나머지 곧바로 이렇게 말을 했다. "말을 막아서 미안한 데요, 당신이 나를 많이 사랑한다는 건 잘 알아요. 그건 이제 충분하 니까 그만 말씀하시고, 뭘 어떻게 해야 하는지 빨리 가르쳐주세요. 나 는 아직 신참이니까요. 당신이 문서를 쓰면 내가 곧장 사인을 할게 요." "그러면 잘 듣도록 해라. 네가 귀를 잘 열어두면 꽃처럼 흰 밀가 루로 만든 빵을 먹을 수 있으니까 말이다. 아버지가 집을 비우면 계모 에게 가서 지금 네가 입고 있는 옷을 아끼기 위해서 장롱 속의 함에 보관된 낡은 옷을 입고 싶다고 말하렴. 계모는 언제나 네가 낡은 넝마 를 입고 있는 꼴을 보고 싶어했기 때문에 기꺼이 함을 열려고 할 거야. 네게 '함 뚜껑을 잡고 있어라' 하고 말하면 뚜껑을 잡고 있다가 계모가 옷을 꺼내려고 몸을 들이밀 때 뚜껑을 떨어뜨리면 계모의 목을 부러뜨릴 수 있을 게다. 그런 다음에는 네가 잘 알듯이 네 아버지는 너를 기쁘게 하기 위해서는 위조화폐라도 찍을 양반이니까 너랑 즐겁게 노닥거릴 때 나를 새어머니로 맞아달라고 졸라대는 거야. 그러면 너는 행복하게 될 거고 또 나를 완전히 사로잡을 수도 있을 것 아니겠니?"

제졸라가 이 계획을 듣자 당장 그대로 하고 싶어서 한 시간이 천년처럼 길게 느껴졌다. 그리고는 정말로 그 계획을 그대로 실천에 옮겼다. 계모의 상이 끝나자 제졸라는 아버지에게 가정교사와 결혼하라고 졸랐다. 처음에 공작은 그 말을 농담으로 생각했지만 제졸라가 하도 그 말을 자꾸 하는 바람에 결국은 딸의 말에 따랐다. 그래서 공작은 카르모시나와 결혼식을 올렸다.

이 신혼부부가 한참 즐거운 시간을 보내고 있을 때, 제졸라는 발코니에 서 있었는데 이때 비둘기 한 마리가 벽에 날아와 앉아서 그녀에게 이렇게 말했다. "네가 무엇이든 원하는 것이 있으면 사르디니아섬 요정들의 비둘기에게 부탁해라. 그러면 곧 그것을 얻을 수 있을 거야."

5~6일 동안 새엄마는 제졸라에게 온갖 종류의 애무를 다 해주었다. 제졸라를 식탁의 가장 좋은 자리에 앉히고 가장 맛있는 것을 먹이고 가장 좋은 옷을 입혔다. 그러나 얼마 안 있어서 제졸라가 해준 일들이 점차 기억에서 사라져가고(사악한 여주인이 지배하는 마음은 얼마나 불쌍한가!) 지금까지 숨겨두었던 자신의 친딸 여섯을 데리고 왔다. 이들이 공작의 총애를 받는 한편 제졸라는 공작의 마음에서 점차 미끄러져 나갔다. 오늘의 승자는 내일의 거지가 되는 법! 제졸라 역시 이런 길을 따라가게 됐으니 살롱에서 부엌으로, 닫집 있는 침대에서

아궁이로, 빛나는 비단과 황금에서 행주로, 왕홀에서 쇠꼬챙이로 신세가 바뀌었다. 그녀의 지위만 바뀐 것이 아니라 이름도 그에 걸맞게 변해서 더 이상 제졸라가 아니라 '고양이 신데렐라'로 불리게 됐다.

어느 날 공작은 중요한 국사(國事)를 처리하기 위해 사르디니아에 갔다. 그는 떠나기 전에 사랑하는 여섯 의붓딸들―임페리아, 콜롬비아, 피오렐라, 디아만테, 콜롬비나, 파스카렐라―에게 자신이 돌아올 때 무슨 선물을 사가지고 오면 좋겠냐고 물었다. 그들은 멋진 가운, 머리장식, 화장품, 장난감 등등을 가져다 달라고 말했다. 그리고 제일 마지막으로 친딸에게 농담 삼아 물었다. "얘, 너는 뭘 원하니?" "바라는 건 아무것도 없어요. 다만 요정들의 비둘기에게 부탁해서 나에게 무엇인가를 가져다 달라고 이야기해 주세요. 만일 아버지가 이것을 잊어먹으면 앞으로도 못 가고 뒤로도 못 갈 거예요. 내가 한 말을 잊지 마세요."

공작은 사르디니아에 가서 일을 마치고 의붓딸들이 원하던 것을 샀다. 그렇지만 제졸라가 말했던 것은 까맣게 잊어먹었다. 그런데 공작이 탄 배가 돛을 펴고 출발하려고 하는데 이 배가 항구를 떠나지 못했다. 마치 커다란 바다뱀장어가 배를 잡고 있는 것 같았다. 절망에 빠진 선장이 지쳐서 잠이 들었는데 꿈에 요정이 나타나서 이렇게 말했다. "당신 배가 왜 항구를 못 떠나는지 아세요? 당신 배에 탄 공작이 의붓딸 것만 챙기고 자기 친딸과 한 약속을 잊어먹었기 때문입니다." 잠에서 깬 선장은 곧 공작에게 이 말을 전했다. 딸과의 약속을 잊어버린 사실을 깨달은 공작은 당혹스러워했다. 그는 요정의 동굴에 찾아가서 딸에 대해 이야기하고 그녀에게 줄 선물을 달라고 부탁했다.

보라, 동굴에서 곤팔론(gonfalon. 중세 이탈리아 도시의 깃발)처럼 아름다운 소녀가 나오더니 공작에게 이르기를 딸에게 가서 친절하게도 자신을 기억해 주어서 고맙다는 말과 그녀를 사랑하니 기뻐하라는 말을 전하라고 했다. 그리고 대추나무, 삽, 그리고 비단 냅킨이 있는 황금 단지 하나를 주었다. 대추나무는 땅에 심고 그 나머지 물건들로 그 나무를 돌보라는 것이다.

공작은 요정이 준 선물에 놀랐다. 그리고는 그곳을 떠나 고국으로 돌아가서 여섯 딸에게 그들이 원했던 물건들을 주고 마지막으로 제졸라에게 요정의 선물을 전해 주었다. 제졸라는 너무 기뻐서 거의 자기 가죽에서 뛰쳐나올 뻔했다. 그녀는 예쁜 화분에 대추나무를 심고 매일같이 물을 준 다음 비단 냅킨으로 닦아주었다.

이런 보살핌 덕분에 대추나무는 사나흘 만에 여자 크기가 됐다. 그러더니 거기에서 요정이 나와서 제졸라에게 원하는 것이 무엇이냐고 물었다. 제졸라는 가끔 자기 자매들이 눈치채지 못하게 집을 떠나고 싶다고 말했다. 요정은 방법을 가르쳐주었다. "이 나무에 와서 이렇게 말하도록 해라.

오! 나의 황금 대추나무여,
황금 삽으로 너를 묻고
황금 단지로 너에게 물을 주었고
황금 냅킨으로 너를 닦아주었으니
너는 옷을 벗고 나에게 옷을 입혀주렴.

또 네가 옷을 벗고 싶으면 마지막 구절을 '나는 옷을 벗고 너는 옷을 입으렴' 하고 부르면 된단다."

축제일이 됐다. 가정교사의 딸들은 화장품을 덕지덕지 바르고 리본과 종과 허드레 장식들을 달고 꽃과 향수로 한껏 멋을 부린 다음 행진에 참가했다. 제졸라는 곧 대추나무에 가서 요정이 가르쳐준 대로 했다. 그러자 그녀는 왕비 같은 차림새가 됐고, 멋진 복장을 한 12명의 시종들이 둘러싼 가운데 백마에 올라타 있었다. 그녀는 이런 차림으로 여섯 자매들이 간 방향으로 행진해 갔다. 여섯 자매들은 그녀를 알아보지 못했다. 다만 이 아름다운 비둘기의 미모를 보고 자신들도 모르게 입에 침이 고였다.

마침 왕이 그 자리에 왔다가 제졸라의 기가 막힌 아름다움에 홀딱 빠져서 그가 신임하는 시종에게 명령을 내려서 이 아름다운 귀부인이 누구이며 어디에 사는지를 알아보라고 했다. 시종이 그녀 뒤를 개처럼 졸졸 좇아오는 것을 눈치챈 제졸라는 대추나무에게서 미리 받아둔 크라운 화폐를 한줌 뿌렸다. 번쩍거리는 화폐를 보자 욕심이 생긴 시종은 말 뒤를 좇아가는 것을 까먹고 그 돈을 집느라고 바빴다. 그동안 제졸라는 단숨에 집으로 돌아와서 요정이 가르쳐준 대로 옷을 벗었다. 여섯 하피(harpy. 얼굴과 상반신은 추녀이고 날개·꼬리·발톱은 새인 괴물)들은 곧 집으로 돌아와서 제졸라에게 축제에서 본 아름다운 것들을 한없이 길게 이야기해서 제졸라를 피곤하고 화나게 했다.

그동안 시종은 왕에게 돌아가서 크라운 화폐에 대해 이야기를 했다. 왕은 분노를 터뜨리며 시종이 돈 몇 푼에 눈이 팔려서 자신의 기쁨을 망쳐놓았다고 야단치고, 다음번 축제에서는 이 아름다운 소녀가 누구이며 이 예쁜 새가 어디에 사는지를 반드시 알아내야 한다고 말했다.

다음 축제가 돌아왔다. 이번에도 여섯 자매들은 화장을 진하게 하고 축제에 참가했다. 물론 제졸라는 아궁이에 남겨놓았다. 그러나 제졸라는 곧 대추나무로 달려가서 지난번과 같은 주문을 외었다. 그러자 나무에서 한 무리의 시녀들이 나왔는데 각각 손에 거울, 호박 화장

수, 머리 손질용 집게, 연지, 빗, 목걸이, 귀고리 등속을 들고 있었다. 그들은 제졸라를 태양처럼 아름답게 만들더니, 멋진 정복을 입은 하인들과 시종들이 보좌하는 여섯 마리의 말이 끄는 마차에 태웠다. 그녀는 마차를 타고 이전과 같은 장소로 갔다. 거기에서 여섯 자매의 마음에 시기심을, 또 왕의 마음에 불을 질러놓았다.

이번에도 역시 왕의 시종이 그녀 뒤를 밟았으나, 그녀가 보석과 진주를 흩뿌리자 왕의 신임을 잔뜩 받는 이 시종도 그것을 집어들 욕심을 뿌리치지 못하는 바람에 다시 그녀를 놓치고 말았다. 그동안 제졸라는 집으로 돌아와서 옷을 갈아입었다. 시종은 정신이 어리벙벙하여 국왕에게 돌아갔다. 왕은 화가 머리끝까지 뻗쳐서 소리쳤다. "네가 그 소녀를 다시 찾지 못한다면 네 엉덩이를 세상에서 가장 세게 발로 차서 수염에서 머리카락이 나오게 해줄 거다."

다음번 축제일이 됐다. 여섯 자매들이 모두 집을 나가자 제졸라는 대추나무에게 갔다. 그리고는 같은 주문을 외웠다. 이번에도 그녀는 대단히 멋진 의상을 입고 황금마차를 탔는데 그 주위에 시종들이 어찌나 많은지 마치 고급 창녀가 산책길에서 체포되어서 경찰들에 둘러싸인 것 같았다. 그녀는 여섯 자매들의 시기심과 경외감을 잔뜩 불러일으킨 다음 떠났다. 그런데 이번에는 왕의 시종이 마차에 이중으로 줄을 걸어서 단단히 잡고 좇아왔다. 제졸라는 그 시종이 계속 좇아오는 것을 보고 "빨리 가자" 하고 소리를 쳤다. 그러자 마차는 미친 듯이 속도를 냈는데 그 바람에 그녀의 한쪽 발에서 세상에서 가장 예쁘고 비싼 나무신이 떨어졌다.

시종은 날아갈 듯이 떠나는 마차를 좇아갈 수는 없었지만 대신 신발 한 짝을 주워들고 왕에게 가서 그동안 일어난 일을 설명했다. 왕은 신을 손에 들고 이렇게 말을 했다. "기초가 이렇게 아름다우니 그 위에 지은 저택은 얼마나 아름답겠는가? 오, 나를 소진시켜 버리는 초를 들고 서 있는 사랑스러운 촛대여! 내 생명이 끓고 있는 솥의 삼발이 여! 사랑을 낚는 낚싯줄에 붙어 있는 아름다운 코르크여!(나무신에 붙어 있는 코르크) 너는 내 영혼을 낚고 있구나! 보라, 나는 당신을 포옹하고 있소이다! 만일 내가 잎에 닿을 수 없다면 뿌리라도 찬양하리다. 내가 만일 기둥을 가질 수 없다면 토대에라도 키스를 하리다. 신발이여, 너는 처음에 하얀 발을 포로로 삼고 있더니 이제는 비탄에 잠긴 심장을 붙들고 있구나. 내 생명을 뒤흔든 그녀는 너로 인하여 한 뼘 반만큼 키가 커졌겠구나. 내가 너를 소유하고 있는 동안 너로 인하여 내 삶은 그만큼 더 달콤해지겠지."

이렇게 말을 마친 왕은 비서를 불러서 트럼펫 주자와 고적대를 준비시키고, 그가 앞으로 주최하려는 축제와 연회에 모든 여인들이 참석할 것을 명령했다. 그 정해진 날이 왔다. 모두들 얼마나 많이 먹고 즐겁게 노는지! 그 많은 과자와 케이크는 어디에서 온 것일까? 그 모든 스튜와 만두는 또 어디에서 온 것일까? 마카로니와 그라비올리는 군대 전체를 먹이고도 남을 정도였다. 지위가 높거나 낮거나, 부자거나 가난하거나, 늙거나 젊거나, 그리고 사랑받거나 미움받거나 상관없이 모든 여자들이란 여자들은 다 모였다. 이 여자들이 턱놀림을 마쳤을 때, 왕이 등장하여 한 말씀을 하신 다음 그곳에 모인 모든 손님들에게 신발을 신어보도록 시켰다. 그래서 머리카락 하나 들어가지 않게 딱 맞는 발을 가진 사람이 없는지 유심히 살펴보면서 그가 원하는 사람을 찾아내려고 했다. 그러나 그 신에 맞는 발을 결국은 찾지 못해서 절망에 빠지고 말았다.

그렇지만 왕은 다시 모든 사람에게 조용히 하라고 명령하고 이렇게 이야기했다. "내일 다시 한 번 와서 나랑 잔치를 벌입시다. 그런데 진정 나를 사랑하신다면 누구든지 단 한 명의 여자도 남겨놓지 말고 와야 해요!" 그러자 공작이 일어나서 말했다. "내게 딸이 하나 있긴 한데, 언제나 집안일이나 하려고 합니다. 그 아이는 한심하고 쓸데없는 놈이 돼놔서 여기 식탁에는 어울릴 것 같지 않습니다만……." 이에 대해 왕은 이렇게 답했다. "그 아이를 제일 윗 번호에 올려둡시다. 그게 내 소원이오!"

그래서 모든 사람들이 떠났다가 다음날 다시 왔다. 제졸라도 카르모시나의 딸들과 함께 왔다. 그녀를 보자마자 왕은 바로 그녀가 자신이 찾는 여자일 것 같다는 느낌이 들었지만 그런 생각을 숨겼다. 잔치가 끝나고 다시 신발을 신어보는 차례가 됐다. 제졸라의 차례가 되어 그녀 발을 가까이 가져가자 그 신발은 마치 쇠못이 자석에 날아가서 붙듯이 저절로 움직여서 제졸라의 발에 들어가 맞았다. 왕은 제졸라를 품에 안고 닫집으로 가서 왕관을 씌워주었다. 그리고 사람들에게 제졸라를 왕비로서 모시라고 명령했다. 여섯 자매들은 질투 때문에 납빛이 됐다. 그리고 억장이 무너지는 고통을 더 이상 참지 못하여 겨우 기어서 집으로 돌아갔다. 그리고 자기들 어머니에게 자신도 모르게 이런 고백을 했다.

"별들에 대해서 싸우려는 사람은 미친놈이에요!"

〔4〕

섭한

• 중국 •

• '섭한'은 현재까지 문자로 기록된 세계 최초의 신데렐라 이야기이
다. 이 이야기는 단성식이 850~860년 사이에 쓴 《유양잡조》라는 책에
실려 있다. 오랫동안 그의 하인으로 일하던 이사원에게서 이 이야기
를 들었으며, 이 사람은 옹주 사람으로 남쪽 지방의 신기한 이야기들
을 많이 알고 있다고 기록했다. 즉 이사원이라는 사람은 베트남과의
국경 가까이에서 온 사람이다. 분명히 이 이야기는 베트남이나 인도
네시아 지방에서 채록된 것들과 유사한 내용들을 많이 포함하고 있
다. 유럽의 신데렐라 이야기에 익숙한 사람들이 볼 때 중국 이야기가
특이한 점은 신발을 잃어버리는 일화와 그것을 찾는 일화 사이에 간
격이 있다는 점, 또 물고기뼈가 많은 재화를 제공한다는 점 등이다.
그런데 이 이야기는 중간에 이야기 전체의 내적 정합성이라는 점에
서 볼 때 약간 어색한 부분들이 눈에 띄며, 따라서 다른 판본들이나
다른 이야기의 요소들이 들어와 섞인 것 같다. 20세기 초에 이 이야
기가 소개됨으로써 신데렐라 이야기, 혹은 더 넓게는 민담 연구에 획
기적인 변화가 일어났다.

진한(秦漢) 이전에 오씨(吳氏) 성을 가진 사람이 살았다. 그곳 사람들은 그가 사는 곳을 오동(吳洞)이라고 불렀다. 그는 두 아내를 맞았으나 첫 번째 아내는 죽었다. 이 사이에 섭한이라는 딸이 있었는데, 그녀는 어려서부터 총명하고 질그릇을 잘 만들었다. 아버지는 이 아이를 사랑했지만, 그 아버지가 죽자 계모가 학대했다. 섭한은 험한 산에서 나무를 하고 깊은 샘에서 물을 길어와야 했다. 어느 날 섭한은 물고기 한 마리를 얻었다. 그 물고기는 길이가 두 치 정도이고 빨간 지느러미에 눈은 금빛이었다. 섭한은 이 고기를 몰래 그릇에 넣어 키웠다. 물고기는 매일같이 커져서 그릇을 여러 번 바꾸어주었는데도 종래에는 그릇 안에서 키울 수가 없었다. 그래서 집 뒤에 있는 연못 속에 넣고 키웠다. 섭한은 먹을 것이 남으면 물속에 집어넣어서 그 물고기에게 먹였다. 그녀가 연못에 가면 물고기는 반드시 머리를 내밀고 물가로 나왔으나 다른 사람이 가면 나오지 않았다. 계모도 그 물고기를 알게 됐지만 그녀가 연못에 가면 물고기가 물 위로 나오는 적이 없었다. 그래서 속임수를 쓰기로 했다. 어느 날 섭한에게 열심히 일하는 것이 기특하여 새 옷을 준다고 했다. 곧바로 새 옷으로 갈아입힌 다음 다른 동네의 샘에서 물을 길어오라고 보냈다. 그 샘은 몇백 리나 떨어져 있었다. 계모는 딸의 옷으로 갈아입더니 잘 갈아놓은 칼을 소매에 넣고 가서 연못에서 물고기를 불렀다. 물고기는 이내 머리를 내밀었다. 그러자 칼로 머리를 찔러 죽였다. 물고기는 이미 크기가 열 자가 넘었는데 그 고기를 요리하니 보통 물고기보다 배는 맛있었다. 그런 후 뼈를 퇴비 밑에 숨겼다. 해가 저물어서야 돌아온 섭한이 연못으로 갔지만 다시는 물고기를 볼 수 없었다. 그녀는 곧바로 들로 가서 통곡했다. 그때 머리를 풀고 남루한 옷을 입은 사람이 하늘에서 내려와서 그녀를 위로했다. "울지 말아라. 네 어머니가 물고기를 죽였다. 그 뼈는 퇴비 밑에 있으니까, 돌아가서 물고기의 뼈를 추려 방에 숨겨두어라. 그리고 네가 원하는 것이 있을 때 그 뼈에 빌면 그대로 이루어질 거다." 섭한이 그 말대로 해보니 보석이든 옷이든 음식이든 원하는 것은 뭐든지 생겼다.

　마을 축제가 열린 날, 어머니는 축제에 가면서 섭한에게는 마당의 과실나무를 지키라고 했다. 섭한은 어머니가 나가는 것을 지켜보다가 그녀가 멀리 갔을 때 청록색 옷을 입고 황금 신발을 신고 축제에 갔다. 계모가 낳은 딸이 그 모습을 보고 어머니에게 의붓언니하고 많이 닮았다고 말했다. 어머니 역시 그런 의심을 했다. 섭한은 그것을 깨닫고 급히 돌아왔는데, 급히 서두르다가 신발 한 짝을 떨어뜨렸다. 마을 사람이 그걸 줍게 됐다. 계모는 돌아와서 딸이 마당의 나무를 안고 잠들어 있는 것을 보고는 그녀를 의심하지 않았다.

　이 마을 가까이에 섬이 하나 있고 그 섬 안에 타한(陀汗)이라는 나라가 있었다. 병력이 강하고 수십 개의 섬을 거느리며 수계(水界)가 수천 리에 이르렀다. 마을 사람이 그가 주운 섭한의 신발을 타한국에 팔았다. 이 나라 임금이 주위 사람들에게 그 신발을 신어보라고 명령했다. 발이 아주 작은 사람이 신어보았지만 그 신발은 한 치나 더 작았다. 나라 안의 모든 여자들에게 그 신발을 신겨보았으나 맞는 사람이 한 명도 없었다. 그 신발은 털처럼 가벼운데다가 돌을 밟아도 아무 소리가 나지 않았다. 타한의 왕은 그 마을 사람이 부정한 방법으로 그것을 갖게 된 것은 아닌지 의심하여 옥에 가두고 고문을 했지만 그래도 그 신발이 어디서 온 것인지를 알 수 없었다. 결국 집집마다 돌아다니며 수색을 했다. 그러던 중 한 집에서 나머지 신발 한 짝이 발견됐다. 이를 수상하게 여겨 그 집안을 뒤져서 섭한을 찾아냈다. 그녀에게 신발을 신겨보니 딱 맞았다. 청록색 옷을 입고 황금 신발을 신은 섭한의 모습은 하늘에서 내려온 선녀와도 같았다. 그때서야 섭한이 자초지종을 왕에게 고하자 왕은 그녀와 함께 물고기뼈를 거두어서 자신의 나라로 돌아갔다. 그녀의 계모와 의붓언니는 그 직후에 돌에 맞아 죽었다. 마을 사람들이 불쌍히 여겨 두 사람을 돌구덩이에 묻고 오녀총(懊女塚)이라고 불렀다. 마을 사람이 아이를 갖고 싶을 때 여기에 제사를 지냈는데 딸을 원하면 반드시 효험이 있었다. 타한의 왕은 자기 나라로 돌아가자 섭한을 왕비로 삼았다. 1년 동안 왕은 너무 욕심을 부려서 물고기뼈에 빌어 얻은 보석이 산처럼 쌓였다. 그러나 해가 바뀌자 더 이상 왕의 소원을 들어주지 않았다. 왕은 곧바로 물고기뼈를 해안에 묻고 그 속에 구슬 100석을 숨기고 가장자리를 금으로 둘렀다. 후일, 병졸들이 반란을 일으켰는데 그 무리의 우두머리가 물고기뼈 묻은 곳을 파헤쳐서 군자금으로 쓰려 했다. 그러나 어느 날 저녁, 물고기뼈는 바다의 조류에 휩쓸려가 버렸다. 이 이야기는 단성식의 옛날 하인 이사원이 이야기한 것이다. 이사원은 원래 옹주의 동중(洞中) 사람으로 중국 남부의 많은 괴이한 일들을 기록해 두었다.

〔5〕

카종과 할록

· 베트남 ·

• '카종과 할록'은 19세기에 식민지 관리에 의해 채록됨으로써 서구
에 처음 알려졌다. 이 이야기를 해준 사람은 참(Cham)족 사람이라 하
는데, 이는 베트남에 사는 인도네시아 계통 사람을 가리킨다. 콕스의
책에도 이 비슷한 이야기가 소개되어 있다(no. 68). 이야기 중에는 잘
알려지지 않은 단어들과 사물들이 나온다. 예컨대 무캬나무는 향기
가 아주 강한 열매를 맺는 나무이고 또 그 열매의 씨는 여자의 실루
엣과 닮았다고 한다. 여기에서 그 열매 속에 카종이 숨어 있는 것을
연상한 듯하다. 이 이야기도 중국 판본과 마찬가지로 물고기뼈가 많
은 재물을 가져다주는 것으로 되어 있다. 그리고 우리나라의 〈콩쥐
팥쥐〉처럼 '뒤바뀐 신부(AT 403)'의 요소가 들어 있다. 전체적인 분
위기는 애처로운 슬픔이 가득하지만, 대신 처참한 이야기로 결말을
맺는다. 구술한 것을 글로 옮긴 것이라 전반적으로 스토리의 연결이
약간 어색해 보이는 부분들이 있다. 예컨대 제일 첫 부분이 다소 혼
란을 주는데, 할록은 친딸이고 카종은 데리고 온 딸이라는 점을 염두
에 두고 보면 이해가 쉽다.

옛 날에 카종과 할록이라는 두 자매가 살았다. 할록은 친딸이고 카종은 데리고 온 딸이었는데, 둘의 나이가 같기 때문에 누가 언니이고 누가 동생인지는 아무도 몰랐다. 엄마도 누가 위이고 누가 아래인지 몰랐기 때문에 괴로워했다.

엄마가 할록에게 카종을 언니라고 부르라고 시키자, 할록은 다른 모든 것은 엄마가 시키는 대로 하겠지만 카종을 언니라고 부르는 것만은 할 수 없다고 했다. 그래서 이번에는 카종에게 할록을 언니라고 부르라고 했으나 카종 역시 선뜻 그렇게 하려고 하지 않았다. 그래서 어떤 날에는 고분고분 언니라고 부르다가 다른 날에는 동생이라고 불렀다.

할록은 엄마에게 말하기를 만일 카종이 자기 보고 동생이라고 부른다면 자기도 카종을 동생이라고 부르고, 또 자기를 언니라고 부르면 마찬가지로 언니라고 부르겠지만, 어떤 날에는 자기를 언니라고 부르고 다른 날에는 동생이라고 부르면 친척들 앞에서 망신이 아니냐고 말했다. 엄마는 두 딸에게 바구니를 하나씩 주고 물고기를 잡으라고 했다. 만일 카종이 고기를 더 많이 잡으면 카종이 언니가 되고 할록이 고기를 더 많이 잡으면 할록이 언니가 되기로 했다.

두 자매는 고기가 많이 살고 있는 개천으로 갔다. 카종은 물이 깊은 곳까지 들어가서 고기를 잡기 시작했다. 그러나 할록은 그렇게 깊은 곳까지 들어가서 고기를 잡으려고 하지 않았다. 카종이 13마리의 물고기를 잡아서 바구니가 반쯤 찼을 때 할록은 겨우 10마리의 크록 (krwak)만 잡았을 뿐이었다. 카종은 지쳐서 바구니를 땅에 내려놓고 누워서 쉬었다.

할록은 카종의 바구니 옆에서 고기를 잡다가 슬쩍슬쩍 카종의 물고기를 훔쳐서 결국 할록이 더 많은 물고기를 가지게 됐고 카종의 바구니에는 물고기가 몇 마리 남지 않았다. 카종이 할록에게 물고기를 훔치지 않았느냐고 물었지만 할록은 훔치지 않았다고 우겼다. 카종은 더 이상 말하지 않았지만 할록이 물고기를 훔친 것을 알았다. 카종은 혼자 슬픈 생각에 잠겼다. 집에 가면 의붓어머니가 자기를 때릴 것 같았다. 그녀는 다시 고기를 잡아보았지만 겨우 차록(tjarok) 한 마리만 더 잡았다. 할록이 먼저 집으로 가고 카종이 뒤를 따라갔다. 카종은 자기가 잡은 차록을 샘물에 넣고서 키워 남자동생처럼 생각하기로 했다. 그래서 집에는 다른 물고기 세 마리만 가져갔다. 카종은 자기가 잡은 차록이 자신처럼 외로워 보였기 때문에 먹이를 주면서 동생처럼 키워야겠다고 생각했다.

의붓어머니는 카종이 고기를 적게 잡았기 때문에 이제부터 할록을 언니라고 부르라고 했다. 카종은 그렇게 하겠다고 하고, 할록이 고기를 훔친 것에 대해서는 말하지 않았다.

의붓어머니는 카종에게 염소들을 돌보라고 시켰다. 카종은 염소를 돌보러 갈 때마다 물고기를 넣어둔 샘에 들렀다. 그리고 "누나가 널 보러 왔다. 내가 널 잡았을 때 너도 나처럼 외로워 보여서 불쌍하게 생각했단다. 그래서 너를 동생처럼 키우기로 했단다" 하고 말했다.

점심 때가 되면 카종은 밥을 가지고 다시 샘에 와서 물고기에게 먹였다. "애야, 이리 와서 밥 먹으렴. 내가 던져줄 테니까." 물고기는 그녀가 부르는 목소리를 들으면 물 위로 올라왔다. 이렇게 한 달 동안 그녀는 물고기와 함께 밥을 먹었다. 어느 날 할록은 카종이 밥을 가지고 어디론가 가는 것을 보고 그녀를 몰래 따라가 보았다. 그리고 카종이 물고기를 불러내서 함께 밥을 먹는 것을 보았다.

다음날에도 카종은 염소들을 데리고 풀밭으로 갔다. 염소들은 솜을 뜯어먹고 카종은 솜 부스러기를 모으느라고 바빠서 물고기를 보러 갈

새가 없었다. 집에 있던 할록은 밥을 가지고 물고기가 있는 샘에 가서 물고기를 불렀다. 물고기는 카종이 자기를 부르는 줄 알고 물 위로 올라왔다. 할록은 물고기를 잡아서 집으로 가지고 와서 누옥 맘(베트남에서 조리에 사용하는 소스의 한 종류)으로 요리를 해먹었다.

할록은 카종이나 엄마에게 한마디도 하지 않고 먹었다. 다음날 카종은 밥을 가지고 샘에 갔으나 물고기를 볼 수가 없었다. 카종이 아무리 열심히 샘물 안을 들여다보아도 물고기는 보이지 않았다. 카종은 슬피 울었다. 자기는 부모도 없고, 그래서 물고기를 친동생처럼 여기고 길렀는데 어떤 인정 없는 사람이 그 물고기를 잡아갔다고 생각했다. 그나마 위로를 주던 물고기마저 누군가가 훔쳐가서 자기는 다시 혼자가 됐다는 생각에 밤낮으로 울었다.

그날 밤에 그녀는 꿈에서 물고기를 보았다. "카종 누나, 이제 그만 울어. 누나가 염소를 돌보는 동안 할록이 나를 잡아먹었어. 쌀밥을 가지고 와서 나를 속여서 잡아가지고 누옥 맘으로 요리를 해서 먹었거든. 그리고 내 뼈는 대나무통에 담아서 물 단지 옆에 묻었어. 나를 사랑하거든 내 뼈를 잘 추려서 코코넛 껍질 속에 담아가지고 네거리에 묻어줘. 누나가 염소를 데리고 지나갈 때 누나 얼굴을 볼 수 있도록 말이야. 그러면 누나도 매일 나를 볼 수 있을 거야." 물고기는 울면서 그렇게 말했다. 카종은 울다가 깨어났다. 그리고 방 한가운데 돗자리 위에서 한참을 혼자 앉아 있었다.

다음날 아침 그녀는 물 단지 옆을 파보았다. 거기에서 대나무통이 나왔는데 그 안을 들여다보니 물고기뼈가 있었다. 그 뼈를 코코넛 껍질에 잘 담아서 네거리에 정성껏 묻어주었다. "동생아, 네가 꿈에서 이야기한 대로 너의 뼈를 이렇게 묻는다. 내가 염소를 데리고 이 길을 오갈 때마다 너를 보면서 내 마음을 위로할 수 있겠구나. 나는 정말로 혼자가 아니니? 부모도 없는 내 운명은 참으로 불쌍하기 짝이 없구나. 게다가 이제는 동생마저 없구나. 내 의붓어머니는 나를 불쌍하게 여기기나 할까?"

카종이 이렇게 물고기뼈에게 이야기를 하는 동안 눈물이 계속 흘러 나왔다. 그리고 난 후 집으로 돌아갔다. 다음날 카종은 다시 염소를 데리고 풀밭으로 갔다. 가는 도중에 물고기뼈 묻은 곳을 찾아가보니 그곳에 황금 신발이 한 짝 있었다. 나머지 신발 한 짝은 까마귀가 물어다가 왕궁에 떨어뜨려서 왕이 그것을 발견했다. 카종이 묻은 뼈가 신발로 변했던 것이다. 카종은 그 신발을 아무도 모르는 곳에 숨겼다.

2~3일 뒤에 왕은 모든 마을에 공문을 돌려서 모든 소녀들이 왕궁으로 와서 까마귀가 물어온 신발을 신어보도록 했다. 왕은 누구든지 그 신발이 크지도 않고 작지도 않게 발에 딱 맞는 소녀와 결혼하겠다고 선포했다.

딸을 가진 부모들은 모두 자기 딸을 왕궁으로 보내서 신발을 신어보게 했다. 카종의 의붓어머니는 할록을 왕궁으로 보냈지만 카종은 못 가게 했다.

카종은 이 모든 일을 생각하고 마음속으로 너무 슬퍼서 울었다. 카종이 우는 것을 본 의붓어머니는 복잡하게 얽힌 실타래를 하나 주고 그것을 풀면 다른 소녀들처럼 왕궁에 갈 수 있다고 말했다. 그러나 카종은 그 실타래를 풀 수 없어서 슬피 울기만 했다. 하늘의 신이 카종이 우는 것을 보고는 개미들을 보냈다. 개미들은 실타래 안으로 기어들어가서 얽힌 실들을 풀었다. 카종은 이것을 가지고 의붓어머니에게 갔다.

그러자 의붓어머니는 깨 한 통과 옥수수 한 통을 가지고 와서 섞은 다음 그것을 다시 골라내라고 시켰다. 그것을 다 골라내야만 다른 소녀들처럼 왕궁에 갈 수 있다는 것이다.

카종은 할 수 없이 그 일을 하면서 울음을 멈출 수 없었다. 카종이 우는 것을 본 알와신은 숲속의 모든 새들, 개미와 흰개미, 전갈, 지네, 벌레들에게 카종을 도와주라고 시켰다. 이것들이 깨와 옥수수를 가려 내는 일을 해주었다.

그러자 의붓어머니는 카종을 왕궁으로 가게 해주었다. 카종은 구장 (betel) 잎을 준비해서 손수건에 접어놓고 랑구티(langouti)를 입고 길을 떠났다. 그녀는 다른 사람들보다 늦게 혼자 도착했다. 그녀는 신발을 발견했던 곳으로 가서 황금 신발을 수건에 싸가지고는 길을 떠났다. 그러면서 다른 사람들은 모두 여럿이 가는데 자기만 혼자 간다는 생각으로 슬픔에 잠겨서 울었다.

그녀는 왕궁에 도착했지만 다른 사람들처럼 신발을 신어보려고도 하지 못하고 왕궁 뒤에 숨었다. 아버지와 함께 온 부잣집 소녀들은 서둘러서 신발을 신어보려고 했다.

모든 소녀들이 신발을 신어보았지만 발에 맞지 않았다. 왕은 "신발을 신어본 사람들 중에 딱 맞는 사람이 한 명도 없는가?" 하고 신하에게 물었다. "한 명도 없습니다" 하고 신하들이 대답했다.

"모든 사람이 다 신어보았는가?"

"왕궁 뒤에 숨어 있는 카종이 남아 있습니다."

"그녀에게 들어와서 신발을 신어보라고 해라."

신하가 카종을 불러서 신발을 신어보라고 하니 발에 딱 맞았다. 왕은 신하들에게 일러서 그녀를 목욕시킨 다음 왕궁으로 데리고 들어와서 결혼식을 준비하라고 했다.

밤중에 왕이 카종에게 물었다. "그대는 부모가 있는가?" "제 부모님은 제가 겨우 걸을 수 있을 정도로 어렸을 때 모두 돌아가셨습니다.

어머니는 본 기억이 있지만 아버지는 너무 어려서 보았던지라 기억이 없습니다. 지금은 의붓어머니와 살고 있습니다." 왕은 그가 발견한 신발을 들어 보이며 "그대는 이런 신발을 가지고 있는가?" 하고 물었다. "제가 발견한 신발이 바로 이와 똑같았습니다" 하고 카종이 대답했다. 그녀가 그 신발 한 짝을 보여주자 왕이 두 신발을 비교해 보았는데 둘은 완전히 똑같았다. "카종, 당신이 내 부인이 되는 것이 진정으로 그대 운명이로다" 하고 왕이 말했다.

다른 모든 소녀들은 집으로 돌아갔다. 할록도 집에 돌아가서 어머니에게 왕궁에 갔던 이야기를 했다. 전국의 모든 마을에서 수천 명의 사람들이 몰려왔기 때문에 풀들이 짓밟히고 숲의 나무들이 쓰러질 정도였으며, 그 중에는 보름달을 좇는 밤의 요정만큼 예쁘고 가슴이 라파브왁(Ra-Pabwak)처럼 동그란 소녀들도 많았지만 그들 중 누구도 신발이 맞지 않았는데 카종이 마지막으로 와서 신발을 신자 딱 맞아서 카종이 왕비가 됐다는 사실을 말했다.

할록의 어머니는 비통하게 소리쳤다. "내 친딸이 왕과 결혼하지 못하고 의붓딸이 왕과 결혼을 하다니!" 그녀는 왕궁에 가서 왕에게 거짓말을 해서 카종을 잠깐 집으로 돌려보내 달라고 요청했다. "전하의 성스러운 발의 때와 같은 제가 감히 부탁을 드리러 왔습니다. 카종을 이삼일만 집으로 오게 해주십시오. 이 어미가 카종 없이 새 집으로 간다면 너무나도 슬프기 때문입니다." 왕은 그렇게 하라고 답했다. "카종을 데리고 가되 이삼일 후에는 반드시 돌려보내도록 하라."

그래서 카종은 빛나는 옷을 입고 의붓어머니와 함께 집으로 갔다. 그들이 집에 도착했을 때에는 이미 어두웠다. 의붓어머니와 할록은 밥을 지어먹었으나 카종은 집 밖에 남겨놓았다. 그리고는 한 숟가락도 먹지 못하게 했다.

카종은 이런 일들을 겪으면서 슬픔에 잠겼다. "친어머니라면 내가 왕과 결혼하는 것을 싫어할까? 의붓어머니는 살과 피가 다른 사람이야." 그날 밤 카종은 아무것도 먹지 못한 채 잠자리에 들었다. 그리고 매트도 주지 않아서 카종은 대나무 돗자리에서 자야 했다.

다음날 아침 할록과 의붓어머니는 이야기를 꾸며서 카종을 속였다. 할록은 카종에게 코코넛을 따러 가자고 해서 숲으로 데리고 들어갔다. 그리고는 카종에게 야자나무 위로 올라가게 했다. 카종이 나무에 올라가자 밑에 있던 할록은 도끼를 꺼내서 그 나무를 찍어댔다. 카종은 다른 나무로 건너뛰면서 울음을 터뜨렸다. "할록아, 왜 이러는 거니? 어떻게 나에게 이토록 무참한 짓을 하는 거니?" 할록은 카종이 건너뛴 나무의 밑동을 도끼로 찍어댔다. 카종은 다시 울면서 말했다. "할록아, 너는 정말로 나를 죽이려고 하는구나. 나는 아버지도 없었고 어머니도 없었다. 너의 어머니가 나를 친딸처럼 키우더니 이제 너와 네 어머니가 나에게 이렇게 대하는구나."

할록이 계속해서 나무를 도끼로 찍어대자 카종은 이렇게 말했다. "할록아, 네가 집으로 돌아가면 어머니께 이야기해서 나 대신 내 남편과 결혼하도록 해라."

카종이 말을 마쳤을 때 나무가 거의 쓰러졌으므로 카종은 그 나무 옆에 있는 호수로 몸을 던졌다. 그녀는 황금빛 거북으로 변해서 그 호수에 살게 됐다.

할록은 집에 돌아가서 어머니에게 자신이 한 일을 고했다. 카종을 야자나무 위로 올라가게 한 다음 나무 밑동을 도끼로 쳐서 나무가 쓰러지는 바람에 카종이 호수에 빠져 죽었다고 말했다. 모녀는 크게 기뻐했다. 그리고는 두 사람이 왕궁으로 갔다. 어머니는 국왕에게 이렇게 말했다. "전하의 성스러운 발의 때와 같은 제가 말씀드립니다. 카종은 멀리 도망갔는데 찾을 수가 없습니다. 그래서 제 친딸을 데리고 왔사오니 제 딸과 결혼하십시오."

"그렇게 하도록 하라. 카종 대신 너의 친딸을 데리고 왔으니 그녀와 결혼하는 것이 맞을 것이다."

이렇게 해서 어머니는 집으로 돌아가고 할록은 카종 대신 왕비가 되어 왕궁에 남았다. 그러나 국왕은 슬픔에 잠겨서 잠을 자지 못했다.

어느 날, 왕은 신하들에게 사냥 준비를 시켰다. 국왕이 사냥을 떠났다가 카종이 야자나무에서 떨어져 거북으로 변한 연못에 이르렀다. 국왕은 옛 추억 때문에 슬픔에 잠겨서 무엇을 해야 할지 몰랐다. 그는 호숫가에서 쉬던 신하들에게 호수가 얼마나 깊은지 재보라고 시켰다.

신하들은 연못의 깊이를 재다가 거북을 한 마리 잡았다. 왕은 더 이상 사냥을 하고 싶지 않아서 그 거북을 가슴에 안고 왕궁으로 돌아갔다. 그리고 황금 대야에 거북을 넣어 길렀다. 그런데 국왕이 자리를 비운 사이에 할록이 거북을 잡아먹고 빈 껍질을 왕궁 뒤에 버렸다. 그 거북 껍질에서 대나무가 자라났다.

국왕이 돌아와서 보니 거북이 사라졌다. 그래서 할록에게 거북을 보지 못했느냐고 묻자 그녀는 보지 못했다고 답했다. 왕은 점쟁이에게 신통력으로 그 거북을 찾아보도록 시켰다. 그제서야 할록은 사실대로 말했다. 그러면서 변명하기를 자기가 임신해서 거북을 먹고 싶었기 때문에 잡아먹었노라고 했다. 왕은 그녀에게 아무 말도 하지 않았다.

2~3일 뒤 왕이 왕궁 뒤로 산책을 나갔다가 대나무 한 그루를 보았는데 그 나무를 보니 마음이 흡족하여 그것을 자주 만지고 그것을 기쁨으로 삼았다. 왕이 다시 자리를 비우자 할록은 그 대나무의 죽순을 꺾어서 요리를 해먹었다. 국왕이 돌아와보니 죽순이 사라지고 없었다.

왕이 할록에 물으니 그녀는 자기가 임신해서 죽순이 너무 먹고 싶었기 때문에 그 죽순을 잘라서 요리해 먹었다고 답했다. 왕은 아무 말도 하지 않았다. 그러나 할록이 임신했다는 것은 거짓말이었다. 국왕은 그녀와 잠자리를 함께 하지 않았기 때문이다.

죽순 껍질은 베크 새로 변하여 왕궁에 날아와서 슬피 울었다. 그 새의 울음소리를 듣자 왕은 마음이 슬퍼져서 "네가 정말로 카종이라면 내 소매에 날아와서 앉으렴" 하고 말했다. 그러자 베크 새는 왕의 소매로 날아와 앉았다. 왕은 그 새를 키웠다. 2~3일 뒤 왕이 다시 자리를 비우자 할록은 그 새를 잡아먹었다. 그리고 새의 깃털을 왕궁 바깥의 길가에 던졌는데, 여기에서 무캬(moekya)가 태어났다.

왕이 돌아와보니 베크 새가 없었으므로 할록에게 새를 보았느냐고 물었다. 할록은 이렇게 답했다. "새가 날아가다가 수프 통 속에 떨어져서 죽었습니다. 제가 그것을 치워놓는데 개들이 물어갔습니다." 이번에도 국왕은 아무 말도 하지 않았다.

왕은 베크 새를 그리워했다. 그런데 할록이 길가에 버린 그 새의 깃털에서 커다란 무캬나무가 솟아나왔다. 이 나무는 열매를 하나만 맺었는데 그 열매가 익었을 때에는 독특한 향기가 났다. 그 나무 밑을 지나가는 사람은 누구나 고개를 들어 열매를 보려고 했지만 열매는 보이지 않았다.

한 늙은 베트남 여인이 라참(ratjam)을 팔고 다니다가 그 나무 밑을 지나가게 됐다. 이 나무의 농익은 열매 향기가 공기를 가득 채우고 있었다. 그 할머니가 눈을 들어 무캬를 보자 열매가 보였다. "저 열매를 먹을 수만 있다면 얼마나 좋을까! 정말로 좋아 보이는구나!" 그렇게 말하는 순간 그 열매가 나무에서 떨어졌다. 할머니는 열매를 집어서 바구니에 넣고 집으로 가져갔다. 그리고 쌀통에 그 열매를 넣어두었다. 그리고는 다시 라참을 팔려고 집을 비웠다. 이 할머니는 딸도, 손녀도 없었다. 그런데 무캬에서 카종이 나와서 쌀, 차, 구장, 아렉(arec), 그리고 온갖 종류의 과자를 내서 이 집에 쌓아두고는 다시 무캬로 들어갔다.

할머니가 라참을 팔고 집으로 돌아와보니 쌀통에는 쌀이 가득하고 바구니에는 과자가 가득 있었다. "누가 이 쌀과 과자를 두고 갔을까? 누가 나에게 나쁜 마법을 건 것일까?" 그녀는 기도를 한 후 그 쌀과 과자를 약간 먹었다. 2~3일 동안 같은 일이 계속 일어났다. 라참을 팔러 나갔다가 돌아와보면 쌀과 과자가 있었던 것이다. 어느 날 할머니는 도대체 누가 이런 일을 하는지 알고 싶어서 숨어서 지켜보기로 했다. 한참을 기다리다보니 어떤 아름다운 젊은 여인이 쌀과 과자를 가져다놓는 것이었다.

할머니는 달려가서 카종의 손을 잡았다. 카종은 웃음을 터뜨렸다. 할머니는 요즘 쌀과 과자를 가져다놓은 사람이 누구냐고 물었다. 카종은 자신이 그랬노라고 말했다. "그렇다면 당신이 쌀과 과자를 가지고 올 때 어디에서 오는 거요?" 할머니가 물었다. "나는 당신이 가져다가 쌀통에 넣어둔 무캬 열매 속에 살고 있답니다." 안에 들어가서 무캬 열매를 보았는데 빈 껍질만 남아 있었다. 그래서 할머니는 카종이 초자연적인 힘을 가지고 있으며 정말로 무캬 열매에서 나온다는 것을 알게 됐다.

카종은 할머니에게 왕을 초청하라고 했다. "왕이 이유를 묻거든 잔치를 벌이는 것이라고 대답하세요." 할머니는 "이런 누추한 집에서 왕을 초청하면 무엇으로 대접하나요?" 하고 물었다. 그러자 카종은 이렇게 말했다. "걱정 말고 가세요. 할머니가 돌아왔을 때에는 집이 아름답게 되어 있을 거예요." 그래서 할머니는 왕을 초청하기 위해 길을 나섰다.

할머니는 왕궁에 도착했다. 그러자 개부터 짖어댔다. 신하들은 "이 시간에 누가 찾아온 거요? 그리고 무슨 일이요?" 하고 물었다. "왕을 초청하고 싶어서 그럽니다." 신하들은 왕에게 가서 이 사실을 고했다. 왕은 신하들에게 가마를 준비시켜서 할머니의 잔치에 참석했다. 신하들이 가마를 운반하려고 왕궁을 나오자 왕궁의 대문에서부터 할머니의 집까지 카펫이 깔려 있었다. 그리고 그 길은 전부 과자로 덮여 있었다.

할머니가 집에 도착하자 자기 집이 대단히 아름다워진 것을 보고 놀랐다. 물론 이런 일들은 모두 카종이 한 일이었다. 왕은 가마에서 내려서 집안으로 들어갔다. 카종은 할머니에게 자기가 만든 과자 한 바구니를 왕에게 드리라고 시켰다. 왕이 그 과자를 먹어보니 그 과자는 예전에 카종이 만든 것과 똑같았다. 왕은 슬픔에 빠져 먹는 것을 멈추었다. 왕은 할머니에게 이 과자를 만든 사람이 누구냐고 물었다. 그러나 할머니는 너무 많은 사람들이 있어서 누가 만들었는지 모른다고 말했다.

왕은 바구니에서 구장을 꺼내 씹었는데 예전에 카종이 준비한 것과 똑같다는 것을 알게 됐다. 왕이 신음소리를 내자 카종도 신음소리를 냈다. 왕이 그 소리를 듣자 놀라서 할머니의 집안으로 들어가보았다. 거기에서 카종을 발견한 왕은 카종에게 입을 맞추고 눈물을 흘렸다. 카종 역시 눈물을 흘렸다. 왕은 할머니에게 금은을 주어 포상한 다음 카종을 데리고 왕궁으로 돌아갔다. 할록이 카종을 보자 깊은 고민에 빠졌다. 그러나 그런 내색을 하지 않고 "카종! 네가 돌아왔구나!" 하고 말했다. "네가 없는 동안에 내가 왕의 옆에서 네 역할을 했단다. 남이라면 그렇게 해줄 수 있었겠니?"

카종은 왕에게 지난 이야기를 모두 했다. 의붓어머니가 그녀에게 어떤 일을 했으며, 또 할록이 그녀를 야자나무 위로 올라가게 한 다음 나무 밑둥을 도끼로 쳐서 호수에 빠지게 한 일, 그리고 그녀가 거북으로 변한 일 등 모든 일들을 이야기했다.

다음날 할록이 카종에게 이야기를 하러 왔다. "얘, 네 피부는 어떻게 그렇게 하얗니?" 카종은 솥에 물을 끓인 다음 그 안에 들어가면 하얗게 된다고 말했다. 카종처럼 되고 싶었던 할록은 그 말을 믿고 솥에 물을 끓인 다음 그 안에 들어갔다. 그녀는 물에 데어서 죽고 말았다. 카종은 신하들에게 시체를 꺼내서 토막을 내고 젓갈을 담그라고 명령했다. 그리고는 그 젓갈통을 의붓어머니에게 가져다주도록 시켰다. 그리고 만일 의붓어머니가 이것이 무엇이냐고 묻거든 할록이 어머니에게 드리기 위해 주문한 생선 젓갈이라고 답하라고 시켰다. 그리고 할록이 어머니를 보고 싶어하니 왕궁에 들르라고 전하도록 했다.

신하들은 젓갈통을 전해 주고 카종이 시킨 대로 말을 전했다. 의붓어머니는 할록을 보러 왕궁에 왔으나 카종을 보았다. 그녀는 눈이 부셔서 이렇게 말했다. "네가 나보고 오라고 했느냐?" "아니예요" 하고 카종이 말했다. 그제서야 의붓어머니는 앞에 있는 사람이 할록이 아니라 카종이라는 것을 알게 됐다. 그래서 부끄러운 마음에 집으로 돌아갔다.

의붓어머니가 젓갈을 거의 다 먹었을 때 반지를 낀 손이 나왔는데 그것을 보고 그 손과 반지가 친딸의 것이라는 것을 깨달았다. 그때서야 그녀는 친딸이 죽었고 초자연적인 힘을 가진 카종이 다시 살아났다는 것을 알았다.

〔6〕

이끼옷

· 영국 ·

• 〈이끼옷〉 이야기는 신데렐라의 다른 가지인 〈짐승가죽〉 계열의 변형이다. 그 주제는 아버지가 딸을 사랑하여 결혼을 요구하자 이를 거절하고 도망가서 이웃 나라의 왕자와 결혼한다는 것이다. 이는 오이디푸스 콤플렉스를 벗어나지 못한 미숙한 사랑으로부터 성숙한 사랑의 단계로 이행해 가는 스토리로 이해된다. 그러나 이처럼 근친상간적인 주제와 표현은 오늘날에 가까이 올수록 사람들의 감수성에 맞지 않고 께름칙한 것이 됐다. 그래서 우선 이 종류의 이야기가 점차 사라져가는 형편이고, 그렇지 않으면 이 이야기에서처럼 아버지가 행상인으로 위장되는 변화를 겪기도 한다. 이 이야기는 또 국자로 머리를 때리는 소리(픽 픽 픽)를 가지고 재미있는 표현을 하고 있으며, 그것을 통해 유머러스한 분위기를 자아내고 있다.

옛 날에 한 가난한 과부가 작은 오두막집에 살고 있었다. 이 집에 딸이 둘 있었는데, 특히 스무 살 정도 된 동생이 더 예뻤다. 어머니는 그녀를 몸속의 심장처럼 애지중지했다. 어머니는 매일 부지런히 그녀의 옷을 지었다.

어느 날 한 행상인이 이 딸을 보고 사랑에 빠져서 그녀와 결혼하게 해달라고 졸랐다. 소녀는 그 사람을 사랑하지 않았으므로 어머니에게 어떻게 하면 좋은지 물었다. 어머니는 자기가 옷을 짓는 동안 그 사람에게 얻어낼 수 있는 것을 얻어내라고 말했다. 그리고 옷을 다 지을 때가 되면 더 이상 그 사람 혹은 그 사람의 선물이 필요치 않을 거라고 말해 주었다. 어머니는 딸에게 이렇게 말하라고 시켰다. "하얀 새 틴으로 되어 있고 그 위에 사람 손바닥만한 황금 가지가 있는 드레스를 주지 않는 한 결혼하지 않겠어요. 그리고 그 옷이 몸에 꼭 맞아야 해요." 행상인은 딸을 자세히 살펴보고는 1주일 후에 정말로 그런 옷을 가지고 왔다. 딸이 그 옷을 입어보았는데 딱 맞았다. 딸은 어머니에게 이제는 어떻게 해야 하느냐고 물었다. 어머니는 딸에게, 공중에 있는 모든 새의 색깔을 가진 비단 드레스를 가져와야 하며 그 옷이 몸에 꼭 맞아야만 결혼하겠다고 말하도록 시켰다. 2~3일 뒤에 행상인은 정말로 그런 옷을 가지고 왔다. 그리고 첫 번째 옷을 준비할 때 이미 사이즈를 알고 있었기 때문에 이 옷 역시 딸에게 꼭 맞았다. 딸은 어머니에게 이제는 어떻게 해야 하느냐고 물었다. 어머니는 딸에게, 은 슬리퍼를 가져와야 하며 그 슬리퍼가 발에 꼭 맞아야만 결혼하겠다고 말하도록 시켰다. 며칠 후 그는 은 슬리퍼를 가지고 왔다. 딸의 발은 3인치밖에 안 되는데 그 슬리퍼는 너무 작지도 않았고 너무 크지도 않아서 발에 꼭 맞았다. 딸은 어머니에게 이제는 어떻게 해야 하느냐고 물었다. 어머니는 오늘 밤까지 옷을 다 지을 것이므로 행상인에

게 내일 결혼할 것이라고 말하도록 시켰다. 그는 내일 10시까지 와야
했다. 딸은 그에게 그 말을 했다. "내일 10시예요, 잊지 마세요." 그는
잊지 않을 테니 걱정 말라고 말했다.

그날 밤 어머니는 늦게까지 일을 해서 옷을 다 지었다. 이 옷은 녹
색 이끼와 황금 실로 만들어졌다. 그래서 이 옷을 '이끼 옷'이라고 이
름붙였고 아울러 딸의 이름도 '이끼옷'이라고 바꾸었다. 이 옷은 마법
의 옷으로서, 이 옷을 입은 사람은 어디든지 가고 싶은 곳이 있으면
바로 그곳에 갈 수 있고, 무엇이든지 되고 싶은 것이 있으면 그대로
됐다.

다음날 날이 밝자 어머니는 딸을 불러서 앞으로 일어날 일을 일러주
었다. "너는 세상에 나가서 아주 큰 재산을 모을 것이다." 사실 이 어머
니는 예언자였던 것이다. 그녀는 딸에게 이끼 옷과 황금 관을 주고, 또
행상인이 가져온 옷 두 벌과 슬리퍼도 가져가라고 말했다. 그리고 이
끼 옷을 입고 100마일 떨어진 곳으로 가서 계속 걸어가다 보면 큰 집에
이를 것이고 그곳에서 일자리를 구할 것이라고 가르쳐주었다.

딸은 시킨 대로 했다. 그러자 과연 어느 귀족의 집 앞에 도달했다.
그녀는 일자리를 달라고 부탁했다. 여주인이 나오더니 그녀에게 무엇
을 잘 하느냐고 물었다. 그녀가 자신은 훌륭한 요리사라고 말하자 여
주인은 요리사가 이미 한 명 있기 때문에 요리사 일을 줄 수는 없지만,
그녀가 원하면 요리사 조수가 될 수는 있다고 했다. 그래서 그녀를 부
엌으로 데리고 가서 그녀가 요리사 조수라고 사람들에게 말했다.

'이끼옷'은 자신이 가진 훌륭한 옷은 숨기고 대신 누더기를 걸치고
있었다. 그녀의 이끼 옷과 황금 관, 행상인의 선물은 침실에 감추어두
었다. 그녀가 누더기를 걸치고 있는 것을 본 다른 하인들은 곧 그녀를
놀렸다. 그녀는 부엌데기 정도가 알맞으며, 요리사 조수가 필요하다

면 자신들 중의 한 명이 되어야 한다고 말했다. 그래서 그녀는 프라이팬, 칼, 접시 닦는 일을 맡았다. "네가 요리사 조수가 되어서 우리보다 높은 자리에 앉겠다고? 이거나 받아라." 퍽 퍽 퍽! 누가 기름덩이를 걷어내는 국자로 그녀의 머리를 때렸다. '이끼옷'은 온갖 더러운 일들을 해야 했다. 기름 덩어리가 귀까지 찼고 검댕처럼 까매졌다. 그리고 사람들이 시도 때도 없이 그녀의 머리를 퍽 퍽 퍽! 국자로 때리는 바람에 그녀의 머리는 참을 수 없이 쑤셨다. '이끼옷'은 프라이팬과 화덕 꼬챙이나 씻으면서 지냈고, 사람들은 계속 퍽 퍽 퍽! 그녀의 머리를 때렸다.

언젠가 사흘 밤이나 계속되는 큰 무도회가 열렸다. 모든 사람들이 다 무도회에 가려고 했다. 이 집 주인과 마님, 그리고 외아들도 마찬가지였고, 하인들도 모두 무도회 이야기만 했다. 어떤 사람은 무도회에 가서 멋진 귀족과 춤을 추고 싶다고 말하고 또 어떤 사람은 귀부인들의 옷을 구경하고 싶다고 말했다. '이끼옷'만 빼고 모든 사람이 무도회에 가고 싶어했다. 멋진 옷만 있다면 거기에 갈 수 있을 것이며 자신은 귀부인과 다를 바 없다고들 생각했다. "'이끼옷'아, 너도 땟국 가득한 그 누더기를 걸치고 거기 가고 싶지 않니? 넌 정말 어울릴 거야" 하는 말과 함께 퍽 퍽 퍽! 국자가 그녀의 머리에 떨어졌다. 그리고 모두 웃음을 터뜨렸다.

그러나 사실 '이끼옷'은 아주 잘생겨서 누더기와 때가 그녀의 미모를 모두 감추지는 못했다. 하인들은 그런 점을 모르고 있었다고 해도 이 집 젊은 주인은 늘 그녀를 지켜보고 있었고, 주인과 마님도 그녀가 참 잘생겼다고 생각하고 있었다. 그래서 주인집 사람들은 그녀에게 무도회에 가자고 답했다. 그러나 그녀는 자기 자리를 잘 알고 있으며 따라서 무도회에는 가지 않겠다고 답했다. 또 마차를 더럽힐지 모른다고도 말했다. 그들은 좀더 강하게 말해 보았지만 그녀는 완강히 거부했다.

그녀가 부엌에 돌아오자 하인들은 주인이 무엇을 물어보았느냐고 물었고 그녀는 무도회에 가자는 요청을 받았다고 말했다. "이런, 이건 정말 믿지 못할 일인데! 만일 누군가가 '이끼옷'하고 춤을 춘다면, 사람들 옷에 전부 기름기를 묻혀놓을 거야. 귀부인들은 그녀가 지나갈 때마다 코를 잡겠지. 저애는 내쫓길 테지. 혹시 우리들 중의 하나라면 몰라도, 부엌데기 '이끼옷'은 정말로 아니지!" 그리고는 픽 픽 픽! 그녀의 머리에 국자가 떨어졌다.

다음날 밤, 마님과 젊은 주인이 무도회에 가자고 다시 요청했다. 전날 밤의 무도회가 아주 멋있었으며, 그녀 역시 꼭 한번 가보아야 한다고 말하면서 같이 갈 것을 간청했다. 그러나 '이끼옷'은 자신의 기름 때, 누더기 같은 것을 이야기하면서 못 간다고 말했다. '이끼옷'이 이런 사실을 말하자 하인들은 빈정거렸다. 그리고 픽 픽 픽! 국자가 그녀의 머리에 떨어졌다.

그날 밤, '이끼옷'은 사람들이 눈치채지 못하게 무도회에 가야겠다고 생각했다. 그녀는 새틴 드레스와 은 신발, 황금 관을 착용하고 안에는 이끼 옷을 입었다. 그녀가 건드리자 하인들은 모두 마법 때문에 잠이 들었다. 그녀가 그곳에 가고 싶다고 말하자 말이 채 끝나기도 전에 무도회장에 도착해 있었다.

젊은 신사가 무도회장에 서 있는 그녀를 보았다. 그는 그처럼 아름답고 또 화려하게 옷을 입은 사람을 본 적이 없었다. 그는 어머니에게 그녀가 누구인지 물었다. 어머니가 모른다고 하자 그녀에게 가서 말을 걸어달라고 졸라댔다. 어머니는 그녀에게 다가가서 그녀가 누구이며 어디에서 왔는지 물었지만, 들을 수 있었던 답이라고는 그녀가 국자로 머리를 때리는 곳에서 왔다는 것뿐이었다. 곧 젊은 신사가 그녀에게 다가가 함께 춤을 추자고 권했다. 그녀는 처음에 거절하다가 곧 춤을 추었다. 두 사람은 위로, 아래로 무도회장을 돌며 춤을 추었다. 젊은 신사는 곧 그녀와 사랑에 빠졌다. 시간이 지나자 그녀는 가야 한다고 말했다. 신사는 더 머물라고 부탁했지만 굳이 간다면 자기가 배웅해 주겠다고 말했다. 그러나 그녀가 다시 집으로 가고 싶어하자마자 곧 그녀는 집에 도착했다. 신사는 저녁 내내 안절부절 못했다.

그녀가 집에 오자 하인들이 여전히 잠들어 있었다. 그녀는 새틴 드레스, 은 슬리퍼 등을 벗고 다시 누더기를 걸쳤다. 그리고는 하인들을 흔들어 깨웠다. 그녀는 그들이 저녁 내내 잠만 잤다는 것을 마님에게 이르겠다고 말했다. 그들은 제발 그러지 말라고 빌면서, 낡은 스타킹, 신발, 코르셋 등을 주었다. 그녀는 마님께 이르지 않겠다고 약속했다. 그래서 그날 밤에는 그녀의 머리에 국자가 떨어지지 않았다.

다음날 젊은 주인은 몹시 마음이 들떠 있었다. 그는 아무런 일에도 마음을 두지 못했다. 그는 첫눈에 반한 그 신비한 소녀만 생각했다. 국자로 머리를 때리는 곳에서 왔다는 것이 도대체 무슨 의미일까? 그녀는 오늘 밤에도 올까? 어머니도 그녀가 아주 훌륭하면서도 소박한 소녀라고 보았지만 그녀가 도대체 누구인지는 전혀 몰랐다.

그날 저녁에 '이끼옷'은 다시 젊은 주인에게서 무도회에 가자는 권유를 받았지만 거절했다. 하인들은 이번이 마지막 기회가 될 거라면서 그녀를 놀려댔다. 그리고는 다시 퍽 퍽 퍽! 국자가 그녀의 머리에 떨어졌다.

'이끼옷'은 전날 밤과 똑같이 했다. 다만 이번에는 공중에 있는 모든 새들의 색깔을 가진 드레스를 입은 점이 달랐다. 젊은 신사는 그녀를 기다리고 있다가 그녀가 나타나자마자 아버지에게 부탁해서 마구

간에서 가장 빠른 말을 데리고 와서 안장까지 준비해 놓도록 했다. 말이 도착하자, 그녀에게 다가가서 춤을 추었다. 모든 것이 전날 밤과 비슷했다. 다만 그녀가 바깥으로 나갔을 때 그 역시 따라 나가서 말에 올라탔다. 그녀는 집으로 돌아가고 싶다고 생각했고 말이 채 끝나기도 전에 집에 와 있었다. 그러나 너무 급하게 서두르는 통에 그녀의 은 슬리퍼 한 짝이 떨어졌다. 젊은 신사는 그것을 주워들었지만 바람처럼 빠른 그녀를 잡을 수는 없었다.

그녀는 집에 돌아와서는 전날 밤과 같이 했다. 하인들은 그들이 자고 있던 사실을 말하지 않는 조건으로 그들이 받는 월급의 일부를 주겠다고 말했다.

다음날 젊은 신사는 병이 들었다. 그는 전날 은 슬리퍼를 떨군 그 여인에 대한 사랑으로 죽을 지경이었다. 의사의 도움도 아무런 소용이 없었다. 그의 병세가 어찌나 심한지 오직 그 슬리퍼의 주인만이 그의 목숨을 구할 수 있었다. 만일 그녀가 나타난다면 그는 그녀와 결혼하겠다고 마음먹었다. 사방에서 여자들이 왔지만 모두 그 슬리퍼가 맞지 않았다. 모두들 억지로 발을 구겨넣으려고 해보았지만 그래도 들어가지 않았다. 부자나 가난한 자나 모두 같았다. 물론 모든 하녀들도 시도해 보았으나 역시 마찬가지였다. 젊은 주인은 죽어가고 있었다. 이제 다른 여인은 없는가? 모든 사람들이 다 시도해 보았고 오직 부엌데기 '이끼옷'만이 남았다. 그녀를 불러서 슬리퍼를 신어보게 하자 딱 맞았다. 젊은이는 침대에서 뛰쳐나왔다. 그리고는 단숨에 그녀를 껴안으려고 했다. "잠깐!" 하고 그녀가 소리치며 막더니 어디론가 달려갔다가 새틴 드레스와 황금 관을 착용하고 나타났다. 다시 그가 그녀를 껴안으려고 하자, 다시 "잠깐" 하고 소리치며 달려갔다가 이번에는 공중에 있는 모든 새들의 색깔을 가진 드레스를 입고 돌아왔다.

그리고 자신의 이끼 옷에 대해서 이야기했다.

한 가지 모를 일이 남아 있었다. 그녀가 국자로 머리를 때리는 곳에서 왔다는 것은 무슨 뜻인가? 그녀는 설명을 했다. 퍽 퍽 퍽!

자, 모든 하인들은 문 밖으로 쫓겨나고 개들이 그 뒤에서 으르렁거리며 그들을 몰아냈다. '이끼옷'과 젊은 주인은 결혼식을 올렸고 6두 마차를 탔다. 그녀는 모든 것을 가지고 있으므로 원한다면 10두 마차라도 탈 수 있었을 것이다.

그리고 후에 그들은 아주 행복하게 살면서 한 바구니 가득 아이를 낳았다. 나는 그때 첫째 아이가 다 커서 바이올린을 연주하는 것까지 들었다. 그렇지만 이것은 아주 오래 전 이야기이다. 그래서 직접 본 것은 아니지만 그 사람들이 지금쯤 늙어서 죽었을지도 모를 일이다.

센드라외울라

• 이탈리아 파르마 지방 •

• 〈센드라외울라〉라는 이 이탈리아의 신데렐라 이야기는 19세기 말에 파르마의 한 할머니에게서 채록한 것으로 알려져 있다. 그래서 이이야기에는 구술체의 성격이 많이 남아 있다. 예컨대 마지막 부분은 이지방에서 옛날이야기를 끝마치는 전통적인 방식 중의 하나이다. 이이야기는 신데렐라 사이클 중에서도 〈소금 한 톨만큼 사랑하다〉 계열의 대표적인 이야기이다. 앞부분을 보면 셰익스피어의 〈리어왕〉을연상시키는데, 사실 〈리어왕〉은 원래 이 계통의 이야기를 각색한 것이다. 다만 셰익스피어가 이야기의 초점을 막내딸로부터 아버지로전환시킨 점이 다르다. 내적인 구조로 보면 〈소금 한 톨만큼 사랑하다〉 계열 이야기와 〈짐승가죽〉 계열 이야기는 유사하며, 모두 오이디푸스 콤플렉스에 사로잡힌 미성숙한 상태에서 벗어나서 진실한 사랑을 찾는 이야기로 해석할 수 있다.

옛 날에 한 왕과 세 딸이 있었다. 그 중 막내딸이 가장 예쁘고 왕이 가장 사랑했기 때문에 위의 두 언니는 막내를 시기했다. 특히 왕이 막내를 결혼시키고 왕위를 그 남편에게 물려주지는 않을까 두려워했다. 두 언니는 막내를 괴롭히고, 험담과 못된 짓으로 화나게 만들곤 했다.

세 딸은 매일 왕에게 가서 문안 인사를 드렸다.

왕은 하얀색, 빨간색, 검은색 왕관을 가지고 있어서, 행복할 때에는 흰 왕관을 쓰고, 그저 그런 때에는 빨간 왕관을, 그리고 화가 나 있을 때에는 검은 왕관을 썼다.

어느 날 그는 위의 두 딸에게 화가 나서 검은 왕관을 쓰고 있었다.

아침에 첫째 딸이 왕에게 갔다가 왕이 검은 왕관을 쓰고 있는 것을 보고 이렇게 말했다.

"잘 주무셨어요, 아버지? 저 때문에 화가 나서 검은 왕관을 쓰고 계신 건가요?"

"그렇다."

"그 이유가 뭐지요?"

"네가 진정으로 나를 사랑하지 않기 때문이다."

그러자 첫째 딸은 "저는 닭을 먹는 것만큼이나 아버지를 사랑합니다" 하고 답하고 물러나왔다.

이번에는 둘째 딸이 갔다.

"잘 주무셨어요, 아버지? 그런데 저 때문에 화가 나서 검은 왕관을 쓰고 계신 건가요?"

"그렇다."

"그 이유가 뭐지요?"

"네가 진정으로 나를 사랑하지 않기 때문이다."

그러자 둘째 딸은 "저는 빵을 먹는 것만큼이나 아버지를 사랑합니다" 하고 답하고 물러나왔다. 그리고는 두 언니는 막내를 골탕먹이기 위해서 계략을 짰다.

"아버지는 우리가 당신을 진심으로 사랑하지 않는다고 믿기 때문에 화가 나 있단다" 하고 첫째 딸이 말하자, 둘째 딸은 "그래서 내가 빵을 먹는 것만큼이나 아버지를 사랑한다고 말씀드렸단다" 하고 말했고, 첫째 딸은 "나는 닭을 먹는 것만큼이나 아버지를 사랑한다고 말씀드렸지" 하고 거들었다.

가장 순진한데다가 아버지가 자기를 가장 사랑한다는 것을 알고 있던 막내는 이렇게 말했다.

"내가 가서 아버지 기분을 풀어볼게. 나한테 맡겨봐. 그러면 우리는 유쾌하게 웃을 수 있을 거야."

그리고는 왕에게 가서 말했다.

"잘 주무셨어요, 아버지? 그런데 저 때문에 화가 나서 검은 왕관을 쓰고 계신 건가요?"

"그렇다."

"그 이유가 뭐지요?"

"네가 진정으로 나를 사랑하지 않기 때문이다."

그러자 막내딸은 "저는 아버지를 소금 한 톨만큼 사랑합니다" 하고 답했다.

그러자 왕은 정말로 크게 화가 난데다가 위의 두 딸이 더욱 부추기는 바람에 하인을 한 명 불러서 막내딸을 숲으로 데리고 가서 죽이고 그녀의 심장과 옷을 가져오라고 명령했다.

왕의 말이 떨어지자마자 하인은 어린 새처럼 울고 있는 소녀를 숲으로 데리고 갔다. 그러나 숲에 도착하자 하인은 순진한 어린 소녀를 죽인다는 것이 마음아파서 그곳을 지나가던 양치기에게 양 한 마리를 사서 그것을 대신 죽였다. 또 소녀의 옷을 벗긴 다음 당나귀 가죽을 입혀 주었다. 그리고 갈라진 버드나무 줄기를 발견하자 그 안에 소녀를 밀어넣어서 추위를 막도록 했다. 그리고는 양의 심장과 옷가지를 가지고 왕궁에 돌아가서 왕에게 그것을 전해 주었다. 왕은 이미 자신이 내린 명령을 후회하고 깊은 상심에 빠져 있었다. 그러나 이미 저질러진 일은 어쩔 수 없었다. 그렇지만 남은 두 딸은 물고기처럼 기뻐했다.

한밤중에 숲을 지나가던 마녀들이 막내딸을 보고 이런 추위에 갈라진 버드나무 줄기 속에서 무엇을 하고 있느냐고 물었다. 그녀는 자기가 누구이고 왜 이렇게 됐는지를 말해 주었다. 그러자 마녀 중 한 명이 그녀에게 마술 지팡이와 호두 한 알을 주면서 말했다.

"잘 들어라. 만일 네가 원하는 것이 있으면 이 지팡이로 호두를 두드리면 다 얻을 것이다."

한편 왕은 개를 데리고 이 숲에 와서 사냥을 했다. 개는 예전의 자기 주인을 발견하고는 자기가 잡은 것을 매일 그녀에게 가져다주었다.

개가 자꾸 갈라진 버드나무 쪽으로 가는 것을 본 왕은 개를 따라가 보았다. 그러자 줄기 안에서 당나귀 가죽을 둘러쓴 소녀가 나왔다. 그녀는 자신을 살려준 하인을 궁지에 몰아넣지 않기 위해서 자기는 숲에서 길을 잃어버렸으며 집이 없다고 말했다. 동정심을 느낀 왕은 그녀를 왕궁으로 데려와서 닭치기로 삼았다. 그래서 막내딸은 자기 집으로 되돌아왔다.

모든 사람이 그녀를 친절하게 맞았고 특히 왕이 그녀를 따뜻하게 대했다. 왕은 딸을 잊지 못하고 있었는데 이 '신데렐라'가 딸과 어딘지 비슷해 보였기 때문이다.

축제 기간이 됐다. 카니발의 마지막 며칠 동안 왕의 딸들은 무도회에 갔다. 왕도 근심을 잊기 위해 화려한 의상을 입고 무도회에 나갔다. 신데렐라는 그들이 모두 떠난 다음 마법의 막대기로 호두를 두드렸다. 그러자 별처럼 화려한 옷, 황금 신발과 스타킹, 그리고 아름다운 마차가 나왔다. 그녀는 곧 무도회로 갔다.

그녀가 도착하자 모든 사람이 그녀와 춤을 추었고 또 모든 사람이 그녀를 집으로 데려다주고 싶어했다. 그러나 밤이 되자 그녀는 혼자 떠나겠다고 했다. "나는 혼자 왔고 또 혼자 돌아가고 싶어요." 이렇게 말하며 그녀는 마차를 타고 그곳을 떠났다.

다음날 아침, 두 언니는 그녀에게 말했다. "신데렐라야, 무도회에 별처럼 아름다운 옷을 입고 왔던 그 아름다운 부인을 봤어야 하는데! 모든 사람이 그 부인과 춤을 추고 싶어했고, 또 모든 사람이 그 부인을 집에다 모셔 드리려고 했거든." 그러자 신데렐라는 작은 소리로 중얼거렸다. "그게 바로 나였어."

"뭐라고?"

"그렇지만 나는 여기 불가에 앉아 있는 것이 더 즐거워."

두 번째 날에는 신데렐라가 태양 같은 옷을 입고 무도회에 갔다. 모든 사람이 그녀와 춤을 추고 싶어했고, 모든 사람이 그녀 곁에 있고 싶어했다. 왕자는 그녀를 사랑하게 됐다. 그러나 그녀는 다른 어떤 말도 더 할 수 없다고 하면서 자기 비밀을 밝히지 않았다. 왕자는 문에 경비병들을 배치해서 그녀가 도망가지 못하게 했지만 그녀는 "나는 혼자 왔고 또 혼자 돌아가고 싶어요" 하고 말하면서 한 움큼의 콘페티 (confetti. 설탕을 뿌린 아몬드로 결혼식 때 사용한다)를 뿌리면서 도망갔기 때문에 경비병들이 눈을 뜨지 못해서 그녀가 가는 것을 보지 못했다.

다음날 아침, 두 언니는 그녀에게 말했다. "신데렐라야, 무도회에 태양처럼 아름다운 옷을 입고 왔던 그 아름다운 부인을 봤어야 하는

데! 모든 사람이 그 부인이 어디로 갔는지 알고 싶어했지만 콘페티를 뿌려서 경비병들이 눈을 뜨지 못했단다." 그러자 신데렐라는 작은 소리로 중얼거렸다. "그게 바로 나였어."

"뭐라고?"

"그렇지만 나는 여기 불가에 앉아 있는 것이 더 즐거워."

신데렐라는 세 번째에는 달 같은 옷을 입고 무도회에 갔다. 그런데 춤을 너무 많이 추다보니 어느 새 밤이 깊어졌다. 이제 빨리 집으로 돌아가서 불가에 가 앉아 있지 않으면 마법이 풀리게 되어 있었다. "나는 혼자 왔고 또 혼자 돌아가고 싶어요" 하고 말하면서 그녀는 뛰어갔다. 이번에는 왕자 자신이 그녀 뒤를 좇아갔지만, 한 무더기의 꽃을 뿌려서 가까스로 피했다. 그러나 너무 서두르다보니 마차에 오르면서 자기도 모르게 황금 신발 한 짝을 떨어뜨렸다. 왕자는 그 신을 집어들었다. 그녀는 집으로 뛰어들어와서 옷을 벗었지만 너무 급히 서두르다보니 스타킹을 벗지 못했다.

그녀의 언니들은 집으로 오자마자 이렇게 말했다. "신데렐라야, 무도회에 달처럼 아름다운 옷을 입고 왔던 그 아름다운 부인을 봤어야 하는데! 모든 사람이 그 부인 뒤를 좇아갔지만 신발 한 짝을 떨어뜨리고 도망갔단다." 그러자 신데렐라는 작은 소리로 중얼거렸다. "그게 바로 나였어."

"뭐라고?"

"그렇지만 나는 여기 불가에 앉아 있는 것이 더 즐거워."

다음날 아침, 왕자는 황금 신발이 발에 맞는 사람과 결혼하겠다는 공고를 붙였다. 그리고 곧 트럼펫을 불면서 시내의 모든 집을 방문했다. 그렇지만 그 신발이 너무 작아서 아무도 그 신을 신지 못했다. 결국 왕궁에까지 와서 조사를 하게 됐다. 두 언니들도 신발을 신어보려고 했지만 심지어는 엄지발가락 하나도 집어넣지 못했다. 그러자 장난으로 "신데렐라에게도 신겨보자"고 말했다. 그녀는 자기가 스타킹을 벗지 않은 것을 기억하고 자기는 신발을 신어보지 않겠다고 말했다. 그러나 왕에게 웃음을 선사하기 위해서 두 언니는 신데렐라에게 신을 강제로 신어보게 했다. 그때 황금 스타킹이 드러났다.

그때 아버지는 딸이 살아서 돌아온 것에 대해 기쁨을 감추지 못했다. 그리고 왕자와 결혼을 시키기로 하고 시내를 의기양양하게 행진하도록 했다. 마침내 그녀는 왕비가 됐고 두 언니는 개처럼 화가 났다. 그래서 그녀들은 케이크와 파이를 만들었지만 나에게 한 조각 먹어보라고 하지도 않았다.

신데렐라

• 아르메니아 •

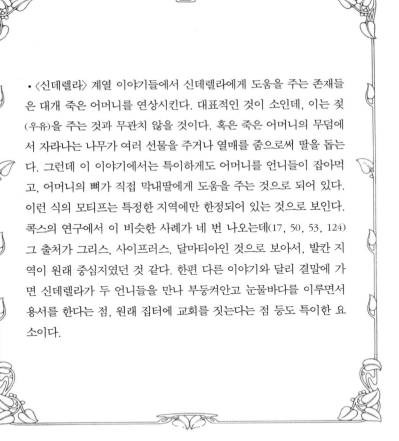

• 〈신데렐라〉 계열 이야기들에서 신데렐라에게 도움을 주는 존재들은 대개 죽은 어머니를 연상시킨다. 대표적인 것이 소인데, 이는 젖(우유)을 주는 것과 무관치 않을 것이다. 혹은 죽은 어머니의 무덤에서 자라나는 나무가 여러 선물을 주거나 열매를 줌으로써 딸을 돕는다. 그런데 이 이야기에서는 특이하게도 어머니를 언니들이 잡아먹고, 어머니의 뼈가 직접 막내딸에게 도움을 주는 것으로 되어 있다. 이런 식의 모티프는 특정한 지역에만 한정되어 있는 것으로 보인다. 콕스의 연구에서 이 비슷한 사례가 네 번 나오는데(17, 50, 53, 124) 그 출처가 그리스, 사이프러스, 달마티아인 것으로 보아서, 발칸 지역이 원래 중심지였던 것 같다. 한편 다른 이야기와 달리 결말에 가면 신데렐라가 두 언니들을 만나 부둥켜안고 눈물바다를 이루면서 용서를 한다는 점, 원래 집터에 교회를 짓는다는 점 등도 특이한 요소이다.

옛날에 어느 여자가 세 딸과 함께 살았다. 남편이 죽으면서 약간의 돈을 남겨주긴 했지만, 우리가 잘 알듯이 돈을 벌지는 않고 꺼내 쓰기만 하면 곧 모두 없어지게 된다. 그래서 이들은 이제 한 푼도 없는 처지에 놓였다.

위의 두 딸은 끊임없이 어머니에게 그들이 가난하며 먹을 것이 없다고 불평했지만, 막내딸은 결코 그런 말을 하지 않았다.

"무슨 일을 하든지 나가서 먹을 것을 좀 구해야 돼요" 하고 첫째 딸이 말했다.

"안 된다. 그러지 마라. 우리 집에 불명예를 가져오느니 차라리 너희들이 나를 죽여서 잡아먹는 것이 더 낫다" 하고 어머니는 답했다.

"안 돼! 안 돼! 절대 그렇게는 못하게 할 거야" 하고 말하며 막내는 울었다.

열흘 동안 위의 두 딸은 배가 고프다고 어머니에게 말했고 열흘 동안 어머니는 똑같은 대답을 했다. 그래서 열흘째 되던 날에 드디어 그들은 어머니를 죽이기로 했다.

"아, 어머니! 언니들이 그렇게 하지 못하게 할 거예요" 하고 막내는 울면서 어머니의 목에 매달렸다.

위의 두 딸이 어디로 갔을 때에 어머니는 막내딸을 불러서 이렇게 말했다. "울지 말아라, 아가야. 너희 언니들은 나를 죽일 거야. 난 그걸 잘 알고 있어. 달리 어쩔 수가 없단다. 언니들이 먹고 싶은 만큼 내 살을 먹도록 내버려둬라. 그렇지만 너는 먹지 마라. 네 언니들이 다 먹고 나면 내 뼈를 모아서 집 뒤에 묻어주렴. 음식이든 옷이든 돈이든 네가 무엇이든지 원하는 것이 있으면 내 무덤에 와서 이야기를 해라. 그러면 그대로 다 얻을 수 있을 거다. 그리고 그것이 더 이상 필요 없게 되면 땅을 파고 그 안에 밀어넣어라. 그렇지만 네 언니들이 이것을 알면 절대 안 된다."

정말로 일이 그렇게 됐다. 잔인한 언니들은 어머니를 죽이고 앉아서 살을 먹었다. "이리 와서 좀 먹으렴" 하고 언니들은 막내에게 말했지만 그녀는 "나는 어머니 살은 먹지 않을 거야" 하면서 거부했다. 언니들은 결국 어머니 살을 다 먹어치웠다.

언니들이 먹기를 마치고 집을 나갔을 때 막내딸은 뼈를 모아서 집 뒤에 묻었다. 그러고 난 후 막내딸은 언니들이 어머니를 잡아먹었다는 점을 거듭 말했다.

어느 날 이 나라의 왕이 자기 외아들을 결혼시키기 위해 잔치를 벌이기로 했으므로 부자나 가난한 사람이나 모두 잔치에 참가하라는 포고를 내렸다. 위의 두 언니들은 아주 신이 나서 예쁜 옷으로 갈아입고 잔치에 갈 준비를 했다. 그리고 막내 동생 보고는 왜 갈 준비를 하지 않느냐고 물었다.

"내가 왜 언니들이랑 가야 해? 언니들이 어머니를 잡아먹었잖아" 하며 울었다. 언니들은 막내 동생을 한 대 때리고 나가버렸다.

언니가 떠나자마자 동생은 어머니의 무덤에 가서 아름다운 푸른 드레스를 달라고 부탁했다. 곧바로 땅 위에 아름다운 푸른 드레스가 생겨났다. 그녀는 머리를 빗고 그 옷을 입었다. 그녀의 아름다움은 인간 세계의 것이 아니었다! 잔치에 가니 모든 사람이 그녀를 쳐다봤지만 그녀가 누구인지 아무도 몰랐다. 시간이 늦어지자 그녀는 아무도 눈치채지 못하게 몰래 빠져나와서 집으로 향했다. 그리고 푸른 옷을 벗어서 땅에 묻었다.

언니들은 집에 돌아와서 동생에게 말했다. "오늘 잔치에 가보았어야 해. 아주 아름다운 소녀가 왔는데 누구도 그녀가 누군지 몰랐어."

"내가 왜 언니들이랑 가야 해? 언니들이 어머니를 잡아먹었잖아"

하고 막내가 대꾸했다. 언니들은 이 말에 화가 나서 막내 동생을 한 대 더 때리고 자러 갔다.

다음날 저녁에 두 언니는 다시 잔치에 갈 준비를 하고는 동생에게 함께 가지 않겠냐고 물었다.

"내가 왜 언니들이랑 가야 해? 언니들이 어머니를 잡아먹었잖아" 하고 막내는 말했다. 언니들은 다시 그녀를 때리고는 집을 나섰다. 그러자 막내는 집 뒤로 가서 두 번째 옷을 부탁했다. 그 옷이 나오자 그녀는 목욕하고 머리를 빗고 그 옷을 입은 다음 왕궁으로 갔다.

다시 모든 사람들이 그녀의 아름다움에 감탄했지만 그녀가 누구인지는 아무도 몰랐다. 왕도 궁금해져서 부하들을 시켜서 그녀 뒤를 따라가 보라고 명령했다.

그러나 둘째 날 밤에도 전날 밤과 마찬가지로 막내는 눈치채지 못하게 몰래 빠져나갔다. 그녀는 서둘러서 집으로 간 다음 옷을 갈아입고 언니들을 맞이했다.

"오늘 밤에 우리랑 함께 갔어야 해! 아름다운 소녀가 다시 왔는데 그녀는 보석처럼 빛났단다!" 하고 두 언니가 말했다.

"내가 왜 언니들이랑 가야 해? 언니들이 어머니를 잡아먹었잖아" 하고 막내가 말했다. 다시 언니들은 화가 나서 동생을 때린 다음 자러 갔다.

세 번째 날, 언니들은 가장 좋은 옷을 입고는 동생에게 함께 가지 않겠냐고 물었다.

"싫어. 내가 왜 언니들이랑 가야 해? 언니들이 어머니를 잡아먹었잖아" 하고 동생이 말하자 잔인한 언니들은 다시 동생을 때린 다음 집을 나섰다.

혼자 남게 되자 막내는 집 뒤로 가서 세 번째 옷을 부탁했다. 옷이 나오자 목욕하고 머리를 빗고 그 옷을 입은 다음 왕궁으로 갔다. 매일 밤 아름다운 소녀가 나타난다는 말을 들은 왕은 그것이 사실인지 직접 보기로 결정했다. 왕은 숨어서 사람들을 볼 수 있는 곳에 자리를 잡았다. 정말이었다! 그녀는 사람들이 말했던 것만큼, 어쩌면 그 이상으로 예뻤다. 도대체 저 소녀가 누구일까? 왕은 부하들에게 단 한 순간도 그녀를 시야에서 놓치지 말라고 명령했다. 그녀는 사람들이 자기를 둘러싸고 있다는 것을 눈치챘지만 왜 그러는지 몰랐다. 그녀는 다시 사람들이 눈치채지 못하게 살짝 빠져나갔다. 왕은 단단히 화가 나서 다음날도 그녀를 놓치면 부하들을 벌주겠다고 말했다.

그녀는 집으로 와서 옷을 갈아입고 옷을 숨긴 다음 언니들을 맞았다. 언니들은 그들이 본 아름다운 소녀에 대해서 말하고, 왜 자기네들과 함께 가지 않았냐고 물었다.

"내가 왜 언니들이랑 가야 해? 언니들이 어머니를 잡아먹었잖아" 하고 그녀가 말했고, 언니들은 화가 나서 그녀를 때린 다음 자러 갔다.

네 번째 날, 두 언니들은 잔치에 갈 준비를 마쳤다. 그들은 다시 막내 동생에게 함께 가지 않겠냐고 물었다. "내가 왜 언니들이랑 가야 해? 언니들이 어머니를 잡아먹었잖아" 하고 그녀가 답했고, 언니들은 그녀를 때린 다음 왕궁으로 갔다. 그녀 혼자가 되자 집 뒤의 어머니 무덤에 가서 아름다운 드레스를 달라고 부탁했다. 그리고 목욕하고 머리를 빗고 그 옷을 입고는 왕궁으로 갔다.

왕은 이번에는 그녀를 놓치지 않겠다고 작정하고 그 자신이 변장을 하고는 부하들과 함께 그녀를 둘러쌌다. 시간이 늦어지자 그녀는 왕궁을 빠져나왔다. 그러나 이번에는 눈치를 채이고 말았다. 왕과 부하들이 그녀를 뒤쫓아가보니 어느 한 집으로 들어가는 것이었다. 그들은 대문을 두드리며 말했다.

"여기에서 무엇을 하는 거요? 왕께서 당신을 보고 싶어하시오."

"이곳은 내가 사는 집입니다. 그렇지 않으면 내가 왜 이곳에 있겠습니까? 왕께서는 왜 나를 보자고 하시는지요?"

"왕께서 당신을 보자고 하니 자랑스럽지 않소?"

"나는 지금 왕께 나갈 수 없습니다. 두 언니가 잔치에 가 있습니다."

"그들이 남아 있으면 될 거 아니오."

"안 돼요. 언니들은 어머니를 잡아먹었어요" 하고 말하며 그녀는 울기 시작했다.

"이게 무슨 말이오?" 하고 그들은 놀라서 물었다.

그래서 그녀는 어머니의 죽음에 대해서 이야기를 했다. "언니들이 자기를 죽이려 한다는 것을 알았을 때 어머니는 당신 뼈를 모아서 집 뒤에 묻으라고 했습니다. 그리고 돈이든 음식이든 옷이든 내가 원하는 것이 있으면 무덤에 가서 부탁하면 얻을 수 있고, 또 다 쓰고 나면 다시 땅속에 묻으면 됩니다."

"아니! 그런 일이 가능하단 말이오?" 하고 사람들 틈에 같이 있던 왕이 물었다. "어떻게 하는 것인지 나에게 보여주시오."

그녀는 사람들을 데리고 집 뒤로 갔다. 그녀가 옷을 부탁하자 옷 한 벌이 나왔다. 왕은 부하들에게 그곳을 파보라고 지시했다. 그 밑에는 접시, 옷, 슬리퍼 등등 소녀가 필요로 하는 것들이 모두 있었다. 왕은 매우 놀랐다.

그러는 동안 두 자매가 집으로 왔다. "네가 하는 일이라고는 하루 종일 집에 앉아서 우는 거구나. 우리와 함께 가서 오늘 왔던 그 아름다운 소녀를 봤어야 하는데! 오늘이 잔치 마지막 날이었기 때문에 이제 너는 그 소녀를 결코 볼 수가 없을 거야" 하고 그들이 말했다.

"내가 왜 언니들이랑 가야 해? 언니들이 어머니를 잡아먹었잖아"

하고 그녀가 답했다. 언니들은 동생을 마구 때린 다음 자러 갔다.

　다음날 아침 군인들이 이 집에 와서는 두 언니를 잡아서 왕에게 데리고 갔다. "너희들이 어머니를 죽였으므로 감옥에 가두겠다" 하고 왕이 지시를 내렸다. 두 자매는 그들이 아는 모든 수단을 써서 자신들이 한 일을 부인했지만 아무 소용없었다. 결국 두 자매는 감옥에 갇혔다.

　같은 날, 왕은 막내를 왕궁으로 데리고 왔다. 그들은 결혼식을 올리고 40일 낮과 밤에 걸쳐서 잔치를 벌였다. 그러는 동안 두 자매는 그들의 동생에게 무슨 일이 일어났는지 전혀 몰랐다.

　어느 날 왕은 부인에게 말했다. "당신 집이 있는 곳에 큰 교회를 짓고, 당신 어머니의 뼈가 묻힌 곳에 아름다운 동상을 세우도록 하겠소." 그 말대로 아름다운 교회가 지어졌고, 어머니의 이름이 새겨진 아름답고 큰 동상이 무덤가에 세워졌다. "당신은 이제 매일 그 교회에 가서 기도를 할 수 있을 것이오." 왕은 부인의 슬픔을 달랠 수 있으리라 생각하며 그렇게 말했다.

　그렇지만 왕은 아직도 두 자매의 잔인한 행동에 화가 나 있어서 그들을 죽이려고 했다. 그러나 왕비가 간절히 빌어서 두 자매의 목숨을 살려주고 드디어 석방시켰다. 그들이 집으로 가보니 옛날 집은 사라지고 그 자리에 교회가 들어서 있었다. 그리고 그 옆에는 어머니의 큰 동상이 세워져 있었다. 그들은 자기 동생 때문에 이런 것들이 만들어졌다는 것을 몰랐기 때문에 대단히 놀랐다. 그들은 이웃 사람들에게 물어보았지만 그들도 왜 그런 일이 벌어졌는지 정확히 몰랐다.

　어느 날 아침 막내가 교회를 나가려고 할 때 두 언니들이 교회 안뜰로 걸어 들어오는 것을 보았다. 그녀는 언니들에게 달려가서 발 아래 엎드렸다. 그들은 너무나 놀랐다. 도대체 이 부인이 누구이길래 우리 발 아래에 엎드린단 말인가?

"언니, 나를 몰라보겠어?" 왕비가 물었다.

부유하고 아름다운 부인이 그들을 보고 언니라고 부르는 것을 듣고서야 두 자매는 자세히 들여다보고는 그녀가 자기 동생임을 알아차렸다. 두 언니와 동생 모두 울음을 터뜨렸다. 얼마 후 세 사람은 서로를 용서했다. 두 자매는 이 도시를 떠났고 동생은 왕궁으로 되돌아갔다. 그녀는 왕에게 언니를 만난 것을 이야기했고 서로가 서로를 용서한 데 대해 행복해 했다.

왕과 왕비는 이후 오랫동안 행복하게 살았다.

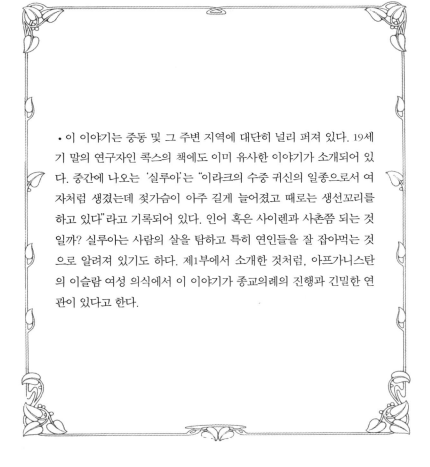

〔9〕
가난한 소녀와 암소

· 이라크 ·

· 이 이야기는 중동 및 그 주변 지역에 대단히 널리 퍼져 있다. 19세기 말의 연구자인 콕스의 책에도 이미 유사한 이야기가 소개되어 있다. 중간에 나오는 '실루아'는 "이라크의 수중 귀신의 일종으로서 여자처럼 생겼는데 젖가슴이 아주 길게 늘어졌고 때로는 생선꼬리를 하고 있다"라고 기록되어 있다. 인어 혹은 사이렌과 사촌쯤 되는 것일까? 실루아는 사람의 살을 탐하고 특히 연인들을 잘 잡아먹는 것으로 알려져 있기도 하다. 제1부에서 소개한 것처럼, 아프가니스탄의 이슬람 여성 의식에서 이 이야기가 종교의례의 진행과 긴밀한 연관이 있다고 한다.

옛 날에 한 노부부와 그들이 사랑하는 딸이 살고 있었다. 그러다가 부인이 죽으면서 딸에게 암소 한 마리를 남겨주었다. 남편은 다른 여자와 재혼했는데, 두 번째 부인은 딸 하나를 데리고 시집을 왔다. 두 소녀는 함께 자랐지만, 새어머니는 전처소생의 딸을 미워하여 아주 힘든 일들을 시켰다.

이 소녀는 죽은 어머니가 준 암소에게 아주 특별한 능력이 있다는 것을 알게 됐다. 솜을 소에게 주면 옷감을 짜서 되돌려주는 것이었다. 그러면 소녀는 이 옷감을 시장에 가지고 가서 팔았다. 소녀는 매일 암소를 데리고 사막에 가서 옷감을 짰다.

새어머니는 소녀가 매일 사라지는 것이 화가 나서 남편에게 이렇게 말했다. "이 아이가 매일 소를 데리고 사막으로 가버리는군요. 당신이 그 암소를 죽여야 해요."

"저런! 그것은 죄가 될 말이야. 우리 딸은 나쁜 짓을 한 것도 아니고, 게다가 그 암소는 제 엄마가 남겨준 것이 아니오? 그 소를 죽인들 무슨 좋은 일이 있겠소" 하면서 남편은 소를 죽이는 것을 거부했다.

어느 날, 소녀가 사막에 갔을 때 소에게 준 솜이 바람에 날아가버렸다. 그래서 소녀는 그것을 좇아서 달려가다가 한 동굴에 이르렀다. 그 앞에는 개천이 흐르고 있었다. 이 동굴 안에는 실루아가 있었는데 그 괴물은 두 개의 돌을 가지고 밀가루를 빻고 있었다. 그리고 그녀의 큰 젖이 어깨를 넘어 등으로 쳐져 있었다.

소녀는 흘러나온 밀가루를 집어먹고, 실루아의 젖을 조금 빨아먹었다.

실루아는 뒤돌아서 이렇게 말했다.

"네가 내 젖을 빨아먹고 내 밀가루를 집어먹기 전에 너를 보았다면 너를 한입에 삼켜버렸을 테지만, 일이 이렇게 됐으니 이제 네가 내 딸이라고 하겠다. 나는 동굴 입구에서 잠을 좀 자련다. 네 무릎을 베고 잘 테니 내 머리에서 이를 잡거라. 그리고 잡은 이는 모두 깨물어 죽여!"

소녀가 여기저기를 기웃거려 살펴보니 밀알들이 널려 있었다. 소녀는 그것들을 한 움큼 집었다.

실루아는 몸을 기울여서 소녀 무릎을 베고 누워서 이렇게 말했다.

"물이 하얗게 흐르면 날 깨우렴.

노랗게 흘러도 날 깨우렴.

그렇지만 까맣게 흐르면 깨우지 마라."

그러자 소녀는 "어머니 말대로 할 테니까 주무세요!" 하고 대답했다.

실루아가 잠자는 동안 소녀는 이를 잡았다. 까만 놈, 하얀 놈, 큰 놈, 작은 놈! 수없이 많은 이들이 있었다. 가끔 소녀는 밀알을 입에 넣고는 "어머니 이는 참 달콤하네요. 정말 맛있게 먹고 있답니다" 하고 말했다.

곧 개천물이 하얗게 흘렀다. 소녀는 "개천물이 하얗게 됐어요!" 하면서 실루아를 깨웠다. "물이 하얗구나. 일어나서 저 물로 목욕을 해라" 하고 실루아가 말했다.

소녀는 실루아가 시킨 대로 했는데, 물에서 나오자 그녀의 몸은 아침처럼 하얗게 됐다! 소녀가 돌아오자 실루아는 다시 소녀의 무릎을 베고 잠이 들었고 소녀는 계속 이를 잡았다. 곧 개천물이 노랗게 흘렀다. 소녀는 "개천물이 노랗게 됐어요" 하면서 실루아를 깨웠다.

"가서 네 머리를 저 물에 담가라" 하고 실루아가 말했다.

소녀가 시킨 대로 물에 머리를 담갔다가 머리를 들고 물을 빼내자 그녀의 머리가 칼랍둔(kalabdun. 자수용 황금 실)처럼 황금색으로 빛나고 또 무릎까지 닿게 길어졌다.

그렇지만 그녀는 그것이 무서워서 실루아에게 말했다.

"왜 이렇게 만들었어요? 새어머니가 이걸 보면 내가 무슨 일을 했는지 물어볼 테고 그런 다음에는 아주 크게 화를 낼 거예요."

"네 머리를 헝겊으로 가리고 돌아가라. 무서워하지 마라. 새어머니는 네 암소를 죽일 거야."

실루아의 말을 듣고 소녀는 울기 시작했다.

그러자 실루아는 이렇게 이야기해 주었다.

"그 소의 고기를 먹지 말고, 뼈와 가죽, 그리고 나머지 남은 것들을 모두 모아서 가방에 넣은 다음 소가 옷감을 짜주던 곳에 가지고 가서 땅에 묻고 40일 동안 기다려라. 그 뒤에 다시 파내면 그 안에 들어 있는 것은 전부 네 거야."

소녀는 동굴을 나와서 소를 몰고 집으로 돌아갔다. 새어머니가 그녀를 보자 욕을 하고 못살게 굴기 시작했다.

"너는 어디에 있었니? 왜 그렇게 오랫동안 놀다오는 거냐? 너는 우리 집을 욕보이고 있는 거다. 네 아버지께 이야기해서 그 소를 죽여야겠다."

소녀는 울기 시작했지만 새어머니는 아버지에게 가서 "당신 딸은 언제나 어슬렁거리며 돌아다니고는 소 타령만 하는구려. 그러니 그 소를 죽여야 해요" 하고 말했다.

아버지는 "저런! 그것은 죄가 될 이야기야. 내 딸은 그 암소를 좋아하고 또 그것은 죽은 엄마가 준 것 아니오?" 하고 대답했다.

새어머니는 "당신이 소를 죽이든지 내가 이 집을 떠나든지 둘 중에 한 가지를 고르세요" 하고 소리쳤다.

그러자 아버지는 일어나서 소를 죽여서 가죽을 벗기고 깨끗이 씻은 다음 대가리와 가죽, 뿔과 내장을 버렸다. 새어머니가 고기를 가지고 음식을 만들었지만 소녀는 먹지 않았다.

"먹어라! 고기가 아주 맛이 좋구나" 하고 부부가 말했지만, "싫어요! 나는 그 고기는 먹지 않을 거예요" 하고 대꾸했다.

소녀는 몰래 가죽과 뼈, 대가리와 꼬리, 다리와 내장을 가방에 넣은 다음 사막으로 가서 소가 옷감을 짜주던 곳에 땅을 파고 그 가방을 파묻었다. 집에 와서는 매일같이 암소를 생각하며 울었다.

어느 날 소녀는 머리를 빗으려고 지붕에 올라가서 머리를 감싸던 헝겊을 벗고는 빗질을 했다.

새어머니는 소녀가 지붕 위에서 무엇을 하는지 보려고 나왔다가 소녀의 머리가 태양빛처럼 물결치고 황금처럼 빛나는 것을 보았다.

"네 머리카락이 어떻게 해서 그렇게 된 거냐?" 하고 물었다.

"실루아 때문이에요" 하고 대답하고는 바람에 날린 솜을 따라서 동굴에 갔던 일, 그리고 그곳에서 일어난 일을 모두 이야기했다.

"그러면 내 딸을 데리고 그 동굴에 다시 가서 내 딸의 머리도 네 것처럼 만들어주어라" 하고 말했다.

그래서 그녀는 동생을 데리고 동굴로 가면서 도중에 어떻게 해야 하는지를 모두 말해 주었다. 그러나 동생은 멍청해서 그것을 전부 외우지 못했다.

동굴에 들어갔을 때 동생은 언니가 이야기해 준 대로 땅바닥에 있는 밀가루를 먹고 실루아의 등 뒤에 처져 있는 젖을 빨아먹었다.

그러자 실루아가 돌아서 말했다.

"이런! 만일 네가 내 밀가루를 먹고 내 젖을 빨아먹어서 내 딸이 되지 않았더라면 너를 한입에 먹었을 텐데."

그리고는 그녀에게 언니에게 한 것과 똑같은 말을 했다.

"동굴 입구에 앉아 있거라. 네 무릎을 베고 잘 테니 그동안 이를 잡아주려무나."

그녀가 앉자 실루아는 그녀의 무릎을 베고 누워서 잠이 들었고 그녀는 이를 잡기 시작했다. 그러나 실루아의 머리에서 이를 보자 그녀는 무서워서 소리를 질렀다.

"어휴 무서워라!"

그러자 실루아가 이렇게 말했다.

"물이 까맣게 흐르면 날 깨우지 마라.

그렇지만 물이 하얗게 흐르면 날 깨우렴.

노랗게 흘러도 날 깨우렴."

그리고는 잠이 들었다. 그러나 실루아가 하는 말을 주의깊게 듣지 않은 그녀는 "물이 까맣게 흘러요" 하면서 실루아를 깨웠다.

"가서 네 머리를 물에 담가라" 하고 실루아가 말했다.

그녀가 물에 머리를 담갔다가 꺼내자 그녀의 머리에는 까만 뿔 두 개가 솟아났다.

"물이 까맣게 흐르면 날 깨우지 말라고 내가 말하지 않던?" 하고 말하면서 그녀를 돌려보냈다. 두 자매는 울면서 집으로 돌아갔다. 동생은 이전보다 더 미워졌다.

새어머니가 자기 딸을 보자 너무나 화가 나서 어떻게 된 거냐고 물었다. "내 잘못이 아니예요. 어떻게 해야 하는지 말해 주었어요" 하고 첫째가 말했다. "언니가 이야기해 주었지만 내가 잊어먹었어요" 하고 동생도 말했다.

새어머니는 더욱 화가 나서 친딸에게 이렇게 말했다.

"이 올빼미 같은 것아! 왜 잘 듣지를 못해!"

소녀는 이제 날이 지나가기를 손꼽아 기다렸고 마침내 40일이 지났다. 그래서 사막으로 가서 땅에 묻었던 것을 파보았다.

가방을 열어보니 가죽은 금으로 수를 놓은 아바(소매 없는 긴 옷)가

되어 있었고, 꼬리는 비단 옷이 되어 있었고, 뼈와 다른 것들은 모두 보석이 되어 있었다. 진주, 팔찌 등이 있고 특히 다이아몬드와 에메랄드가 박힌 나막신이 있었다. 세상에 그렇게 아름다운 것이 또 있을까!

그녀는 너무 기뻐서 그 아름다운 옷들을 입고는 개울물에 자기 모습을 비춰보며 즐거워했다. 한참을 그렇게 한 다음 옷을 벗어서 도로 가방에 넣어 땅에 다시 묻고는 원래의 헌 옷을 입고 집으로 돌아갔다.

매일 그녀는 그곳에 와서 멋진 옷을 입고 개울물에 자기 모습을 비춰보다가 다시 옷을 벗어서 숨기고는 헌 옷을 입고 집으로 돌아갔다.

어느 날 그녀가 그렇게 아름답게 치장을 하고 있을 때 술탄의 아들이 마침 그 곁을 지나가다가 그녀를 보게 됐다. 그녀는 한껏 자신을 치장했다가 다시 아바와 보석을 챙겨서 가방에 넣어 땅에 숨기는 것이었다. 그렇지만 그녀가 땅에 그것들을 묻는 동안 누군가가 자기를 본다는 것을 눈치챘다. 그래서 너무 서두르다가 나막신 한 짝을 흘렸다. 그 신은 개울물에 빠졌다.

그녀가 가버리자 술탄의 아들은 하인을 불러서 말했다.

"개천에 나막신이 한 짝 있으니 가서 그것을 집어가지고 오너라."

하인은 개울에 가서 나막신 한 짝을 찾아서 술탄의 아들에게 가져왔다. 그것을 보자 술탄의 아들은 감탄하여 소리를 질렀다. "참으로 멋지구나! 이렇게 훌륭한 것은 본 적이 없어!" 그리고는 어머니에게 가서 말했다. "이 신발의 주인하고 결혼을 하고 싶습니다." "그렇게 하려무나" 하고 그녀가 대답했다.

그녀는 노예 한 명과 함께 시내로 들어가서 집집마다 찾아다녔다. 그러나 그 신발이 맞는 사람은 없었다. 그 신이 너무 길거나 너무 짧았다. 아니면 너무 크거나 너무 작았다. 마침내 두 소녀가 살고 있는 집에 왔다. 이제 이 집이 마지막이었다.

새어머니는 술탄의 부인이 아들의 신부를 찾으러 다닌다는 것을 알았기 때문에 배다른 딸은 화덕에 밀어넣고 뚜껑을 닫아버렸다. 그리고 자기 친딸은 아름답게 치장을 해서 데리고 나왔다.

술탄의 부인이 그녀를 보고는 "이 집에는 이 딸밖에 없나요?" 하고 물었다. 그러자 새어머니는 "예, 다른 딸은 없고 이 아이뿐이랍니다" 하고 답했다.

그러자 화덕 안의 소녀가 소리를 질렀다.

"오 오 오, 파트마 칸이시여, 내 두 발이 구멍에서 튀어나와요!"

새어머니는 화가 나서 소리를 질렀다.

"쉿! 쉿!"

"저건 누구지요? 이야기를 하게 하세요" 하고 술탄의 부인이 말했다.

소녀는 다시 소리를 질렀다.

"오 오 오, 파트마 칸이시여, 내 두 발이 튀어나와요!"

술탄의 부인은 "화덕 안에 소녀가 있는 것 같군요" 하고 말했다. "그건 고양이예요" 하고 새어머니가 답했다. 그러나 술탄의 부인은 "아니예요. 사람 목소리가 맞아요" 하면서 화덕으로 갔다. 과연 화덕 밖으로 소녀의 두 발이 튀어나와 있었다. 그래서 뚜껑을 열고 그녀를 나오게 했다.

"네 발을 이 나막신 안에 넣어보아라."

그녀가 발을 나막신에 넣자 마치 손가락에 반지가 딱 들어맞듯이 완벽하게 맞았다.

그러자 술탄의 부인이 말했다.

"이 아이를 내 아들과 결혼시키겠습니다."

그리고 물라를 불러서 결혼식을 올리고 일곱 날과 일곱 밤 동안 잔치를 벌였다.

[10]

부레누슈카

· 러시아 ·

• 이 이야기는 〈한 눈, 두 눈, 세 눈〉 계열의 이야기로서 러시아의
《아파나세프 민담집》에 실려 있다. 이는 아시아에 널리 퍼져 있는
'스파이' 모티프와 관련이 있으며,《그림 동화》에도 비슷한 이야기가
있다. 소가 음식을 주고, 또 그 소의 내장이 나무로 자라나는 점은 다
른 이야기들과 같은 요소들이다. 이야기의 후반부에 가면 〈까만 신부
와 하얀 신부〉 이야기(AT 403)와 합쳐져 있는데 그 이야기의 대체적
인 윤곽은 다음과 같다. 1. 계모가 아이를 미워한다. 2. 아이는 만나
는 사람들에게 모두 친절하다. 어느 날 한겨울에 딸기를 찾아오라고
해서 나갔다가 난쟁이들을 만나 아름다운 외모에 말할 때 입에서 금
은보석이 쏟아져 나오는 능력을 받는다. 계모는 자기 친딸을 똑같이
보내지만 추악한 외모를 받는데다가 말할 때 입에서 두꺼비가 나오
게 된다. 3. 주인공은 왕자의 눈에 뜨여 결혼을 한다. 때로는 그 동생
이 왕궁에서 일을 하다가 그 인연으로 그녀가 왕자와 결혼한다. 4. 계
모는 주인공을 물에 빠뜨리고 친딸을 대신 왕비로 보낸다. 주인공의
남자 동생은 감옥 혹은 뱀굴에 던져진다. 5. 주인공이 기러기로 변해
서 왕궁에 날아오고 때로는 자기 아이들에게 젖을 먹인다. 이 일이
세 번 반복되는데, 마지막에 왕이 그녀의 손가락을 잘라서 피를 뿌리
든지 혹은 변신하는 중에 그녀를 붙잡아서 마법을 푼다. 6. 남자 동생
을 구출하고, 진짜 신부가 다시 왕비가 되며, 악한 자들이 처벌된다.

어느 나라에 왕과 왕비, 그리고 마리라는 공주가 살았다. 그런데 왕비가 죽고 왕이 재혼했다. 새엄마에게는 딸이 둘 있었는데, 한 명은 눈이 두 개이고 또 한 명은 눈이 세 개였다. 새엄마는 마리를 박대해서 매일 점박이 암소를 돌보라고 내보내면서 음식으로는 마른 빵 한 조각만 주었다. 그러나 이 암소는 마법의 소였다. 들판에 나가서 마리가 소의 오른발에 절을 하면 아주 많은 음식이 나왔다. 그래서 원래 가지고 온 마른 빵은 도로 집으로 가져가서 식탁 위에 올려놓았다.

왕비는 매우 놀랐다. 다음날, 똑같은 빵을 주어서 내보낸 뒤 자기 친딸을 딸려보내서 마리가 어디에서 음식을 얻는지 알아보라고 시켰다. 이들이 들판에 나가자 마리는 이렇게 말했다. "우리 여기에 앉자. 네 머리를 빗겨줄게." 그리고는 머리를 빗으면서 "예쁜 동생아, 잠들어라! 작은 눈아 잠들어라! 두 번째 눈도 잠들어라!" 하고 이야기했다. 동생은 곧 잠이 들었다. 그러자 마리는 암소의 오른쪽 발에 절을 하고는 전날처럼 많은 음식을 얻었다. 저녁이 되자 마리는 동생을 깨웠다. "일어나라! 집에 갈 시간이란다." "이런, 이런! 하루 종일 잠만 자느라고 아무것도 보지 못했네, 엄마가 아주 화를 내실거야." 집에 돌아오자 왕비는 딸에게 물었다. "그래, 마리는 어떻게 해서 음식을 얻더냐?" 그러나 그녀는 대답을 할 수 없었다.

다음날 왕비는 눈이 셋 있는 딸을 딸려보내서 알아보라고 시켰다. 같은 일이 일어났지만, 세 번째 눈은 깨어 있었으므로 모든 것을 지켜보았다. 그래서 이 딸은 집에 돌아와서 왕비에게 모든 일을 이야기했다.

왕비는 암소를 죽이라고 명령을 내렸다. 마리는 암소의 내장을 조금만 달라고 해서 그것을 문설주 밑에 묻었다. 여기에서 나무가 자라났고 열매가 많이 달렸다. 그리고 가지에는 많은 새들이 몰려와 앉아서 노래를 불렀다. 이반 왕자가 이것을 듣자 왕비에게 컵을 하나 내놓으면서, "이 컵에 그 나무 열매를 채우는 여자면 누구든지 결혼을 하겠소" 하고 말했다. 왕비는 첫째 딸을 시켜서 열매를 따게 하려고 했지만 새들이 방해해서 열매를 딸 수 없었다. 둘째 딸 역시 마찬가지로 열매를 따지 못했다. 마침내 마리가 시도를 하자 이번에는 곧바로 새들이 열매를 따다가 컵을 채웠다. 그래서 이반 왕자는 마리와 결혼을 했다.

마리는 아들을 하나 낳았다. 그리고 남편과 함께 친정집을 찾아왔다. 왕비는 마리를 거위로 변하게 하고는 자기 첫째 딸을 이반의 부인으로 바꿔쳤다. 두 사람은 함께 왕궁으로 돌아갔다.

아침 일찍 아이를 돌보던 노인이 아이를 안고 들판으로 나갔다. 하늘 위로 거위 떼가 지나가자 노인은 "거위들아, 이 아이의 엄마를 보았니?" 하고 물었다. 그러자 거위 한 마리가 땅으로 내려오더니 깃털을 벗고 아이를 품에 안은 다음 젖을 먹였다. 그리고 울면서 이렇게 말했다. "사랑하는 아가야, 오늘 너에게 젖을 먹이고 내일도 너에게 젖을 먹이겠지만 셋째 날에는 멀리 멀리 날아가야만 한단다."

노인과 아이가 집에 돌아왔는데, 아이는 하루 종일 깨지 않고 잠을 잤다. 가짜 엄마는 "저 노인은 틀림없이 아이를 굶어죽게 할 거야" 하고 말했다.

다음날 노인은 다시 아이를 안고 들판으로 나갔다. 그러나 이날은 이반이 나무 뒤에 숨어서 노인을 살펴보았다. 거위 떼가 날아가자 노인은 이 아이의 엄마를 보았냐고 물었고, 그러자 엄마 거위가 땅에 내려와서 깃털을 벗고 아이에게 젖을 먹이면서 눈물을 흘리며 이렇게 이야기했다. "내일 나는 멀리 멀리, 저 높은 산의 어두운 숲으로 날아간단다." 그리고는 다시 이렇게 말했다. "이런! 아주 이상한 냄새가 나네!" 엄마 거위는 깃털을 찾았으나 찾을 수 없었다. 이반이 몰래 깃털을 태워버렸기 때문이다. 이반은 마리를 붙잡았다. 그러자 마리는 개구리로 변했고 다음에는 도마뱀, 뱀, 그리고 마지막으로 실톳대로 변했다. 이반은 그 막대를 잡아서 꺾은 다음 한쪽은 앞으로, 다른 한쪽은 뒤로 던졌다. 그러자 젊은 자기 부인이 그 앞에 나타났다. 이반은 부인을 보고 큰소리로 말했다.

"여기에 부끄러움이 없는 여인이 있도다."

이반은 궁정에 돌아가서 귀족들과 신하들을 불러모은 다음 자기가 두 부인 중 누구와 살아야 하느냐고 물었다. "물론 첫 번째 부인과 살아야 합니다" 하고 그들은 이야기했다. "좋소, 그렇다면 왕궁의 대문에 더 빨리 기어올라갈 수 있는 부인과 살도록 하겠소." 두 번째 부인은 아주 재빠르게 문 위로 기어올라갔지만 마리는 아무리 해도 올라가지 못했다. 그러자 이반은 총을 꺼내서 문 위에 올라가 있던 여자를 향해 쏘았다. 그 후 이반과 마리는 행복하게 잘살았다.

[11]

얼룩소

• 아일랜드 •

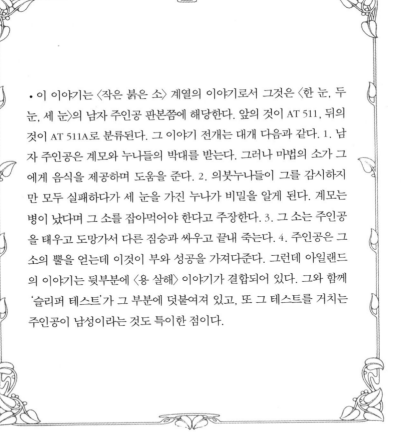

• 이 이야기는 〈작은 붉은 소〉 계열의 이야기로서 그것은 〈한 눈, 두 눈, 세 눈〉의 남자 주인공 판본쯤에 해당한다. 앞의 것이 AT 511, 뒤의 것이 AT 511A로 분류된다. 그 이야기 전개는 대개 다음과 같다. 1. 남자 주인공은 계모와 누나들의 박대를 받는다. 그러나 마법의 소가 그에게 음식을 제공하며 도움을 준다. 2. 의붓누나들이 그를 감시하지만 모두 실패하다가 세 눈을 가진 누나가 비밀을 알게 된다. 계모는 병이 났다며 그 소를 잡아먹어야 한다고 주장한다. 3. 그 소는 주인공을 태우고 도망가서 다른 짐승과 싸우고 끝내 죽는다. 4. 주인공은 그 소의 뿔을 얻는데 이것이 부와 성공을 가져다준다. 그런데 아일랜드의 이야기는 뒷부분에 〈용 살해〉 이야기가 결합되어 있다. 그와 함께 '슬리퍼 테스트'가 그 부분에 덧붙여져 있고, 또 그 테스트를 거치는 주인공이 남성이라는 것도 특이한 점이다.

옛날에 한 남자가 살고 있었는데, 그때는 정말 오래 전이기 때문에 만일 그가 그때 살아 있었다면 지금은 분명 살아 있지 않을 것이다. 그는 첫 번째 결혼에서 아들 하나를 얻은 후 부인과 사별했다. 그는 곧 재혼했는데, 두 번째 부인은 전처소생의 그 아들을 별로 좋아하지 않았다. 그 아들은 혼자 산으로 올라가서 소들을 돌보아야 했다.

산에서 돌보는 소 가운데 얼룩소가 한 마리 있었다. 그런데 소년이 너무나 배가 고파서 우는 소리를 하며 손을 비비 꼬자 이것을 들은 그 얼룩소는 소년에게 다가가서 말했다. "배가 고픈 모양이구나. 그러면 내 두 뿔을 빼서 땅 위에 내려놓고 뿔이 있던 자리에 손을 넣어봐라. 그러면 음식을 얻을 수 있을 게다."

그 말을 들은 소년은 소에게 다가가서 두 뿔을 잡고 비틀어보았다. 그러자 뿔이 빠져나왔다. 그리고 그 자리에 손을 넣어보니 음식과 음료수, 식탁보가 나왔다. 소년은 식탁보를 땅에 깔고 음식과 음료수를 편 다음 마음껏 먹었다. 다 먹자 그는 식탁보를 뿔이 있던 곳에 도로 넣고 뿔을 제자리에 끼워놓았다.

저녁에 집으로 돌아온 소년은 음식을 한입도 먹지 않았다. 그러자 계모는 소년이 산에서 음식을 먹었음에 틀림없다고 생각했다.

다음날 소년이 다시 소를 몰고 산으로 가자 계모는 자기 딸에게 소년의 뒤를 따라가서 그가 어디에서 음식을 얻는지 알아보라고 일렀다. 딸은 몰래 뒤를 밟아서 몸을 숨기고 소년을 관찰했다. 한낮의 열기가 뜨거워졌을 때 어디선가 아주 감미로운 음악 소리가 들리기 시작했다. 그 아름다운 노래를 듣자 소녀는 그만 잠이 들고 말았다. 그때 소가 다가오자 소년은 소의 뿔을 빼고 그 자리에서 음식과 음료수와 식탁보를 꺼내서 양껏 먹었다. 그리고는 뿔을 다시 제자리에 꽂았다. 그러자 음악이 그쳤고 그때 가서야 소녀가 잠에서 깨어났다. 그녀는 그 후 저녁에 소년이 다시 소를 몰고 집으로 갈 때까지 살펴보았다. 계모는 자기 딸에게 소년이 어디에서 음식을 얻는지 보았느냐고 물었지만 그녀는 보지 못했다고 대답했다. 그런데 이날도 소년은 음식을 전혀 입에 대지 않았기 때문에 계모는 아주 놀랐다.

다음날 계모는 두 번째 딸에게 소년의 뒤를 따라가서 그가 어디에서 음식을 얻는지 살펴보라고 일렀다. 딸은 몰래 뒤를 밟아서 몸을 숨기고 소년을 관찰했다. 한낮의 열기가 뜨거워졌을 때 어디선가 아주 감미로운 음악 소리가 들리기 시작했고 그 소리를 듣자 소녀는 그만 잠이 들고 말았다. 그때 소가 다가오자 소년은 소의 뿔을 빼고 그 자리에서 음식과 음료수와 식탁보를 꺼내서 양껏 먹었다. 그리고는 뿔을 다시 제자리에 꽂았다. 그러자 음악이 그쳤고 그때 가서야 소녀가 잠에서 깨어났다. 그녀는 그 후 저녁에 소년이 다시 소를 몰고 집으로 갈 때까지 살펴보았다. 계모는 자기 딸에게 소년이 어디에서 음식을 얻는지 보았느냐고 물었지만 그녀는 보지 못했다고 대답했다. 이번에도 계모는 아주 놀랐다.

다음날 계모는 세 번째 딸에게 소년을 따라가도록 시켰다. 셋째 딸은 몸을 숨기고 소년을 지켜보았다. 그런데 이 소녀는 눈이 세 개였다. 뒤통수에 또 하나의 눈을 가지고 있었던 것이다. 얼룩소가 음악 소리를 내자 소녀의 두 눈은 잠이 들었지만 세 번째 눈은 잠들지 않았다. 그래서 한낮의 열기가 뜨거워졌을 때 얼룩소가 소년에게 다가오고, 소년이 얼룩소의 뿔을 빼서 음식을 먹는 것을 보았다.

소녀는 그 길로 자기 어머니에게 달려가서, 소년이 얼룩소의 뿔에서 음식을 꺼내 먹는데 세상에 그보다 더 푸짐한 음식은 보지 못했다고 말했다.

그러자 계모는 아픈 척했다. 닭을 한 마리 잡아서 침대에 그 피를 뿌리고 또 자기 입에도 피를 하나 가득 물고는 남편을 불러서 자기가 죽어간다고 말했다. 남편이 달려와서 이것을 보더니 "당신을 살릴 수 있는 것이라면 세상의 어떤 것이라도 다 얻어주겠소" 하고 말했다. 그녀는 이 세상에 내 목숨을 구해 줄 물건이라고는 산에 있는 얼룩소의 고기뿐이라고 답했다.

남편은 "그것을 얻어다주겠소" 하고 말했다.

매일 밤 소들이 집으로 돌아올 때 얼룩소가 제일 앞에 서서 왔다. 이 사실을 알고 있던 계모는 푸주한 두 명을 데려다가 문 양쪽에 세워 놓고 얼룩소를 죽이려고 했다.

얼룩소는 소년에게 "만일 다른 소가 내 앞에 가지 않으면 오늘 밤에 나는 죽게 돼" 하고 말했다. 그래서 소년은 다른 암소 한 마리를 제일 앞세워 집으로 갔다. 문 양쪽에 숨어 있던 두 푸주한은 제일 먼저 들어오는 소를 잡기로 했으므로 그 암소를 죽였다. 계모는 그 고기를 가져다가 먹었다. 그리고 그 고기가 얼룩소의 것이라고 생각하고는 이제 다 나았다고 말했다.

다음날 저녁에 소년이 집으로 돌아왔을 때 다른 날과 마찬가지로 아무것도 먹지 않았으므로 계모는 다시 놀랐다. 그 후에 계모는 그 얼룩소가 아직 죽지 않고 살아 있다는 것을 알게 됐다.

그러자 계모는 다시 아픈 척했다. 이번에도 닭을 한 마리 잡아서 침대에 그 피를 뿌리고 또 자기 입에도 피를 하나 가득 물고는 남편을 불러서 자기가 죽어간다고 말했다. 그리고 이 세상에 자기 목숨을 구해 줄 물건이라고는 산에 있는 얼룩소의 고기뿐이라고 말했다.

푸주한은 얼룩소가 들어오자마자 죽이려고 기다렸다. 그러나 이번에도 얼룩소가 다른 암소를 앞세워서 왔기 때문에 푸주한들은 다른 소를 죽였고, 계모는 그 다른 소의 고기를 먹고는 병이 나았다고 말했다.

그러나 그 후에 계모는 얼룩소가 아니라 다른 소가 죽었다는 것을 알았다. "걱정하지 마라. 나는 반드시 그 얼룩소를 죽일 테니까" 하고 그녀는 말했다.

다음날 소년이 소들을 돌보고 있을 때 얼룩소가 다가오더니 이렇게 말했다. "내 뿔을 빼고 마음껏 음식을 먹도록 해라. 너에게는 이것이 마지막 기회가 될 것이다. 그들이 나를 죽이려고 기다리고 있거든. 그렇지만 걱정하지는 말아라. 나는 푸주한들에게 죽지 않고 다른 소에게 죽게 될 거야. 이제 내 등에 타라."

소년은 소 등에 타고 집으로 향했다. 문 양쪽에 푸주한이 숨어서 기다리고 있었다. 그러나 얼룩소는 뿔을 휘둘러서 두 사람을 죽였다. 그리고는 소년을 등에 태운 채 밖으로 나왔다.

이 둘은 숲으로 가서 그곳에서 밤을 새웠다. 다음날 얼룩소는 다른 황소와 싸워야 했다.

다음날 날이 밝자 얼룩소는 소년에게 말했다. "내 뿔을 뽑고 음식을 꺼내서 마음껏 먹어라. 이게 너의 마지막 기회가 될지 모른단다. 나는 곧 다른 황소들과 싸워야 해. 오늘은 내가 피할 수 있겠지만 내일 정오에는 그들이 나를 죽일 거야."

그날 얼룩소는 다른 황소들과 하루 종일 싸우고 저녁에 돌아왔다. 이날 밤에 소년과 얼룩소는 숲에서 밤을 새웠다.

다음날 날이 밝자 얼룩소는 소년에게 말했다. "뿔을 빼고 음식을 마음껏 먹어라. 이것이 너의 마지막 기회가 될 것이다. 이제 내가 말하는 것을 잘 듣도록 해라. 내가 죽으면 내 등가죽과 뱃가죽을 한 조각씩 떼어서 벨트를 만들어야 한다. 그러면 네가 어떤 곤경에 빠졌을 때 나의 힘을 얻을 수 있을 거다."

그러고 나서 얼룩소는 나가서 다른 황소와 싸움을 했다. 그 황소는 얼룩소를 죽이고 그 자리를 떠났다. 소년은 얼룩소가 누워 있는 곳으로 가보았다. 얼룩소는 아직 완전히 죽지 않았다. 그가 소년을 보자 급히 이렇게 말했다. "오! 빨리 서둘러서 칼로 내 가죽을 벗겨라. 그렇지 않으면 너도 나처럼 죽음을 당하게 될 거야."

그러나 소년은 손이 떨려서 그 일을 할 수 없었다. 그렇게 오래 그에게 음식을 주고 친절을 베풀어준 얼룩소에게 칼을 갖다대기가 힘들었던 것이다.

얼룩소는 소년에게 지금 당장 가죽을 벗기라고 거듭 말했다. 그러면 소년이 살아 있는 한 계속 도움을 받을 것이라고도 말했다. 소년은 얼룩소의 등가죽과 뱃가죽을 떼어가지고 그곳을 떠났다.

소년은 아주 많은 곤경과 슬픔을 겪었다. 그는 자기가 어디로 가는지, 혹은 어디로 가야 하는지도 모른 채 앞으로 나아갔다.

도중에 만난 한 신사가 소년에게 어디로 가느냐고 물었다. 소년은 자기가 어디로 가는지 모르지만 하여튼 일거리를 찾고 있다고 답했다.

"너는 무엇을 할 수 있니?" 하고 신사가 물었다.

"소치는 일은 어느 누구보다도 잘 합니다. 솔직히 말씀드리면 그것 말고는 할 수 있는 일은 없어요. 그렇지만 소치는 일만은 세상 누구보다도 잘 한다고 말할 수 있지요."

"내가 원하는 게 바로 그런 사람이야. 내 땅 너머에 거인 셋이 살고 있는데, 내 가축이 혹시라도 그쪽 땅으로 넘어가면 그걸 빼앗고 돌려주질 않는단다. 그게 바로 그 거인들이 원하는 거지. 내 가축이 자기네 땅으로 넘어가는 것 말이야."

"걱정 마세요. 가축을 아주 잘 돌보고 한 마리도 그쪽 땅으로 넘어가지 않도록 할 자신이 있어요."

그래서 신사는 이 소년을 집으로 데리고 와서 소치기로 삼았다. 풀이 점차 모자라게 되자 그는 가축을 끌고 더 먼 곳으로 가야 했다. 그런데 이 신사의 땅과 거인의 땅 사이에는 돌로 된 큰 벽이 있었고 그 벽 너머로는 아주 좋은 풀들이 파랗게 자라 있었다. 그것을 보자 소년은 벽에 구멍을 뚫고 돼지와 소들을 그 안에 풀어놓았다. 그리고는 나무에 올라가서 사과를 따서 돼지들에게 던져주었다.

거인 하나가 이것을 보고는 수염이 거꾸로 솟을 정도로 화가 나서 달려왔다. "당장 내려와라. 너는 한입에 먹기에는 크고 두 번에 먹기에는 작구나. 나의 차갑고 긴 이로 너를 물어버릴 테다."

"저런, 진정하세요. 어쩌면 내가 너무 빨리 당신에게 내려갈 것 같군요."

"너랑 더 이상 오래 이야기하지 않겠다." 거인은 이렇게 말하고서는 나무 아래 지렛대를 놓고는 뿌리부터 파올렸다.

소년은 얼룩소의 조언이 생각나서 "까만 가죽끈아, 가라! 가서 저 녀석을 졸라버려라" 하고 말했다. 그 순간 가죽끈이 소년의 손에서 뛰쳐나와서 거인을 졸라댔다. 어찌나 세게 졸랐는지 거인의 눈이 머리에서 튀어나올 정도였다. 얼룩소의 힘이 거인의 힘보다 더 세기 때문이다. 거인은 손가락 하나 움직일 수 없었기 때문에, 목숨만 살려주면 무엇이든지 다 주겠다고 약속했다. "네가 원하는 것은 무엇이든지 다 주겠다" 하고 거인이 소년에게 말했다.

"다른 아무것도 필요 없고 다만 당신 침대 밑에 있는 칼을 주세요."

"그래, 칼을 너에게 주겠다" 하고 말하고 거인은 칼을 가지고 나와서 소년에게 주었다.

"숲에 있는 가장 큰 나무 세 그루에다가 실험을 해보아라. 칼로 나무를 벨 때 네 손이 그걸 느끼지도 못할 거다."

"숲속의 나무 가운데 너보다 더 크고 못생긴 나무는 없을 거다" 하고 말하면서 소년은 칼을 뽑아서 거인의 목을 쳤다. 거인의 목은 일곱 고랑과 일곱 이랑 너머로 날아갔다.

"만일 내가 몸통을 다시 찾게 된다면 세상 사람들이 다시는 내 목을 몸통에서 떨어지지 않게 하겠다" 하고 잘려나간 얼굴이 소리쳤다.

"그렇게 되지 않도록 조심하지" 하고 소년이 말했다.

저녁에 소년이 암소들을 끌고 집으로 돌아가자 우유가 어찌나 많이 나오는지 집안의 우유통에 다 담지 못해서 목수들에게 새 우유통을 만들라고 시켜야 했다.

"너는 내가 본 목동 중에서 최고야" 하고 신사는 그에게 고맙다는 말을 했다.

거인들은 모두 매일 저녁마다 괴성을 질렀는데, 이날 저녁에는 두 명의 목소리만 들렸다. "오늘 거인의 성에 변화가 있군" 하고 신사가 말했다. "아, 오늘 낮에 거인 하나가 떠나는 것을 보았는데 아직 집에 돌아오지 않은 거예요" 하고 소년이 대답했다.

다음날, 소년은 또 가축을 끌고 돌로 된 벽이 있는 곳으로 가서 그 벽에 구멍을 뚫고 가축들을 그 안에 풀어놓았다. 그리고는 나무에 올라가서 사과를 따서 돼지들에게 던져주었다. 두 번째 거인이 달려와서 소리쳤다. "벽에 구멍을 뚫고 내 땅에 가축을 밀어놓다니 이게 무슨 짓이냐? 그리고 네가 어제 내 동생을 죽였지?"

"까만 가죽끈아, 가라! 가서 저 녀석을 졸라버려라" 하고 소년이 말했다. 그 순간 가죽끈이 날아가서 거인을 어찌나 세게 졸랐는지 거인은 손 하나 꼼짝하지 못했다. 그래서 자기 목숨을 살려주기만 한다면 소년이 원하는 것을 모두 주겠다고 약속했다. 모든 거인이 다 칼을 가지고 있었는데, 이 거인의 칼이 지난번 것보다 더 좋았다.

"숲에 있는 가장 큰 나무 여섯 그루에다가 실험을 해보아라. 칼날이 흔들리지도 않고 베어질 것이다."

"숲속의 나무 가운데 너보다 더 크고 못생긴 나무는 없을 거다" 하고 말하면서 소년은 칼을 뽑아서 거인의 목을 쳤다. 거인의 목은 일곱 고랑과 일곱 이랑 너머로 날아갔다.

"만일 내가 몸통을 다시 찾는다면 세상 사람들이 다시는 내 목을 몸통에서 떨어지지 않게 하겠다" 하고 잘려나간 얼굴이 소리쳤다.

"그렇게 되지 않도록 조심하지" 하고 소년이 말했다.

그날 저녁에 소년이 가축을 몰고 집으로 돌아갔을 때 우유가 어찌나 많이 나오는지 사람들이 모두 놀랐다. 그리고 그날 밤에는 거인 한 명만이 괴성을 지른다고 신사가 말했다. 소년은 그날 낮에 거인 하나가 떠났는데 아마 아직 집에 돌아오지 않은 것 같다고 말했다.

다음날 소년은 다시 가축을 끌고 가서 벽의 구멍 안으로 풀어놓았고 사과나무에 올라가서 과일을 따서 아래로 던졌다. 맏형인 세 번째 거인은 동생 둘이 다 죽어서 머리 끝까지 화가 나서 뛰어나왔다. 거인은 소년에게 당장 내려오라고 소리를 질렀다. "내 길고 차가운 이로 너를 물 수 있도록 이리 내려와라." 정말로 그의 이는 길고 차가웠다.

"검은 가죽끈아, 가서 저놈의 눈이 머리에서 튀어나오도록 꽉 물어라" 하고 소년이 말하자 가죽끈이 날아가서 거인을 꽉 졸라댔다. 눈이 튀어나올 정도가 되자 거인은 목숨을 살려주면 소년이 원하는 것을 다 주겠다고 말했다.

"다른 아무것도 필요 없고 다만 당신 침대 밑에 있는 칼을 주세요."

"그것을 너에게 주겠다" 하고 말하고 거인은 칼을 가지고 나와서 소년에게 주었다. "숲속에서 두 개의 못생긴 나무줄기를 베어보아라. 칼날이 흔들리지도 않으면서 베어질 거다."

"마리아의 이름으로 숲속에서 너보다 더 못생긴 나무는 없을 거다" 하고 말하면서 소년은 칼을 뽑아서 거인의 목을 쳤다. 거인의 목은 일곱 고랑과 일곱 이랑 너머로 날아갔다.

"오호라, 만일 내가 몸통을 다시 찾게 된다면 세상 사람들이 다시는 내 목을 몸통에서 떨어지지 않게 하겠다" 하고 잘려나간 얼굴이 소리쳤다.

"그렇게 되지 않도록 조심하지" 하고 소년이 말했다.

그날 소년이 집으로 돌아왔을 때 우유가 얼마나 많이 나는지 목수들이 미처 우유를 담는 통을 준비하지 못할 정도였고, 돼지들은 엄청나게 많은 사과를 먹었다.

소년은 그렇게 해서 거인들의 성안에 있는 모든 것을 가졌다. 그러나 사람들은 두려웠기 때문에 이 성에는 누구도 가까이 가려고 하지 않았다.

그런데 이 고장에는 무서운 용이 한 마리 있었다. 이 용은 7년마다 한 번씩 이 고장에 찾아왔는데, 그때 여자 희생자 하나를 묶어서 준비해 놓지 않으면 바닷물을 육지로 끌어올려서 이 땅의 사람들을 몰살시키려고 했다. 용이 찾아오는 날이 되자 소년은 주인에게 용이 나타나는 곳으로 자신을 보내달라고 했다. "네가 무슨 상관이 있어서 그러느냐? 거기에는 많은 말들과 마차가 있고 사방에서 많은 사람들이 몰려들 거다. 말들이 뒷발로 일어서면 너는 발굽에 깔려서 죽고 말거야. 그러니 너는 집에 남아 있는 것이 좋아."

"그러지요" 하고 소년이 말했다. 그러나 모든 사람들이 떠나자 그는 세 거인의 성에 들어가서 가장 좋은 말에다가 안장을 얹고 가장 좋은 갑옷을 입은 다음 첫 번째 거인의 칼을 가지고 용이 나타나는 곳으로 달려갔다.

그곳에는 수많은 사람과 말, 마차들이 몰려 있어서 장터 같았다. 바닷가에 말뚝 하나가 있는데 거기에 한 여자가 묶여 있었다. 그녀는 용이 와서 삼켜먹기를 기다리고 있었다. 그녀는 다름 아닌 왕의 딸이었다. 용은 다른 여자는 삼키려고 하지 않았기 때문이다. 용이 바다에서 나오자 소년이 달려가서 용과 싸우기 시작했다. 소년과 용은 저녁까지 싸웠는데 마침내 용의 입에서 거품이 나오고 바다가 용의 피로 빨갛게 됐다. 소년은 마침내 용을 바닷속으로 도로 쫓아보냈다. 그리고 소년은 다음날 다시 오겠노라고 했다. 그는 말을 원래 있던 마구간에 넣고 갑옷을 벗었다. 그래서 다른 사람들이 돌아왔을 때에는 원래의 모습으로 되돌아가 있었다. 그날 밤에 사람들은 어떤 용감한 기사가 공주를 위해 싸웠으며 용을 다시 바닷속으로 쫓아보냈다는 말을 했다. 그러나 사람들은 그 용감한 기사가 바로 그 소년이라는 사실을 알지 못했다.

다음날 그의 주인과 사람들이 나갔을 때 소년은 다시 거인들의 성으로 가서 어제와 다른 갑옷을 입고 다른 말을 탄 다음 두 번째 거인의 칼을 가지고 용이 나타나는 곳으로 갔다.

공주는 바닷가의 말뚝에 묶여 있었다. 그녀는 어제 용과 싸웠던 기사가 오는지 보기 위해 고개를 돌려 이쪽을 보고 있었다. 그곳에는 용감한 기사를 보기 위해 전날보다 두 배나 많은 사람들이 몰려왔다. 소년은 용과 치열하게 맞서 싸웠다. 용은 전날의 싸움 때문에 고통스러워했고 지쳐 있었다. 저녁이 되어서 용이 격퇴됐다. 사람들이 기사를 보려고 했지만 그는 날쌔게 사람들로부터 벗어났다.

그날 저녁에 그의 주인이 집으로 돌아왔을 때에는 소년은 이미 집에 와 있었다. 주인은 그날 다른 기사가 와서 용을 물리쳐서 바다로 몰아넣었다고 말했다. 그러나 물론 소년은 주인보다 그 이야기를 더 잘 알고 있었다.

다음날 주인이 집을 나갔을 때 소년은 다시 거인들의 성으로 가서 어제와 다른 갑옷을 입고 다른 말을 탄 다음 세 번째 거인의 칼을 가지고 용과 싸우러 갔다. 그래서 사람들은 전날과는 또 다른 기사가 온 것으로 생각했다.

소년과 용은 거세게 싸웠다. 소년이 용을 잡으려고 하자 날개를 단 용은 하늘로 올라가면서 소년을 밀치고 머리를 쳤기 때문에 소년은 거의 죽을 뻔했다. 그때 소년은 검은 가죽끈을 기억해 내고 "검은 가죽끈아, 세상 모든 사람들이 용의 끽끽대는 소리를 들을 때까지 가서 저 용을 꽉 졸라매라" 하고 소리쳤다. 그러자 가죽끈이 날아가서 용을 꽁꽁 묶었다. 소년은 용의 머리를 베었다. 그러자 바다는 용의 피로 붉게 물들었으며 피의 물결이 일었다.

소년이 땅 위에 내려오자 사람들이 그를 보려고 몰려들었다. 그러나 그는 사람들을 벗어나서 도망갔다. 그때 공주 옆을 스쳐 지나갈 때 공주는 소년이 신고 있던 신발 한 짝을 벗겨서 가졌다.

소년은 말과 갑옷, 칼을 원래 있던 곳에 놓았다. 주인과 다른 사람들이 집에 돌아왔을 때에는 소년은 이미 화롯가에 있었다. 그는 주인에게 그날의 싸움에 대해서 물었다. 주인은 어떤 기사가 용을 죽였는데 그 후에 그 기사가 도망가는 바람에 그 기사가 누구인지는 아무도 모른다고 답했다.

왕궁에 돌아온 공주는 부모에게 신발에 발이 딱 맞는 사람이 아니면 결혼하지 않겠다고 말했다.

많은 왕자들과 훌륭한 가문의 남자들이 몰려와서 자신이 용을 죽였다고 주장했지만 공주는 만일 신이 맞지 않는다면 그 사람은 용을 죽인 기사가 아니라고 말했다. 많은 사람들이 발가락이나 발뒤꿈치를 자르면서까지 그 신발을 신으려고 했지만 소용이 없었다. 공주는 그들 중의 누구하고도 결혼하지 않겠다고 선언했다.

그래서 군인들에게 그 신발을 들려서 전국의 모든 사람들에게 신겨보도록 했다. 부자나 가난한 자, 혹은 어느 지방에서 온 사람이든 상관없이 모든 사람들이 그 신발을 신어보아야 했다.

군인들이 소년의 집에까지 왔을 때 그는 풀밭에 누워 있었다. 군인이 그에게 신을 신어보라고 하자 그는 장난치지 말라고 했다.

"우리는 그렇게 하라고 명령을 받았다오. 가난하든 부자든 누구나 이 신을 신어보지 않는 한 우리는 돌아갈 수가 없답니다. 그러니 발을 내밀어보시오." 소년이 발을 내밀어 신을 신자 딱 맞았다. 그래서 군인들은 그에게 왕궁으로 가야 한다고 말했다.

"옷을 갈아입을 동안 잠깐 기다리세요."

이렇게 말하고 그는 거인의 성으로 가서 새 옷을 입고 군인들과 함께 길을 떠났다.

그곳에서 그는 큰 환영을 받았다. 그리고 사흘 낮밤 잔치를 벌이며 결혼식을 올렸다.

그들은 연못을 가지고 있고 나는 작은 호수를 가지고 있다. 그들은 물에 빠져죽었고 나는 물을 건넜다. 오늘밤에 내가 이야기를 해주었지만 내일 밤에 당신들은 그 이야기를 잊어먹을 거야. 혹시 내일 밤 당신 스스로 이 이야기를 하면 그 때문에 이가 빠질 거야!

〔12〕

칠면조 소녀

· 아메리카 인디언 ·

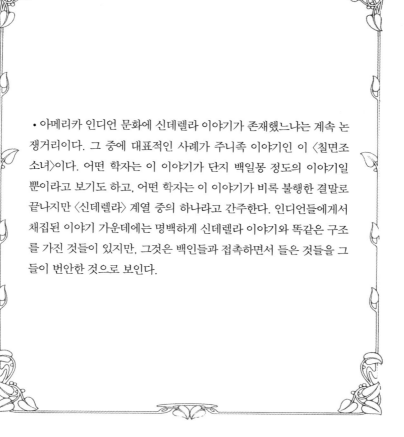

· 아메리카 인디언 문화에 신데렐라 이야기가 존재했느냐는 계속 논
쟁거리이다. 그 중에 대표적인 사례가 주니족 이야기인 이 〈칠면조
소녀〉이다. 어떤 학자는 이 이야기가 단지 백일몽 정도의 이야기일
뿐이라고 보기도 하고, 어떤 학자는 이 이야기가 비록 불행한 결말로
끝나지만 〈신데렐라〉 계열 중의 하나라고 간주한다. 인디언들에게서
채집된 이야기 가운데에는 명백하게 신데렐라 이야기와 똑같은 구조
를 가진 것들이 있지만, 그것은 백인들과 접촉하면서 들은 것들을 그
들이 번안한 것으로 보인다.

옛날 옛날에 우리 조상님들은 양도 말도 소도 가지고 있지 않았다. 그러나 그 대신 다른 여러 종류의 가축을 가지고 있었는데 그 중 하나가 칠면조였다.

마차키(Matsaki. '소금의 도시')에는 아주 부유한 여러 가문들이 있어서 칠면조들을 많이 기르고 있었다. 그리고 이 칠면조들은 노예나 가난한 사람들이 맡아서 치는 것이 관례였다. 칠면조치기들은 이 도시의 위에 있는 천둥산 근처의 벌판이나 혹은 그 너머의 메사(mesa. 테이블 모양의 대지(臺地))에서 키웠다.

마차키 근처에 있는 아주 작은 단칸방 집 한 채에 한 소녀가 살고 있었다. 이 소녀는 너무나 가난해서 옷은 더러운 누더기였고, 오랫동안 잘 못 먹고 험하게 살다보니 얼굴은 보기 안쓰러울 정도였다. 그러나 사실 그녀 얼굴은 원래 아름답고 반짝이는 눈을 가지고 있었다. 너무나 가난해서 그녀는 칠면조들을 대신 키워주고 그 대가로 하루하루 먹고 살아갈 양식과 가끔씩 헌 옷 정도를 받을 뿐이었다.

세계의 모든 가난한 사람들이 그렇듯이 그녀 역시 겸손했다. 그녀 자신은 남에게서 친절을 받아본 적이 없었지만 그녀 스스로는 너무나 친절해서 심지어 매일같이 벌판에 데리고 갔다가 오는 칠면조들에게까지 친절했다. 이런 사실을 아는지 칠면조들도 그녀에게 공손히 대했다. 그들은 자기 여주인을 사랑해서 그녀가 부르는 소리가 들리면 곧 모여들었고, 언제나 또 어디로나 그녀가 몰고 가는 대로 따라갔다.

어느 날 그녀는 칠면조들을 몰고 주니(우리 조상님들이 가르쳐준 이름 그대로 '중간 개미 언덕'이라는 뜻이다)를 지나 벌판으로 가고 있었는데, 그때 사제의 전령이 지붕 위에서 '성스러운 새' 축제가 4일 뒤에 열린다고 공포했다. 이 축제는 우리 민족에게는 아주 성스러운 축제로서 특히 젊은 총각과 처녀들이 함께 춤을 출 수 있는 좋은 기회였다.

그런데, 이 소녀는 여태까지 한번도 이 큰 축제에 참여하지 못했고 여기에 모여드는 사람들도 못 보았다. 그녀는 이 축제에 너무나 가고 싶었지만 그런 바람을 접어야 했다. '나처럼 못생긴 아이가 그런 성스러운 새 축제를 구경하거나 참여한다는 것은 불가능해' 하고 생각했다. 그렇게 혼자 생각하다가 그녀의 습관대로 칠면조들에게 그런 내용의 말을 하면서 낮에는 산으로 올라갔다가 저녁이 되면 칠면조들을 몰고 내려와서 우리에 넣었다.

축제날 아침에 그녀가 칠면조들을 몰고 나갈 때 사람들이 축제용 옷을 빨고, 음식을 장만하는 것을 보았다. 그 사람들은 축제를 생각하며 즐겁게 웃고 이야기했다. 그녀는 낮 동안 칠면조에게 말을 했다. 그러나 그 칠면조들이 자기 말을 알아들으리라고는 꿈에도 생각지 못했다.

칠면조들은 그녀가 이야기한 것 이상으로 잘 이해하고 있는 것 같았다. 마차키 사람들이 모두 떠나고 나서 소녀가 칠면조들과 벌판을 이리저리 돌아다닐 때에 큰 숫칠면조 한 마리가 날개를 펴고 그녀에게 다가와서 꼬리와 날개를 부채처럼 펴고 목을 길게 뽑고 자부심에 얼굴이 붉어져서 이렇게 말했다. "처녀 엄마, 우리는 당신의 생각이 무엇인지 압니다. 그리고 당신을 동정하게 됐습니다. 그래서 다른 마차키 사람들처럼 당신도 아랫마을의 축제에 갔으면 좋겠습니다. 당신이 우리를 안전하게 그리고 편안하게 우리에 넣어주고 난 후 밤에 우리들끼리 이야기를 나누었지요. '우리 처녀 엄마는 다른 누구와 마찬가지로 축제를 즐길 만한 분이다.' 우리 조상 대대로 내려온 이야기를 해줄 테니 잘 들어보세요. 오늘 오후에 일찍 우리를 데리고 산을 내려가면 우리가 당신을 아주 아름답게 만들어주고 또 멋있는 옷도 입게 해줄게요. 축제에 모인 남녀노소 어느 누구도 당신을 알아보지 못할 겁니다. 그리고 젊은 사람들은 당신이 어디에서 왔을까 궁금해하면서 춤판에서 당신 손을 잡으려고 안달이 날 겁니다. 처녀 엄마, 당신도 이 춤판에 끼어서 당신 부족의 훌륭한 사람들과 즐겁게 지내고 싶지 않아요?"

소녀는 처음에 아주 놀랐다. 그러나 곧 그녀가 칠면조에게 말한 것처럼 칠면조가 그녀에게 말하는 것이 아주 자연스럽다고 생각하고는, 작은 둔덕에 앉아서 칠면조들을 바라보며 말했다. "사랑하는 칠면조들아, 우리가 서로 말을 나눌 수 있다니 정말 기쁘구나. 그렇지만 나는 정말로 가고 싶지만 갈 방도가 없는 것을 잘 알면서 그런 말을 하는 거니?"

"우리를 믿어봐요" 하고 그 수칠면조가 말했다. "우리는 먼 조상의 말을 하는 거예요. 우리가 골골골 소리를 내면서 마차키의 집으로 가면 우리를 따라와 보세요. 그러면 우리가 무엇을 할 수 있는지 보여줄 테니까요. 그렇지만 한 가지 분명하게 말해야 할 것이 있습니다. 우리가 당신한테 해드리는 즐거움을 적당하게 즐길 수만 있다면 얼마나 큰 행복과 큰 행운이 찾아오는지 아무도 모를 정도입니다. 그렇지만 만일 즐거움에 너무 탐닉해서 당신의 친구이자 당신만 믿고 있는 우리를 잊는다면 우리는 이렇게 생각할 겁니다. '이것 좀 봐, 우리 처녀 엄마는 가난하고 겸손했지만 이제는 정말로 그 힘든 삶을 그대로 살아야 해. 왜냐하면 조금 부자가 되더니 다른 사람들이 그녀한테 대하는 것과 똑같이 그녀도 다른 사람들에게 대하잖아.'"

"칠면조들아, 절대 걱정하지 말아라. 너희들이 나한테 복종한 것처럼 나도 너희들이 지시하는 모든 것에 복종할 테니까" 하고 그녀는 말했다. 그러면서 마음 한편으로는 칠면조들이 무엇을 해줄 수 있을지 반신반의하면서 또 다른 한편으로는 제발 그렇게 해주기를 갈망했다.

해가 기울자 칠면조들은 자기네들 스스로 집으로 가기 시작했고 소녀는 가벼운 마음으로 그 뒤를 따라갔다. 칠면조들은 자기 길을 잘 알고 있었다. 모든 칠면조들이 집으로 들어가자 수칠면조가 소녀에게 들어오라고 했다. "자, 처녀 엄마, 앉으세요. 그리고 당신 옷을 차례차례 우리에게 주세요. 당신 옷들을 새것으로 만들어줄 테니까요."

소녀는 우선 어깨 위에 걸치고 있던 낡은 외투를 벗어서 칠면조 앞에 내려놓았다. 수칠면조는 부리로 그 옷을 받아서 땅에 펼쳐놓고는 한참을 쪼고 발로 밟고 날개로 이리저리 쳐댔다. 그리고 그 옷을 다시 부리로 물어서 들고는 푸푸거리면서 왔다갔다 하다가 소녀 앞에 내려놓았는데, 그러자 그 옷은 어느새 수를 놓은 아름다운 하얀 면 외투가 되어 있었다. 그러자 다시 다른 수칠면조가 나와서 다른 옷을 받아서 새것으로 만들고 또 다른 수칠면조가 또 같은 일을 했다. 그래서 결국 소녀의 모든 옷은 마차키의 어느 여자가 가진 것보다도 아름다운 옷이 됐다.

소녀가 이 옷들을 다시 입기 전에 칠면조들은 소녀를 둘러싸고 노래를 부르면서 날개로 소녀의 몸에 솔질을 했다. 그러자 소녀의 몸은 마차키의 다른 어느 부잣집 소녀보다도 피부가 곱고 하얗게 됐다. 머리카락도 햇빛에 그을리고 추한 모양이 아니라 부드럽게 파도치고 있었다. 뺨은 통통한 가운데 보조개가 들어갔고, 눈은 웃음으로 춤을 추고 있었다. 소녀는 칠면조의 말이 사실이라는 것을 알게 됐다.

마지막으로 늙은 칠면조가 나와서 말했다.

"부자들이 두르는 장신구가 필요하군요. 기다려봐요. 우리는 아주 눈이 좋아서 귀한 물건들을 많이 모았거든요. 사람들은 작고 귀한 물건들을 자주 잊어버리니까요."

그는 날개를 펼치고 빙빙 돌면서 목을 뒤로 젖혀 부리 아래의 늘어진 살을 위로 치켜올렸다. 그가 기침을 하자 아름다운 목걸이가 나왔다. 다른 칠면조는 귀걸이를 꺼내고 또 다른 칠면조들도 각각 다른 장신구들을 꺼냈다. 그래서 가난한 칠면조 소녀의 발 아래에 아주 많은 장신구들이 쌓였다.

이런 것들로 한껏 치장을 한 소녀는 칠면조들에게 거듭 고맙다는 인사를 한 후 길을 나섰다. 칠면조들은 이렇게 소리쳤다. "처녀 엄마, 작은 문을 열어두세요. 당신이 부자가 됐을 때 우리 칠면조들을 기억할지 안 할지 누가 알아요? 당신이 칠면조들의 처녀 엄마였다는 것에 부끄러움을 느끼지 않을지 누가 알아요? 그렇지만 우리는 당신을 사랑해요. 그래서 당신에게 행운을 가져다주고 싶어요. 그러니까 우리의 충고를 잊지 말고 너무 오래 지체하지 말아요."

"틀림없이 너희 칠면조들을 기억할 거야" 하고 소녀는 대답했다.

소녀는 서둘러서 강을 따라 내려가서 주니로 갔다. 그녀가 무도회장에 들어가자 모든 사람들이 그녀를 바라보았다. 그리고 그녀의 아름다움과 화려한 옷을 두고 모두 찬탄의 말을 아끼지 않았다. 그리고 서로 "이 아름다운 소녀는 어디에서 온 것일까?" 하고 물었다.

곧 사람들이 그녀를 초대했다. 멋진 성장을 한 춤꾼들이 그녀에게 다가와서 자신들의 대접이 소홀하여 미안하다고 하면서, 악사들과 광장 가운데의 제단을 둘러싸고 춤을 추고 있는 처녀 총각들 무리에 끼라고 권했다.

얼굴을 약간 붉히면서 웃음을 머금은 채 그리고 눈 위의 머리카락을 살짝 튕겨올리면서 소녀는 사람들 가운데로 들어갔고, 젊은이들이 서로 이 소녀의 손을 잡으려고 다투었다. 그녀의 마음은 맑아지고 발은 가벼워졌으며, 음악은 숨을 가쁘게 했다. 그녀의 얼굴은 갈수록 뜨겁게 달아올랐다. 그녀는 해가 서산에 질 때까지 계속해서 춤을 추었다.

그렇지만 슬프게도 이 소녀는 너무 즐거움에 탐닉한 나머지 칠면조들을 생각하지 않았다. 아니면 칠면조들을 생각했다 하더라도 자신에게 이렇게 이야기했다. '내가 이 소중한 기회를 버리고 꽥꽥대는 칠면조들에게 돌아가야만 하는 거야? 조금만 더 있다 가기로 하자. 그래서 해가 지기 바로 전에 칠면조들에게 뛰어가면 되겠지. 그래서 이 사람들이 눈치채지 못하게 할 거야. 그러면 그날 무도회에 왔던 그 소녀가 도대체 누구였을까 하고 사람들이 이야기하는 것을 들으며 속으로 즐거워할 수 있겠지.'

시간은 살같이 빨리 지나갔다. 춤은 한없이 계속되어서 소녀는 한번, 또 한번 계속해서 춤을 추었다. 사람들은 악사들과 광장 가운데의 제단을 둘러싸고 빙빙 돌며 춤을 추면서 그녀가 쉴 틈을 주지 않았다.

드디어 해가 졌다. 무도회도 거의 끝났다. 그제서야 소녀는 뛰쳐나가서 쏜살같이 달려갔다. 강을 따라 난 길을 어찌나 빨리 달렸는지 누구도 그녀를 붙잡을 수 없었다.

그러는 동안 칠면조들은 그들의 처녀 엄마에 대해서 걱정하기 시작했다. 마침내 늙은 회색 수칠면조가 이렇게 선언했다. "우리가 염려했던 대로야. 그녀는 우리를 잊은 게 틀림없어. 그렇다면 그녀가 예전에 가졌던 것 이상으로 더 나은 물건들을 가질 자격이 없지. 우리는 산으로 올라가서 이 지루한 포로 생활을 벗어나도록 하자. 우리 처녀 엄마는 우리가 생각했던 것만큼 착하고 진실하지 않으니까 말이야."

칠면조들은 큰소리로 서로 부르면서 우리를 빠져나와서 코튼우즈 계곡으로 가서 주니 관문을 넘어 천둥산 꼭대기로 올라갔다.

소녀는 숨이 턱에 차서 칠면조 우리에 도착하여 문안을 들여다보았다. 그 안에는 칠면조가 한 마리도 없었다! 소녀는 칠면조의 뒤를 쫓아서 산길을 뛰어갔다. 그러나 칠면조들은 이미 멀리 떨어져 있었다.

한참을 뛰어간 후에야 칠면조들 소리가 들리기 시작했다. 소녀는 더욱 힘을 내서 달려갔다. 그래서 거의 무리에 가깝게 갔을 때 이런 노래를 들을 수 있었다.

강 위로 토 토!
강 위로 토 토!
　노래하자 예 예!
강 위로 토 토!
강 위로 토 토!
　노래하자 이 홀리 홀리!

오, 우리 소녀 엄마는
중간 광장으로
　춤추러 갔다네.
소녀 엄마가 없는 동안
카논 메사 넘어서
고원으로 가자
　우리는 간다네

노래하자 이 홀리 홀리,
　토 토 토 토
　홀리 홀리
　토 토 토 토
　홀리 홀리

이 노래를 듣고 소녀는 칠면조들을 불렀다. 그러나 아무리 불러도 소용이 없었다. 칠면조들은 걸음을 더 빨리 할 뿐이었다. 그들은 날개를 펴고 계속 노래를 부르며 걸음을 재촉하여 주니산 입구의 카논 메사에 이르렀다. 그리고 다시 한 번 합창을 하더니 날개를 펴고 푸드덕거리며 고원으로 넘어갔다.

가련한 칠면조 소녀는 팔을 쭉 펴고 자기 옷을 내려다보았다. 먼지와 땀이 뒤범벅이 된 옷은 예전 상태 그대로 되어 있었다. 옛날의 가난한 칠면조 소녀가 되어버린 것이다. 지치고 슬픔에 잠겨서 그녀는 마차키로 되돌아갔다.

이 이야기는 아주 옛날 우리 조상들이 살던 때의 이야기이다. 카논 메사로 가는 바윗길을 살펴보면 칠면조가 지나간 흔적만이 아니라 또다른 흔적까지 볼 수 있다. 그것은 바위에 새겨진 칠면조의 노래의 흔적이다. 이때 이후로 주니산 경계 지역에 다른 어느 곳보다도 더 많은 칠면조들이 살게 됐다.

결국 신들은 사람들을 다 제자리에 맞게 처분하신다. 만일 사람이 겉모습만이 아니라 마음과 영혼까지 가난하다면, 어찌 죽는 날까지 가난하겠는가?

내 이야기는 여기에서 줄인다.

〔13〕

마리아

· 필리핀 ·

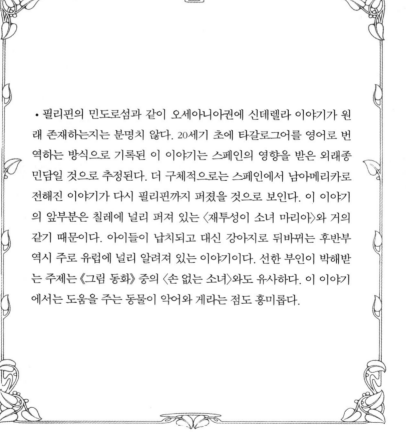

· 필리핀의 민도로섬과 같이 오세아니아권에 신데렐라 이야기가 원
래 존재하는지는 분명치 않다. 20세기 초에 타갈로그어를 영어로 번
역하는 방식으로 기록된 이 이야기는 스페인의 영향을 받은 외래종
민담일 것으로 추정된다. 더 구체적으로는 스페인에서 남아메리카로
전해진 이야기가 다시 필리핀까지 퍼졌을 것으로 보인다. 이 이야기
의 앞부분은 칠레에 널리 퍼져 있는 〈재투성이 소녀 마리아〉와 거의
같기 때문이다. 아이들이 납치되고 대신 강아지로 뒤바뀌는 후반부
역시 주로 유럽에 널리 알려져 있는 이야기이다. 선한 부인이 박해받
는 주제는 《그림 동화》 중의 〈손 없는 소녀〉와도 유사하다. 이 이야기
에서는 도움을 주는 동물이 악어와 게라는 점도 흥미롭다.

옛날에 어떤 사람이 부인과 마리아라 불리는 딸을 데리고 살았다. 마리아는 아주 예쁘고 행복한 아이였다. 그러나 불행하게도 아버지가 다른 여자와 사랑에 빠졌다. 그래서 어느 날 자기 부인을 낚시터로 데리고 가서 죽인 다음 시체를 물에 던졌다. 어머니가 죽은 다음 마리아는 서럽게 울었다. 게다가 아버지가 다른 여자와 결혼한 다음에는 더욱 불행해졌다. 새엄마는 여러 가지 잔인한 일들을 마리아에게 시키고 만일 그 일을 하지 못하면 무서운 벌을 주겠노라고 위협했다.

마리아는 애완용 돼지를 키우고 있었는데 계모는 그 돼지를 죽이려고 했다. 마리아가 통사정을 했지만 계모는 돼지를 죽이라고 명령했다. 계모는 죽은 돼지의 고기조각 10개를 주면서 강에 가서 이 고기조각들을 씻어오도록 시켰다. 그리고 만일 고기조각 중 하나라도 모자라면 죽도록 때리겠다고 말했다. 그런데 강에서 고기를 씻다가 고기한 조각이 미끄러지면서 물속으로 들어가버렸다. 마리아는 자기 운명에 대해 한탄하며 서럽게 울었다. 그때 지나가던 악어가 다가와서 무슨 일이냐고 물었다. 사정을 말하자 악어는 그런 일은 아무것도 아니라면서 헤엄을 쳐서 물속에 빠진 고기조각을 물어다주었다. 그런데 악어가 헤엄칠 때 꼬리로 튕긴 물방울이 마리아의 이마에 떨어졌다. 그 물방울은 태양처럼 반짝이는 아름다운 보석이 되어서 그녀의 이마에 달라붙었다. 그래서 마리아는 이마 위에 보석을 달고 집으로 갔는데 그것은 하도 눈부시게 반짝여서 그것을 보는 사람들이 눈을 뜨지 못할 정도였다. 그래서 마리아는 그곳을 손수건으로 가리고 다녔다.

잔인한 계모는 마리아에게 찾아온 그 행운에 대해 여러 가지를 물어댔고, 그래서 사정을 전부 알게 되자 이번에는 자기 친딸에게 고기조각을 씻어오도록 시켰다.

이 딸은 물가에 가서 고기 한 조각을 일부러 물속에 던지고는 서럽게 울어댔다.

이번에도 악어가 나타나서 무슨 일이냐고 물었고, 역시 고기를 물어다주었다. 그런데 이번에는 악어 꼬리가 튕긴 물방울이 이 소녀의 이마에 떨어져서는 종으로 변했는데 그 종소리가 그치지 않았다. 모든 사람들은 이 소녀가 지날 때에는 임종 성찬이 지나가는 줄 알고 모두 무릎을 꿇고 성호를 그었다. 그러나 곧 이 소녀의 이마에 있는 종에서 소리가 난 것을 알고는 그 소녀를 비웃고 손가락질을 했다. 그래서 소녀는 종소리가 울리지 못하도록 그곳을 묶어야 했다.

마리아에게는 좋은 행운이 왔고 자기 친딸에게는 나쁜 결과가 오자 계모는 더욱 잔인해졌다. 계모는 마리아에게 온갖 더러운 일들을 시키는 바람에 때가 잔뜩 끼었다. 계모는 마리아에게 강에 가서 목욕을 하고 오라고 시키면서 만일 등을 깨끗이 씻고 오지 않으면 죽도록 때리겠다고 말했다.

마리아는 애를 써가며 등을 닦으려고 했지만 등 구석구석에 손이 닿지 않았고 또 등이 깨끗한지 볼 수도 없었기 때문에 마침내 울음을 터뜨렸다. 그때 강에서 아주 큰 암게 한 마리가 나와서 무슨 일이냐고 물었다. "등을 깨끗이 씻지 않으면 계모가 나를 죽도록 때린단다." "그것은 아주 쉬운 일이지" 하고 말하면서 게는 마리아의 등에 뛰어올라가서 그녀의 등을 완벽하게 닦아주었다. 그리고는 이렇게 말하는 것이었다. "이제 나를 잡아먹고 내 등껍질을 마당에 묻으렴. 그러면 거기에서 무엇인가가 솟아나올 텐데 그건 너에게 아주 귀중한 것이 될 거야." 마리아는 시키는 대로 했다. 과연 게 껍질을 묻은 곳에서는 포도나무가 자라났고 얼마 안 있어 열매가 열렸다.

어느 날 계모와 딸은 교회로 가면서 마리아에게 저녁을 지어놓으라고 시켰다. 두 모녀가 돌아왔을 때 저녁식사가 준비되어 있어야 하는데 그것은 뜨겁지도 않고 차갑지도 않아야 한다는 것이다. 마리아는 그 일을 할 수 없을 것 같아서 절망감에 빠져 울고 있었는데 한 할머니가 집으로 들어왔다. 마리아는 그 할머니에게 사정을 말했다. 그 할머니는 낯선 사람이었지만 보기에도 아주 현명해 보였다. 할머니는 마리아에게 저녁식사는 자기가 준비할 테니 교회에 가보라고 말했다. 마리아는 교회에 갈 때 입을 옷이 마땅치 않다고 했다. 그러자 할머니는 포도나무 열매를 들여다보라고 일러주었다. 그러자 포도에서 공주의 옷과 아름다운 마차, 8마리의 말이 나왔다. 곧 마리아는 목욕을 하고 몸단장을 한 다음 왕궁의 교회로 갔다. 그녀의 이마 위의 보석이 너무나 크게 빛나서 그녀를 보는 사람들이 모두 눈부셔했다. 왕자는 그토록 멋진 옷을 입고 있는 공주가 누구인지 알고 싶어서 신하들에게 그녀가 누구인지 알아보라고 시켰다. 그러나 그들은 아무것도 알 수 없었고 또 아무것도 보여줄 것이 없었다. 다만 그녀가 교회를 떠날 때 떨어뜨린 신발 한 짝만 집어가지고 왔다.

마리아는 서둘러서 집으로 와서 옷과 마차, 말들을 다시 포도 속에 집어넣었다. 그때 할머니는 저녁식사를 준비해 두었는데 그것은 뜨겁지도 않고 차갑지도 않았다. 계모가 교회에서 돌아왔을 때에는 다시 누더기를 입은 마리아 혼자만 집에 있었고 명령한 대로 식사가 준비되어 있었다.

왕은 그 공주가 누구인지 알고 싶었고 또 그녀와 결혼하고 싶었기 때문에 시종을 전국에 보내서 모든 여인들을 왕궁으로 오라고 했다. 그래서 신발이 딱 맞는 여인을 찾도록 했다. 계모는 친딸을 데리고 왕궁으로 갔지만 마리아는 부대 안에 넣어서 화로 안에 가두었다. 그리고 만일 조금이라도 움직이면 죽도록 때리겠다고 위협했다. 왕궁에서는 신발이 딱 맞는 사람을 찾지 못했다. 사람들의 발이 너무 크거나 작고, 혹은 너무 발의 폭이 넓거나 좁고 그렇지 않으면 너무 길거나 짧았다. 그래서 왕은 다시 한 번 시종을 시켜서 아직 왕궁에 오지 않은 여자들이 있으면 반드시 와야 한다고 명령을 내렸다. 군인들이 마리아의 집에 왔으나 그들은 그녀를 볼 수 없었다. 그때 수탉이 큰소리로 울었다. "꼬끼오, 소녀요, 꼬끼오, 화로 안에 있어요. 신발이 딱 맞아요." 그래서 군인들은 마리아에게 좋은 옷을 입도록 하고 한 발에 슬리퍼를 신긴 채 8마리의 조랑말이 끄는 마차에 태워 왕궁으로 데리고 갔다. 마리아의 발은 슬리퍼에 꼭 맞았다.

계모와 딸은 질투심에 사로잡혔지만 왕의 생각에 대해 아무런 일도 할 수 없었다. 그래서 왕은 마리아와 화려한 결혼식을 올렸다. 마리아의 이마 위의 보석보다 더 찬란한 보석은 따로 없었다.

세월이 흘러서 마리아가 아이를 낳았다. 그런데 그때 전쟁이 일어나서 왕은 왕궁을 떠나야 했다. 왕은 미리 신호를 정했는데, 좋은 일이 있으면 하얀 깃발을, 나쁜 일이 있으면 검은 깃발을 올리도록 했다.

왕은 계모와 두 명의 여인에게 왕비를 맡기면서 왕비에게 절대 나쁜 일이 일어나지 않도록 조심하라고 당부했다. 계모는 마리아에 대한 증오를 아직 잊지 않았기 때문에 왕비가 일곱 왕자를 낳았을 때 두 여인과 함께 왕자를 빼돌리고 그 대신 일곱 마리의 강아지들을 갖다 놓았다.

왕이 돌아왔을 때 탑에는 검은 깃발이 올려져 있었다. 왕은 급히 왕비에게 달려가 보았다. 왕비는 일곱 강아지 때문에 슬픔에 잠겨 있었다. 왕은 그 강아지들을 물에 던져 죽이라고 명령하고 왕비는 계단 밑의 구석에 두었다가 나중에 왕궁 바깥에 오두막집을 짓고 그 안에 쇠사슬로 묶어서 가두었다.

한편 계모는 어머니에게서 빼돌린 일곱 왕자들을 상자 안에 넣어서 바다로 떠내려 보냈다. 이 상자는 멀리 흘러가다가 마술사의 동굴 앞 바닷가에 도착했다. 마술사는 그전에 "산으로 가면 슬퍼할 것이며 바닷가로 가면 기뻐할 것이다"라는 신탁을 받았다. 신탁대로 바닷가로 간 마술사는 아기 우는 소리를 들었다. 그는 상자 속의 아기들을 그의 동굴로 데리고 가서 몇 년 동안 아무런 탈 없이 키웠다.

어느 날 사냥꾼이 개를 데리고 이곳으로 사냥을 나왔다가 아이들을 보았다. 그는 마을로 돌아가서 그가 본 것을 이야기했다. 이 이야기가 널리 퍼져서 결국 여인들의 귀에까지 들어갔다. 혹시 왕이 아이들의 존재에 대해 듣게 될까봐 두려워진 여인들은 아이들을 죽이려고 했다. 그래서 마루야(달콤한 고기 요리)를 만들고 여기에 독을 타놓은 후 아이들에게 먹였다. 밤이 되어도 아이들이 돌아오지 않자 마술사는 마음이 크게 불안해져서 횃불을 들고 아이들을 찾아나섰다. 나무 밑에 아이들의 시체가 널려 있는 것을 본 마술사는 애통하게 울었다. 그리고 아이들 시체를 동굴로 가지고 와서 마루에 한 줄로 누여놓고는 다시 서럽게 울었다.

그가 애통해 하고 있을 때 신탁의 소리가 들려왔다. 그것은 하프 소리에 맞춰서 아름답게 노래하는 여인의 목소리 같았다. 그 신탁은 서쪽으로 일곱 개의 산 너머에 있는 태양의 집에 가서 태양의 어머니에게서 약을 구하라는 것이었다. 이렇게 해야만 아이들을 도로 살릴 수 있기 때문이다.

그래서 마술사는 먼 길을 떠나게 됐다. 산을 세 개 넘었을 때 그는 나무 한 그루를 보았는데 그 나무는 자신에게 새가 한번도 날아들지 않는다고 한탄했다. 마술사가 그 나무에게 길을 묻자 나무가 길을 가르쳐주었다. 그때 나무는 마술사에게 태양의 어머니에게 가면 왜 자신에게 새가 깃들이지 않는지 꼭 물어봐 달라는 부탁을 했다. 다음 산에 가서는 균형대에 앉아 있는 두 사람을 보았는데 이 균형대는 폭풍우 속의 배처럼 위아래로 크게 요동치고 있었다. 그 두 사람에게 태양의 어머니의 집으로 가는 길을 묻자 길을 가르쳐주었다. 그러면서 그두 사람은 태양의 어머니에게 왜 자신들이 폭풍우 속의 배처럼 요동치는 나뭇가지에 있어야 하는지 물어봐 달라고 부탁했다.

다음 산에 가자 기름진 목초를 먹고 있는 바짝 마른 소 두 마리를 만났다. 이들에게도 가는 길을 물었는데 이 소들은 태양의 어머니에게 왜 자신들은 기름진 목초를 먹는데도 이렇게 마르는지를 물어달라는 부탁을 받았다. 다음 산에 가자 검은 수소가 흙만 먹는데도 살이 쪄 있는 것을 보았다. 이 소 역시 마술사에게 길을 가르쳐주고 또 왜 자신은 먼지만 먹는데도 이렇게 살이 찌는지를 물어달라는 부탁을 했다.

마술사는 길을 계속 따라갔다. 마침내 오후 늦게 태양의 집에 도착해서 대담하게 계단을 올라갔다. 태양의 어머니는 그를 보자 무슨 일로 왔냐고 물었고, 마술사는 자신의 일을 설명했다. 그러자 태양의 어머니는 만일 자기 아들인 태양이 집에 와서 그를 보면 그를 잡아먹을 것이므로 너무 위험하다고 말했다. 그러나 마술사가 약을 받지 않으면 자기는 돌아가지 않겠다고 말하자 태양의 어머니는 우선 그를 숨겨주기로 했다. 그래서 마술사를 꼭꼭 감싸서 이 집의 7층으로 데리고 갔다. 그는 다음날 태양이 하늘 한가운데를 도는 여행을 떠날 때까지 이곳에 숨어 있어야 했다.

조금 있다가 태양이 집으로 들어와서는 사람이 집에 있는 것 같다고 말했다. 어머니는 그런 일이 없다고 말하면서 아주 맛있는 저녁 식사를 주었기 때문에 태양은 사람이 집에 들어왔는지에 대해서 잊어먹었다. 다만 한두 번 자기가 분명히 사람 냄새를 맡았다는 말을 했다.

다음날 아침이 되어서 태양이 멀리 떠나가서 더 이상 위험이 없게 됐을 때 태양의 어머니는 마술사에게 그가 원하던 약을 주었다. 또 사람, 소, 나무가 물었던 질문에 대한 답들도 알려주었다. 이제 마술사는 자기 집으로 되돌아가는 여행을 했다.

먼지만 먹고 사는 검은 수소에게는 그가 하늘나라로 가고 있고 그래서 기쁘기 때문에 그렇게 살이 찐다고 이야기했다.

기름진 풀을 먹으면서도 마른 두 암소에게는 그들이 지옥으로 갈 운명이고 그래서 슬픔이 가득하기 때문에 그렇게 마른 것이라고 말했다.

균형대에 앉아 있는 두 사람에게는 그들이 지은 죄 때문에 그곳에 있어야 하며 그 때문에 그들이 슬퍼하는 것이라고 이야기했다.

새들이 깃들이지 않는 나무에게는 나무가 금과 은으로 되어 있으며 그 나무가 자만심을 가지고 나뭇잎을 살랑거리기 때문에 그렇다고 이야기했다.

마침내 자기 동굴에 돌아왔을 때 거기에는 어린 아이 시체 일곱 구가 아니라 젊은 청년 시체 일곱 구가 놓여 있었다. 왜냐하면 마술사가 없는 동안에도 이들은 계속 자랐기 때문이다. 마술사는 그들에게 약을 먹였다. 그러자 그들은 곧 깨어났다. 마술사는 그들에게 자기가 겪은 모험을 이야기해 주었다.

그들이 그 이야기를 듣자 곧 무모한 모험가인 막내는 금은으로 만들어진 그 나무를 찾아나섰다. 그 나무를 보자 가지를 흔들어서 많은 금과 은 잎들을 모아서 동굴로 돌아왔다. 마술사는 한편으로 기뻐하면서 다른 한편으로 그가 그토록 성급한 데 대해 화를 냈다. 그러나 막내 역시 점잖은 청년이었기 때문에 오랫동안 화를 내지는 않았다.

마술사는 그 금과 은을 가지고 금으로 된 옷, 은으로 된 칼, 황금 트럼펫을 만들어서 막내에게 주었다. 그리고 일요일에 일곱 형제들을 왕이 사는 도시로 보냈다. 도시 성벽에 가까이 왔을 때 막내는 황금 트럼펫으로 즐거운 노래를 불었다. 그러자 왕은 그들이 누구인지 알 아보라고 사람을 보내서 교회 예배가 끝난 다음 식사를 같이 하자고 초대했다. 그래서 그들은 왕과 함께 식탁에 앉아서 식사를 했다. 마술 사는 일곱 형제들에게 반드시 개에게 먼저 먹을 것을 준 다음에 그들 이 먹어야 한다고 경고를 했기 때문에 그들 중 한 명이 식사로 나온 고기 한 조각을 개에게 주었다. 그러자 개는 그 즉시 죽었다.

　수치심을 느낀 왕은 모든 음식을 다 바꾸고 새로운 요리사를 고용 했다. 왕은 아직 그들이 누구인지 모르고 또 그들에 대해 누군가가 적 의를 가지고 있다는 사실을 모르고 있었다. 일곱 청년들은 왕에게 오 두막집에서 쇠사슬에 묶여 있는 여자를 불러달라고 정중히 부탁했다. 왕은 왜 그들이 그런 부탁을 하는지 몰랐지만 어쨌든 자기 전 부인의 쇠사슬을 자기 칼로 직접 끊은 다음 왕비 옷을 입혀서 식탁으로 불러 왔다. 그녀의 이마에는 아직도 보석이 빛나고 있었다. 그들이 식탁에 앉자 기적적으로 어머니의 가슴에서 젖이 나와서 막내아들의 입으로 날아갔다. 왕은 이제 사실을 깨달았다. 그리고 아들들이 하는 이야기 를 듣고는 왕비를 다시 적합한 자리에 앉히고 그 대신 사악한 계모와 두 여인은 야생마들로 사지를 찢게 했다.

　왕과 왕비, 일곱 아들들은 그들의 적을 물리친 다음 오랫동안 행복 하게 잘살았다.

처녀와 개구리, 그리고 추장의 아들

• 아프리카의 하우사족 •

• 아프리카는 유라시아 대륙과 문화의 뿌리가 다른가? 신데렐라 이야기 및 그와 연관된 여러 문화적 내용이 그 증거가 될 수 있는가? 이런 점에서 이 이야기는 흥미로운 논쟁의 대상이다. 이 이야기는 20세기 초에 나이제리아 북쪽에서 식민지 행정가들에 의해 채록됐다. 이런 식으로 수집되어 하우사족 민담집이 출판되기도 했다. 이에 대한 연구자들의 잠정적인 결론은 아프리카의 신데렐라 이야기들은 유럽인들이 전해 준 것들의 변용이라는 것이다. 많은 경우 주인공 이름들이 '신델라', '산드로이'라는 점이 좋은 증거이다. 그런데 또 한 가지 흥미로운 점은 흔히 이러한 외래종 이야기들이 완전히 토착화되어서 그 지방의 문화적 내용들을 많이 포함하고 있다는 점이다. 이 이야기에서 보이는 마을 공동체의 모습, 부인과 첩을 여럿 두는 추장 등이 대표적인 예이다. 이야기를 마칠 때에도 역시 아프리카식 표현이 사용된다. 쿵구루수 칸 쿠수.

옛날에 어떤 사람이 여러 부인과 여러 아이들을 두고 있었다. 그 중 한 부인은 도저히 참고 살 수가 없었지만 다른 한 부인은 대단히 사랑했다. 두 부인 모두 딸이 하나씩 있었다.

어느 날 이 남자가 싫어하는 부인이 병에 걸려서 죽었다. 그래서 그 딸은 이 남자가 사랑하는 다른 부인이 맡아서 돌보게 됐고 그 오두막 집에 가서 살았다. 이 딸은 친어머니 없이 살게 된 것이다. 의붓어머니는 그녀에게 매일같이 숲에 가서 나무를 해오라고 시켰다. 나무를 해온 다음에는 물을 길어와야 했다. 그 다음에는 푸라(아침식사 거리)를 빻고 투오(저녁식사 거리)를 빻고 다음에는 그것을 젓는 일을 했다. 그러나 그 투오를 먹지는 못하게 했다. 그녀가 받아먹는 것은 그릇 밑바닥에 있는 탄 조각뿐이었다. 그녀는 매일 이렇게 살아갔다.

그녀에게는 오빠가 있었는데 이 오빠는 그녀에게 자기 집으로 와서 식사를 하라고 불렀고 그녀는 그렇게 하겠다고 약속을 했다. 그러나 여전히 자기 집에서는 그녀가 나무를 하고 와서 물을 마시려고 해도 물을 주지 않았다. 게다가 적당한 음식도 주지 않고 다만 거친 가루와 탄 조각들만 주었다. 그녀는 이런 음식을 받아들고 늪에 가서 음식 부스러기를 던져넣었다. 그러면 개구리들이 나와서 받아먹었다. 다 먹고 나면 개구리들은 도로 물속으로 들어가고 그녀 역시 집으로 돌아갔다.

축제일이 왔다. 이날도 그녀가 음식을 가지고 그곳에 가보니 거기에는 개구리 한 마리가 웅크리고 있었다. 그 개구리는 그녀를 기다리고 있었음에 틀림없었다! 그녀가 음식 부스러기를 주자 개구리가 말을 걸어왔다. "이봐요, 처녀, 당신은 늘 우리에게 친절하게 대해 주었어요. 이제 우리가 당신을 위해 무엇인가를 해줄게요. 내일이 축제일이니 아침에 이리로 와요." "좋아요" 하고 그녀는 말하고 집으로 갔다.

다음날 아침 그녀는 개구리가 시킨 대로 그곳에 갔다. 그러나 그녀가 막 집을 나서려고 할 때 계모가 그녀를 불렀다. "얘, 이 아무짝에도 쓸모없는 것아, 이리 와보렴. 아직 투오도 젓지 않았고 푸라를 빻지도 않았고 나무도 해오지 않았고 또 물도 길어오지 않았구나." 그래서 그녀는 도로 돌아갔다. 개구리는 하루 종일 그녀를 기다리며 보냈다. 그때 그녀는 투오를 젓고 푸라를 빻고 나무를 해오고 또 물도 길어왔다. 그 다음에야 음식을 받아들고 늪으로 갔다.

"쯧쯧, 하루 종일 당신을 기다렸는데 당신은 결코 오지 않더군요."

"저런! 당신이 보다시피 나는 노예예요."

"어떻게 그렇게 됐지요?"

"어머니가 돌아가시면서 나 혼자만 남게 됐답니다. 오빠가 있기는 하지만 이미 결혼해서 따로 살고 있지요. 아버지는 다른 부인에게 나를 맡겼어요. 아버지는 내 어머니를 결코 사랑하지 않았어요. 그래서 나는 다른 부인의 집으로 들어가서 살아야 했지요. 당신께 말한 것처럼 나는 노예의 운명을 맞게 된 거예요. 매일 아침 나무하러 숲으로 가야 하고 그 일을 마치면 푸라를 빻고 그 다음에는 투오를 빻아야 하고 그 다음에는 또 그것을 저어야 해요. 그렇게 투오를 만드는 것은 내 일이지만 그것을 내가 먹을 수는 없답니다. 단지 그 부스러기만 먹어야 해요."

"나에게 손을 내밀어봐요" 하고 개구리가 말했다. 그 말대로 손을 내밀자 개구리는 그 손을 잡았다. 그 다음 순간 둘은 물속으로 뛰어들었다.

그 다음에는 개구리가 그녀를 삼켰다가 다시 토해냈다. "친구들, 잘보고 나에게 이야기를 해줘요. 이 소녀가 똑바로 되어 있나요, 굽어있나요?" 그러자 개구리들이 잘 보더니 대답했다. "왼쪽으로 굽어 있군요." 그러자 그 개구리는 다시 그녀를 삼켰다가 다시 토해냈다. 그리고는 그녀가 어떤지 개구리들에게 물었다. "이제는 똑바로 되어 있어요."

개구리는 다음에 옷, 팔찌, 반지, 신발(한쪽은 금, 다른 한쪽은 은으로 되어 있다)을 토해냈다. "자, 이제 이것을 가지고 무도회장으로 가세요. 그리고 춤판이 거의 끝나서 댄서들이 흩어질 때쯤 오른쪽의 황금 신발을 남겨놓아야 해요."

"알았어요" 하고 소녀는 개구리에게 인사를 하고 떠났다.

그러는 동안 추장의 아들은 젊은 남녀를 모아서 춤판을 벌였다. 그는 소녀가 오는 것을 보았다. "저기 나에게 꼭 알맞은 여인이 있구나. 그녀가 가지 못하게 하고 춤을 함께 추도록 하자. 그녀가 어느 집에서 왔는지는 상관하지 않겠다. 그녀를 이리 불러와라." 그래서 그의 하인이 그녀를 데리고 왔다. 그는 그녀를 의자에 앉혔다.

두 사람은 한동안 대화를 나누었다. 얼마 후 댄서들이 흩어져가기 시작했다. 그러자 그녀는 "집으로 가야 해요" 하고 추장의 아들에게 말했다. "가시려고요? 그렇다면 내가 잠깐 바래다 드리지요." 두 사람이 잠깐 걷는 동안 그녀는 황금 신발을 뒤에 두고 왔다. "이제 돌아가세요" 하고 그녀가 말해서 추장의 아들은 돌아갔다.

그녀가 되돌아가 보니 물가에 개구리가 그녀를 기다리고 있었다. 그는 그녀의 손을 잡고 물속으로 뛰어들었다. 그곳에서 그녀를 꿀꺽 삼켰다가 도로 뱉어냈다. 그러자 예전의 그 초라한 모습으로 되돌아와 있었다. 그녀는 누더기 옷을 걸치고 집으로 돌아갔다.

집에 돌아가자 그녀는 의붓어머니에게 "몸이 좋지 않아요" 하고 말했다. "이런 요망한 것! 너는 정말로 아무짝에도 쓸모가 없구나. 집에 오기도 싫고 나무하고 물 긷는 것도 싫고 푸라를 빻거나 투오를 만드는 것도 싫어하고 말이야. 그렇다면 좋다. 오늘 저녁 네 식사는 없어!"
그녀는 오빠 집에 가서 저녁을 먹은 다음 집으로 돌아왔다.

그동안 추장의 아들은 황금 신발을 주워서 아버지에게 가서 이야기
했다. "아버지, 오늘 한쪽에는 황금 신발, 다른 한쪽에는 은 신발을 신
은 여자를 보았어요. 여기 그 황금 신발이 있습니다. 아마 이것을 떨
구고 간 모양이에요. 저는 그 여자와 결혼하고 싶어요. 그러니까 마을
의 모든 여자들을 다 불러서 이 신발을 신어보라고 시켜주세요." "잘
알았다" 하고 추장이 대답했다.

그래서 모든 여자들은 한곳에 모이라는 공고가 나붙었다. 그곳에
추장의 아들이 황금 신발을 앞에 놓고 앉았다. 모든 여자들이 차례로
그 신발을 신어보았으나 아무도 맞지 않았다. 이제 그 신발을 남겨놓
고 떠난 소녀만 남았다. 그러자 누군가가 말했다. "저기 어느어느 집
에 소녀가 남아 있습니다. 어머니가 죽은 집 딸이지요." "맞아요. 그녀
를 데리고 옵시다" 하고 다른 사람이 말했다.

이렇게 해서 그녀가 불려왔다. 그런데 그녀가 도착하자마자 그 신
발이 저절로 그녀에게 달려가서 발이 그 신발 속으로 빨려가듯이 신
겨졌다. 추장의 아들은 "이 여자가 나의 아내가 될 것이다" 하고 선언
했다.

그러자 의붓어머니가 이렇게 따졌다. "그 신발은 내 딸 거예요. 내
딸이 춤판에서 잊어먹고 온 것이지 이 아무짝에도 쓸모없는 계집아
이 것이 아니예요." 그러나 추장의 아들은 신발이 딱 맞는 것을 본 이
상 그녀와 결혼하겠다고 선언했다. 그래서 그녀를 데리고 하룻밤을
보냈다.

다음날 그녀는 오두막집을 나와서 집 뒤로 돌아가 보았는데 그곳에
서 개구리를 보았다. 그녀는 정중하게 무릎을 꿇고 말했다. "어서 와

요, 내 친구."

"오늘 밤에 우리가 당신에게 무엇인가를 갖다줄 겁니다."

"고마워요." 이렇게 그녀가 인사를 하자 개구리는 곧 그 자리를 떠났다.

그날 밤, 그 개구리는 다른 개구리들을 데리고 왔다. 지도자 격인 그 개구리는 다른 개구리들에게 이렇게 말했다. "자 여기를 보세요. 내 딸이 결혼식을 올립니다. 그러니 당신들이 모두 약간씩 기여를 했으면 좋겠군요." 그러자 모든 개구리들이 선물을 가지고 왔고 그 지도자 개구리는 감사를 표했다. 그리고는 입에서 은 침대, 놋쇠 침대, 구리 침대, 쇠 침대를 토했다. 그 외에도 모직 담요, 깔개, 새틴과 벨벳 같이 그녀가 필요로 하는 물건들을 토해냈다.

"자, 이제 네 마음이 고통스럽거든 이 놋쇠 침대에 누워라. 그리고 추장 아들의 다른 부인들이 찾아오면 호리병박 2개의 콜라너트와 만개의 카우리 조개를 주도록 해라. 그리고 추장 아들의 첩들이 찾아오면 호리병박 한 개의 콜라너트와 5천 개의 카우리 조개를 주도록 해라. 그리고 첩들이 투오를 만드는 데 필요한 곡물을 받으러 오거든 '저기 가죽 부대 안에 가득 들어 있으니 마음대로 가져가세요' 하고 말해라. 그런데 만일 네 아버지의 부인들이 딸을 데리고 와서 살려고 하면 이렇게 말해라. '추장의 집에서 사는 것은 아주 힘겨운 일이에요. 왜냐하면 밤바라 열매(콩 종류 곡물) 껍질을 가지고 곡물을 재야 하거든요.'"

그래서 그녀가 그 집에 잘살고 있었는데, 어느 날 밤에 그녀 아버지의 사랑을 받는 부인이 자기 딸을 데리고 왔다. 그 딸을 이 집에 밀어 놓고 그녀를 대신 데리고 가려고 했다. 그러자 그녀는 이렇게 말했다. "오! 추장의 집에서 사는 것에 대해서 이야기해야 하는 것을 잊었군요. 그것은 아주 힘겨운 일이에요."

"그건 왜 그러니?" 하고 늙은 부인이 물었다.

"왜냐하면 밤바라 열매 껍질을 가지고 곡물을 재야 하거든요. 그리고 추장의 다른 부인들이 찾아오면 '핏' 하면서 경멸하는 소리를 내야 해요. 첩들이 인사하러 오면 목을 잘 쿵쿵대서 침을 모은 다음 얼굴에다가 침을 뱉어야 해요. 또 남편이 오면 소리를 질러야 하고요."

"잘 알았어요" 하고 이 집에 남게 된 소녀가 대답했다.

다음날 해가 떴을 때 추장의 부인들이 인사하러 왔다. 그러자 이 집에 새로 살게 된 소녀는 '핏' 하면서 경멸하는 소리를 냈다. 첩들이 인사하러 오자 얼굴에다가 침을 뱉었다. 밤이 되어서 남편이 오자 소리를 질렀다. 그는 놀라서 이 집을 피했다. 그리고는 이틀 동안 이 일에 대해서 생각했다.

그리고 그의 부인들과 첩들을 불러모아서 이야기했다. "당신들에게 물어볼 것이 있어서 이렇게 불렀소. 그 사람들이 나에게 같은 여자를 보내지 않은 것 같소. 저 집에 있는 여자가 당신들을 어떻게 대접했소?"

"정말로 그래요" 하고 그들이 소리쳤다. "예전에는 매일 아침 우리 부인들이 찾아갔을 때 호리병박 2개의 콜라너트를 주고 또 담배를 살 수 있도록 만 개의 카우리 조개를 주었습니다. 그리고 첩들이 찾아가면 호리병박 한 개의 콜라너트를 주고 또 담배를 살 수 있도록 5천 개의 카우리 조개를 주었습니다. 그리고 저녁에 가면 투오를 만드는 데 필요한 곡물을 가죽부대에서 마음대로 가져가게 했습니다."

"그래. 그리고 나 역시 그 집에 갈 때마다 그녀가 존중하는 자세로 무릎을 꿇고 앉아 있다가 내가 집안에 들어가서 자리에 앉고 나서야 그녀가 일어나 앉았소."

"자, 얘들아!" 하고 그는 사람들을 불렀다. 그들과 함께 칼을 빼들고 오두막집에 들어가서 그곳에 있는 여자를 여러 조각을 내버렸다. 그 조각들을 모두 잘 모아서 옷에 싼 다음 그녀의 집으로 가져갔다.

그들이 그 집에 가보니 아궁이 곁에 추장 아들의 진짜 부인이 있었다. 그래서 그녀를 데리고 추장 아들 집으로 데리고 갔다.

다음날 아침 해가 떴을 때 그녀는 작은 바가지를 들고 집 뒤로 돌아가 보았다. 그곳에 개구리가 있었다. "어서 와요, 내 오랜 친구! 내가 정말로 하고 싶은 것은 여기에 우물을 하나 파고 당신들 모두 이곳에 와서 나와 함께 사는 거예요." "잘 알았소. 그러면 당신 남편에게 그렇게 말하시오." 그녀는 남편에게 그 이야기를 했다.

그는 집 근처에 우물을 파주었다. 그러자 개구리들이 찾아와서 그곳에 들어가서 함께 살았다. 이야기는 이게 전부이다. 쿵구루수 칸 쿠수.

1) Paul Delarue, *Le Conte Populaire Français*, vol. II, Maisonneuve et Larose, 1976, pp.143~146.

2) Marian Roalfe Cox, *Cinderella : 345 Variants of Cinderella, Catskin, and Cap O'Rushes*, David Nutt for the Folklore Society, 1893.

3) AT 460은 다시 두 종류로 나누어진다. AT 460A는 보상을 받기 위해 신에게로 가는 여행(The Journey to God to Receive Reward)과 460B는 재물을 얻기 위한 여행(The Journey in Search of Fortune)이다. 제2부 [13] 〈마리아〉에도 이 요소가 들어 있다.

4) 오비디우스, 이윤기 옮김, 《변신이야기》 1권, 민음사, 1998, pp.156~161.

5) 류인균, 《한국 고소설에 나타난 오이디푸스 콤플렉스》, 서울대 출판부, 2004, pp.15~16 : 이병윤, 〈한국신화의 정신분석학적 연구〉, 《최신의학》 6, 1963 : 이규동, 〈수로부인과 고대제의의 정신분석학적 고찰〉, 《최신의학》, pp14~15, 1971 : 이희, 〈한국고전소설 〈장화홍련전〉의 정신분석적 주해〉, 《정신건강연구》 9, 1990 : 류인균, 〈한국전래설화 '콩쥐팥쥐'의 정신역동적 연구〉, 《정신분석》 9, 1998 : 류인균 · 조두영, 〈심청전〉, 《프로이트와 한국문학》 : 류인균, 〈심청전에 나타난 계모의 이미지〉, 《정신의학평론》 14-1, 2002.

6) 로버트 단턴, 조한욱 옮김, 《고양이 대학살 : 프랑스 문화사 속의 다른 이야기들》, 문학과지성사, 1996.

7) 이 이야기는 그림 형제의 민담에서 〈향나무〉라는 다른 제목으로 실려 있다.

8) 이는 세계적으로 널리 전승되는 '사기담(Trickster)' 유형으로서 우리나라에서도 전국에서 전승된다. 이 이야기는 《한국구비문학대계》 1-2의 186~191쪽에 실렸다가 다음 책에 재수록됐다. 서대석 편, 《한국문학총서3 구비문학》, 해냄, 1997, pp.190~196.

9) Bruno Bettelheim, *The Uses of Enchantment: the Meaning and Importance of Fairy Tales*, Vintage Books, 1976. 우리말 번역본은 브루노 베텔하임, 김옥순 · 주옥 옮김, 《옛이야기의 매력》, 시공주니어, 1998.

10) "개암나무(Hazel)는 감추어진 지혜를 상징하며 태모신과 관계가 있다. 개암나무의 열매는 평안과 연인을 나타낸다. 개암나무 가지로 만든 지팡이는 마력이 있어서 비를 내리게 하며, 지하의 수맥을 찾는 점막대기로 쓰이기도 한다. 개암나무는 켈트에서 숲속의 성스러운 나무를 가리키며, 지혜, 영감, 예견, 마력, 지하에 있는 신들을 나타낸다.

생명의 나무로서의 개암나무는 연어가 사는 연못이나 샘 근처의 아발론(Avalon. 켈트 전설에서 아서왕과 그 부하들이 죽은 후에 그곳으로 함께 옮겼다는 서쪽 낙원의 섬)에서 자라며, 못의 연어들만이 개암나무의 열매를 먹을 수 있다. 개암나무는 젖이 나오는 여신이나 불의 신과도 연관이 되는데 불을 지필 때 개암나무의 잔가지가 사용되기 때문이다. 그리스에서는 신들의 사자인 헤르메스신의 지팡이로 개암나무가 사용되기 때문에 개암나무는 의사소통이나 화해의 상징이다. 켈트에서 개암나무는 또한 시인의 영감을 나타낸다. 북유럽이나 게르만 종교에서 개암나무는 토르 신에게 바쳐지는 제물이다." 진 쿠퍼, 이윤기 옮김, 《그림으로 보는 세계문화상징사전》, 까치, pp.161~162.

11) 조두영, 《프로이트와 한국문학 : 정신분석과 문학예술과의 접목》, 일조각, 1999, pp.137~138.

12) 아래의 플롯 소개는 이경식, 《셰익스피어 4대 비극》, 서울대학교 출판부, pp.122~124에 따랐다.

13) 《심청전》 인용 부분은 〈완판 71장본 심청전〉의 것이며, 독자의 편의를 위해 현대어로 표현을 바꾸었다. 《심청전 전집 3》, 박이정, 1998.

14) 이 장의 내용은 조두영, 《프로이트와 한국문학》 중 제13장 〈고전소설 〈심청전〉〉, 그리고 류인균, 《한국 고소설에 나타난 오이디푸스 콤플렉스》 중 2장 〈심청전 연구〉를 주로 참조했다. 그리고 이 연구서에서 인용하는 〈심청전〉 판본은 장지영 주해 《심청전》으로 1987년 정음사에서 간행된 것인데, 이 장에서 인용할 때에도 이 판본을 그대로 옮겼다.

15) 조두영, 〈효자효녀전에 있어서 효의 정신분석〉, 《서울의대잡지》 17-2, 1976, p.124.

16) 디즈니사 지음, 《신데렐라》, 지경사. 이 작품의 창의성은 마지막 부분에 있는 듯하다. "심술이 난 새어머니는 유리구두를 깨뜨려버렸습니다. 그러자 신데렐라는 자기가 가지고 있던 나머지 한 짝의 구두를 꺼내어 신었습니다. 그것은 신데렐라의 발에 꼭 맞았습니다."

17) 나무신에 붙어 있는 코르크를 가리킨다.

18) 나카자와 신이치, 김옥희 옮김, 《신화, 인류 최고(最古)의 철학》, 동아시아, 2002, pp.77~81.

19) 그러나 주인공 이외의 다른 사람들이 항상 발이 크기만 한 것은 아니다. 어떤 판본에서는 사람들의 발이 문제의 신발에 비해 크거나 작아 맞지 않는 것으로 되어 있다.

20) 서울대 국문과 정병설 교수가 이 점을 지적해 주었다.

21) 그러나 이 구분이 절대적으로 타당한 것은 아니라는 점을 염두에 두어야 한다. 당장 우리나라의 무당이 엑스타시 유형인지 포제션 유형인지 완전히 명백하지는 않다.

22) *Litafi Na Tatsuniyoyi Na Hausa. Litafi Na Farako.* 이 책은 1911년 벨파스트에서 출판됐는데 후일에 영어로 번역됐다.

23) 푸라(fura)와 투오(tuwo)는 모두 죽이나 수프 종류의 음식으로서 주로 조를 가지고 만

든다. 푸라는 아침 식사, 투오는 저녁 식사용이다. 밤바라는 콩 종류의 작물이다. 카우리는 화폐로 사용되는 조개로서, 인도 남쪽의 몰디브섬에서 많이 채취되어 아프리카로 대량 수입됐다.

24) 이 비슷한 중동의 이야기가 제2부 (9)에 실려 있다.

25) 이와 관련해서, 여호와가 모세와 아론에게 유월절 규례에 대하여 설명한 내용 중에 "고기를 집 밖으로 내지 말고 뼈도 꺾지 말지며"라고 한 부분(〈출애굽기〉 12장 46절), 예수의 처형 장면에서 유대인들이 안식일에 시체를 두기 꺼려 하여 빌라도에게 십자가에 매달린 자들의 다리를 꺾어 시체를 치워달라고 부탁했으나 예수는 이미 죽어서 그 다리를 꺾지 않았다는 내용, 그리하여 "이 일이 일어난 것은 그 뼈가 하나도 꺾이지 아니하리라 한 성경을 응하게 하려 함이라"라는 〈요한복음〉의 기술 내용(〈요한복음〉 19장 36절)을 참고하라.

26) 이것이 원래 의미의 마스코트이다. 원래 마스코트라는 말은 프랑스의 프로방스 지방에서 마녀를 가리키는 마스코(masco)에서 나왔다.

27) 아리엘 골란, 정석배 옮김, 《선사시대가 남긴 세계의 모든 문양》, 푸른역사, 2004, pp.594~596.

28) 같은 책, p.600.

29) 이 비슷한 춤이 유럽의 다른 지역에도 알려져 있는데 대표적인 것이 바스크 지방에서 오늘날까지도 이어져 내려오는 달팽이 춤이다. 그 모양을 보면 위에서 설명한 제라노스와 매우 유사하다는 것을 알 수 있다.

30) 베르길리우스, 유영 옮김, 《아에네이스》, 혜원출판사, 2001, pp.586~599.

31) 고대 그리스에서 디오니소스 축제는 두 종류가 있었다. 아테네에서 열리는 대(大)디오니소스제는 상대적으로 더 형식적이고 연극 공연이 중심이었다. 이에 비해 그리스 전역에서 열리는 소(小)디오니소스제 혹은 시골 디오니소스제는 더 즉흥적이고 내용도 아테네의 것과는 달리 풍년의례적인 것들이 많았다. 첫째 날에는 술단지, 포도를 담은 바구니, 남자 성기 모양으로 깎은 장대를 들고 행진하고 남자 성기를 찬미하는 노래를 불렀다. 둘째 날은 '아스콜리아(Askolia)'라고 부르는데 이때 열리는 축제이름이 아스콜리아스모스(Askoliasmos)이다. 이 축제 때에는 특히 술 담는 가죽부대(askos)에 바람을 불어넣은 후 기름을 발라서 아주 미끄럽게 한 뒤 이 위에 한 발로 오랫동안 버티는 내기를 했다. 그 외에도 한 발로 달리기 대회, 한 발로 깡충거리며 뛰기 대회처럼 한 발을 이용한 경기가 중요한 내용이었다.

32) 카를로 긴즈부르그, 조한욱 옮김, 《마녀와 베난단티의 밤의 전투 : 16세기와 17세기의 마법과 농경 의식》, 길, 2004, pp.319~360.

33) 김열규, 《동북아시아 샤머니즘과 신화론》, 대우학술총서 557, 아카넷, 2003, pp.189~190.

참고문헌

Aarne, Antti, *The Types of the Folktale : A Classification and Bibliography*, Academia Scientiarum Fennica, 1961.

Bettelheim, Bruno, *The Uses of Enchantment : The Meaning and Importance of Fairy Tales*, Vintage Books, 1977.

Cox, Marian Roalfe, *Cinderella. Three Hundred and Forty-five Variants of Cinderella, Catskin, and Cap O'Rushes, Abstracted and Tabulated*, David Nutt for the Folklore Society, 1893.

Delarue, Paul, Teneze, Marie-Louise, *Le Conte Populaire Français*, Maisonneuve et Larose, 1976.

Dundes, Alan, *Cinderella, A Casebook*, The University of Wisconsin Press, 1988.

Ginzburg, Carlo, *Ecstasies : Deciphering the Witches Sabbath*, Penguin, 1991.

Kern, Hermann, *Through the Labyrinth*, Prestel, 2000.

Maria, Tatar, *The Classic Fairy Tales*, Norton, 1999.

Matthews, W. H., *Mazes & Labyrinths : Their History and Development*, Longmans, 1922.

Perrault, Charles, *Contes*, Livres de Poche, 1990.

Philip, Neil, *The Cinderella Story, The Origins and Variations of the Story Known as 'Cinderella'*, Penguin, 1989.

Rooth, Anna Birgitta, "Tradition Areas in Eurasia", *Arv*, 12, 1965.

Zipes, Jack, *Breaking the Magic Spell : Radical Theories of Folk and Fairy Tales*, Routledge, 1992.

_____, *Fairy Tales as Myth, Myth as Fairy Tale*, The University Press of Kentucky, 1994.

_____, *The Great Fairy Tale Traditions : From Straparola and Basile to the Brother Grimm*, Norton, 2001.

_____, *The Oxford Companion to Fairy Tales*, Oxford University Press, 2000.

그림 형제, 김열규 옮김, 《그림 형제 동화 전집》, 현대지성사, 1998.

김열규, 《동북아시아 샤머니즘과 신화론》, 대우학술총서 557, 아카넷, 2003.

김진영 외, 《심청전 전집》, 박이정, 1998.

나카자와 신이치, 김옥희 옮김, 《신화, 인류 최고(最古)의 철학》, 동아시아, 2003.

디즈니, 《신데렐라》, 삼성출판사, 2003.

로버트 단턴, 조한욱 옮김, 《고양이 대학살 : 프랑스 문화사 속의 다른 이야기들》, 문학과
　　　　지성사, 1996.

류인균, 《한국 고소설에 나타난 오이디푸스 콤플렉스 : 〈심청전〉〈콩쥐팥쥐전〉》, 서울대학
　　　　교 출판부, 2004.

브루노 베텔하임, 김옥순 · 주옥 옮김, 《옛이야기의 매력》, 시공주니어, 1998.

서대석 엮음, 《구비문학》, 한국문학총서 3, 해냄, 1997.

아리엘 골란, 정석배 옮김, 《선사시대가 남긴 세계의 모든 문양》, 푸른역사, 2004.

알렉산드르 아파나세프 엮음, 서미석 옮김, 《러시아 민화집》, 현대지성사, 2000.

양민종, 《샤먼 이야기 : 잃어버린 신화, 샤먼 세계를 찾아서》, 정신세계사, 2003.

오비디우스, 이윤기 옮김, 《변신 이야기》, 민음사, 1998.

이경식, 《셰익스피어 4대 비극》, 서울대학교 출판부, 1996.

이즈미 마사토, 오근영 옮김, 《우주의 자궁 미궁 이야기》, 뿌리와이파리, 2003.

장-삐에르 베르낭, 문신원 옮김, 《옛날 옛적에, 베르낭이 들려주는 신화 이야기》, 성우,
　　　　1999.

조두영, 《프로이트와 한국문학》, 일조각, 1999.

진 쿠퍼, 이윤기 옮김, 《그림으로 보는 세계문화상징사전》, 까치, 1996.

최요안 엮음, 《콩쥐 팥쥐》, 한국고대소설전집 18, 을유문화사, 1965.

최운식, 《심청전연구》, 집문당, 1982.

카를로 긴즈부르그, 조한욱 옮김, 《마녀와 베난단티의 밤의 전투 : 16세기와 17세기의 마
　　　　법과 농경 의식》, 길, 2004.

플루타르크, 이성규 옮김, 《영웅전전집》, 현대지성사, 2000.

신데렐라 천년의 여행
신화에서 역사로

지은이 주경철
펴낸이 윤양미
펴낸곳 도서출판 산처럼

등   록 2002년 1월 10일 제1-2979호
주   소 서울시 종로구 사직로8길 34 경희궁의 아침 3단지 오피스텔 412호
전   화 02-725-7414
팩   스 02-725-7404
E-mail sanbooks@hanmail.net
홈페이지 www.sanbooks.com

제1판 제1쇄 2005년 5월 30일
제1판 제6쇄 2015년 2월 10일

값 12,000원

ISBN 89-90062-14-4 03900
＊잘못된 책은 바꾸어드립니다.